John-Roger
Peter McWilliams
WIE MAN SEINE TRÄUME
VERWIRKLICHT

John-Roger
Peter McWilliams

WIE MAN SEINE TRÄUME VERWIRKLICHT

Die Macht des positiven Denkens

Ullstein

Titel der amerikanischen Originalausgabe:
Do It! Let's Get Off Our Buts
Aus dem Amerikanischen von Bob Hagen
© 1991 by Prelude Press, Inc.
© der deutschen Erstausgabe 1993 by Verlag Ullstein GmbH,
Berlin – Frankfurt/Main
Alle Rechte vorbehalten
Satz: Dörlemann-Satz, Lemförde
Druck und Verarbeitung: Wiener Verlag
Printed in Austria 1993
ISBN 3 550 06825 5

Gedruckt auf alterungsbeständigem Papier
mit chlorfrei gebleichtem Zellstoff

Die Deutsche Bibliothek – CIP-Einheitsaufnahme

MacWilliams, John-Roger:
Wie man seine Träume verwirklicht: die Macht des positiven
Denkens / John-Roger, Peter McWilliams. [Aus dem
Amerikan. von Bob Hagen]. – Berlin; Frankfurt/Main:
Ullstein, 1993
Einheitssacht.: Do it! ⟨dt.⟩
ISBN 3-550-06825-5
NE: MacWilliams, Peter:

Es gibt Menschen, denen kann man,
wenn sie von Tuten und Blasen keine Ahnung haben,
rein gar nichts klarmachen.

Louis Armstrong

Inhalt

ZUM AUFTAKT: Was wäre, wenn …? 13
EINLEITUNG: Wie geht's? 15

ERSTER TEIL

Warum wir unsere Träume nicht ausleben 22
Dies hätte ein richtig großartiges
Eröffnungskapitel werden sollen, aber 24
Aber 26
Ja-aber 27
Gründe oder Resultate 29
Wir leben das Leben unserer Wahl 30
Die Behaglichkeitszone 32
Angst 36
Schuldgefühle 39
Minderwertigkeitsgefühle 42
Verletzte Gefühle 45
Entmutigung 47
Atempause 49
Die Kindheit: Die psychologischen
Grundlagen der Behaglichkeitszone 53
Der Kampf-oder-Flucht-Reflex:
Die physiologischen Grundlagen
der Behaglichkeitszone 58
Der Tod: Das letzte Unbehagen 60
Die schlechte Nachricht über
die Behaglichkeitszone 62
Die schlechteste Nachricht
über die Behaglichkeitszone 63
Die noch schlechtere Nachricht
über die Behaglichkeitszone 65
Die absolut schlechteste
Nachricht über die Behaglichkeitszone 66

ZWEITER TEIL

Für den Erfolg konstruiert 68
Die gute Nachricht über die Behaglich-
keitszone 69
Angst ist die Energie, die einen in einer
neuen Situation das Beste geben läßt 72
Schuldgefühle sind die Energie,
mit der man sich selbst ändert 75
Die Minderwertigkeitsgefühle
halten uns auf Kurs 80
Verletzte Gefühle zeigen unsere Liebe;
Zorn liefert Energie für Veränderungen 83
Der Tod – der letzte Stichtag 86
Die Entmutigung bringt
unseren Mut zum Vorschein 91
Die Phantasie dient dazu, unsere Träume zu proben und vergangene Freuden noch einmal zu durchleben 97
Die Zufluchtsstätte 100
Neue Freunde 104

DRITTER TEIL

Wie wir unsere Träume entdecken und
auswählen 108
Über den Lebenszweck 109
Was ist Ihr Lebenszweck? 113
Absicht contra Methode 117
Bedürfnisse contra Wünsche 121
Selbstsucht contra Selbstverwirklichung 124
Man kann haben, was man will,
aber man kann nicht alles haben, was man will   127
Die größte Lüge bei der Wahl
des Herzenswunsches 130
Die vier grundlegenden Lebensbereiche 131
Ehe und Familie 135
Karriere und Beruf 140
Politik und Soziales 145

Religion und Spiritualität 148
Spaß und Erholung (nicht zu vergessen!) 151
Zwischenmenschliche Beziehungen 153
Was haben Sie bisher erreicht? 160
Was haben Sie alles zu bieten? 165
Die Wahl und die Konsequenzen 168
Der Mythos von Geld, Ruhm und Macht 175
Der Mythos von der Vierzig-Stunden-Woche ... 180
Was wollen Sie haben? 183
Abschluß 201
Wie Sie sich Ihrem Traum verpflichten 204
Halten Sie Ihre Ziele vor den Giftzwergen
geheim 214

VIERTER TEIL

Verfolgen sie ihren Traum mit Leidenschaft 218
Veranschaulichung 220
Bekräftigungen 223
Ein Ort, an dem man Erfolg trainieren kann 226
Suchen Sie sich einen Helden 228
Positive Konzentration contra
positives Denken 231
Die Schaffenskraft 234
Wie man Schaffenskraft freisetzt 245
Wie man für seine Energien
Kurskorrekturen vornimmt 251
Meditieren, nachdenken oder
einfach nur herumsitzen 256
Das Säen und das Bezahlen des Zehnten 264
Der Wille, ranzugehen und zu handeln,
schafft die Fähigkeit, ranzugehen
und zu handeln 266

FÜNFTER TEIL

Rangehen und Handeln	268
Die größte Lüge beim Handeln	269
Wir sind nicht perfekt – wir sind nur Menschen	272
Gehen Sie davon aus, daß Sie Angst haben werden	275
Schuldgefühle (noch einmal)	279
Verantwortlichkeit	284
Wir planen nicht zu scheitern; wir scheitern, weil wir keine Pläne machen	288
Machen Sie sich Notizen	293
Riskieren Sie etwas	295
Sagen Sie nicht nein, solange Sie nicht wissen, wozu Sie nein sagen	298
Der Wert der Tat	302
Gehen Sie Ablenkungen aus dem Weg	305
Bewahren Sie die Ruhe und folgen Sie Ihrem Traum	307
Erledigen Sie Ihre Arbeit	310
Training für den Erfolg	314
Wenn es in Stein geschrieben ist, bringen Sie Hammer und Meißel mit	317
Wenn es in den Wind geschrieben ist, bringen Sie Ihre Kamera mit	319
Abkürzungen zum Erfolg	320
In der Disziplin findet man Freiheit, nicht in der Rebellion	321
Was haben Sie gelernt?	322
Tun Sie sich etwas Gutes	323
Beharrlichkeit	325
Enthusiasmus und Freude	327
Satteln Sie Ihr Pferd	328

SECHSTER TEIL

Mit den Träumen leben	330
Suchen Sie sich neue Ziele aus	331
Reichtum ist das, worauf Sie verzichten können	333
Lassen Sie andere Menschen an Ihrem Wissen teilhaben	336
Die Hilfsmittel zum Erreichen materieller Ziele können auch zum Erreichen nicht-materieller Ziele benutzt werden	338
Das Jahrzehnt der Tat	339
Humor und Spaß	341

Zum Auftakt:
Was wäre, wenn ...?

Der Mensch wird geboren, um Erfolg zu haben,
nicht, um zu scheitern.
Henry David Thoreau

Was wäre, wenn Sie ein meisterhafter Schöpfer wären? Was wäre, wenn Sie ein so begnadeter Schöpfer wären, daß Sie aus einem scheinbaren Nichts erschaffen könnten, was Sie wollen?

Was wäre, wenn Sie berühmt für Ihre herausragenden schöpferischen Fähigkeiten wären? (Mehrfacher Gewinner olympischen Goldes in den schöpferischen Disziplinen.)

Was wäre, wenn Sie ein so ausgezeichneter Schöpfer wären, daß das Schöpfen anfinge, Sie zu langweilen? Obwohl Ihnen die Bewunderung aller Welten zuteil würde – deren einige zu schöpfen Sie mitgeholfen haben –, fehlte Ihnen mit der Zeit das Gefühl der Herausforderung, das Sie zu Anfang Ihrer schöpferischen Karriere hatten.

Was wäre, wenn Sie Gelegenheit hätten, »den Nervenkitzel des Sieges und den schrecklichen Schmerz der Niederlage« noch einmal zu durchleben, die Sie zu einem früheren Zeitpunkt und bei anderer Gelegenheit so genossen haben?

Also erfänden Sie als der meisterhafte Schöpfer, der Sie sind, einen Knopf mit der Aufschrift »Eine Größere Herausforderung«.

Sie durchdächten alle Aspekte, die das Konzept »Größere Herausforderung« beinhalten könnte, gelangten zu der Auffassung, daß Ihnen eine größere Herausforderung wahrscheinlich etwas von der Spannung und Befriedigung wiedergäbe, die Ihnen seit Ihren Lehrlingstagen fehlen, atmeten tief durch, drückten den Knopf...

... und Sie fänden sich dort wieder, wo Sie sich in diesem

Moment befinden, fühlten, was Sie in diesem Moment fühlen, dächten, was Sie in diesem Moment denken, und Ihr ganzes Leben wäre genauso, wie es in diesem Moment ist. Und sie läsen dieses Buch.

> Die Zeit kann das Bedauern über etwas,
> das wir getan haben, mildern;
> aber für das Bedauern, das wir empfinden,
> weil wir etwas versäumt haben,
> gibt es keinen Trost.
> *Sydney J. Harris*

Einleitung: Wie geht's?

> Strenggenommen sollten wir lesen,
> um Kraft zu gewinnen.
> Ein lesender Mensch
> sollte ein intensiv lebender Mensch sein.
> Das Buch in seiner Hand sollte
> wie eine Kugel aus Licht sein.
>
> *Ezra Pound*

Wir haben alle einen Traum, einen Herzenswunsch. Die meisten von uns haben mehr als einen. Einige von uns haben gleich eine ganze Clique davon um sich herum. In diesem Buch wird beschrieben, wie man jene Träume entdeckt (bzw. wiederentdeckt), wie man die Träume auswählt, die man verfolgen möchte, und es werden praktische Tips gegeben, wie man sie verwirklicht.

Es gibt viel Gutes über unsere Träume zu sagen:
- Indem wir *einen* beliebigen dieser Träume verfolgen, können wir Erfüllung finden. Es ist nicht nötig, daß wir alle verfolgen.
- Es ist nicht unbedingt nötig, daß wir einen Traum *vollenden*, um Erfüllung zu finden – wir müssen ihn nur aktiv *verfolgen*, um Befriedigung zu erlangen.
- Indem wir unseren Traum ausleben, tun wir nicht nur etwas für uns, sondern auch für unsere Umgebung und für alle Menschen um uns herum.

Die meisten Menschen aber verfolgen ihre Träume trotz all dieser guten Aussichten nicht.

Wenn wir unsere Träume nicht verfolgen, vergeuden wir unsere Zeit und unsere Fähigkeiten auf das Verfolgen von Dingen, von denen wir *meinen*, daß sie uns glücklich machen, Dinge, von denen wir *glauben*, daß sie uns Erfüllung bringen: das neue Haus, der neue Wagen, der neue Kaschmir-Pullover.

Es gibt eine alte Redensart, die besagt: »Der Mensch kann gar nicht genug von den Dingen bekommen, die er im Grunde gar nicht haben möchte.« Wenn uns der neue Wagen nicht glücklich macht, neigen wir dazu, ihm die Schuld dafür zu geben, ihm vorzuwerfen, daß er nicht »gut genug« ist, und unsere Aufmerksamkeit, auf einen neuen, »besseren« Wagen zu richten. Wir glauben, daß dieser uns ganz sicher glücklich machen wird.

Viele Menschen sind so weit davon entfernt, ihren Traum auszuleben, *daß sie vergessen haben, wie ihr Traum eigentlich aussieht.*

Das ist traurig. Das ist unnötig. Das ist eine unglaubliche Verschwendung. Und dennoch ist dieses Leiden so weit verbreitet, daß es zum Cliché geworden ist. Wir haben unseren Herzenswunsch aufgegeben – und irgendwo, tief in unserem Inneren, wissen wir das. Aber auch wenn wir uns nicht mehr recht daran erinnern können, worin er besteht – er fehlt uns.

Warum leben wir unsere Träume nicht aus?

Weil es etwas gibt, vor dem man uns mehr Respekt antrainiert hat als vor unseren Träumen: die Behaglichkeitszone.

Die Behaglichkeitszone besteht aus all dem, was wir so oft gemacht haben, daß es für uns einfach und bequem ist, es zu wiederholen. Alles Neue, was wir anfangen, fällt in einen Bereich außerhalb der Behaglichkeitszone. Selbst wenn wir eine neue Unternehmung auch nur ins Auge fassen, stellen sich bei uns Angst, Schuld- und Minderwertigkeitsgefühle, verletzte Gefühle und Zorn ein – all das, was wir in der Regel als »unangenehm« ansehen.

Wenn wir über eine gewisse Zeit hinweg ein ausreichend starkes Gefühl des Unbehagens haben, neigen wir dazu, uns entmutigt zu fühlen (was eine Form von Erschöpfung ist). Also kehren wir zu den Gedanken, Gefühlen und Handlungen zurück, die vertrauter, geübter und voraussehbarer – kurz gesagt, bequemer sind.

Die Ironie dabei ist, daß die Gefühle, die man uns gelehrt hat, mit dem Etikett »unbehaglich« zu versehen, in Wirklichkeit zu eben den Werkzeugen gehören, die wir benötigen, um uns unsere

Träume zu erfüllen. Die Ziegel, aus denen die Mauern unserer Behaglichkeitszone gebaut sind, sind letzten Endes aus Gold.

Warum ist uns das nicht klar?

Das Verhaltenstraining, das wir als Kinder erhalten haben – und das zum größten Teil für Kinder durchaus angemessen ist –, ist für Erwachsene nicht zweckmäßig. Für einen unabhängigen, produktiven Erwachsenen gelten andere Regeln als für ein abhängiges Kind, das einen eingeschränkten Aktionsradius hat. Was für Kinder gut und richtig ist, kann für Erwachsene produktivitätshemmend sein. Das Leben, das wir führen, ist wie ein Fahrrad, von dem man die Hilfsräder noch nicht abmontiert hat – eingeschränkt, viel *zu* sicher und irgendwie langweilig.

Wir glauben nicht mehr an den Weihnachtsmann, aber wir glauben immer noch, daß das Gefühl der »Unbehaglichkeit« Grund genug ist, um ja nichts Neues zu versuchen. Der Osterhase ist schon vor vielen Jahren aus unserem Leben gehopst, und trotzdem lassen wir das, was »die Leute vielleicht über uns denken«, unser Verhalten beeinflussen. Die gute Fee aus unserer Kindheit ist schon lange verschwunden, aber wir meinen immer noch, jedes Versagen unsererseits rechtfertigen zu können, indem wir uns irgendeinen Menschen oder irgendeinen Umstand – nur nicht uns selbst – suchen und ihm die Schuld geben.

Die meisten Menschen treiben wie in einem kindlichen Schlaf dahin. Wenn wir unsere Träume ausleben wollen, müssen wir aufwachen.

Haben Sie, wenn Sie den letzten Satz lesen, das Gefühl, daß Ihre Behaglichkeitszone angegriffen wird? Das wird in diesem Buch oft der Fall sein. Das nervöse Kribbeln, das wir spüren, wenn wir in Erwägung ziehen, aufzuwachen und unsere Träume auszuleben, kann man als »Angst« oder als »Prickel« bezeichnen. Ganz egal wie wir es nennen, es ist dasselbe Gefühl. Wenn wir es »Angst« nennen, ist es ein unbehagliches Gefühl, das uns veranlaßt, Gründe zu suchen, um nicht weiterzulesen. Wenn wir es »Prickel« nennen, verwandeln wir es in Energie, die Lernen und Handeln zu aktiven, erfreulichen Ereignissen macht.

Sie haben die Wahl. Sie haben immer die Wahl. Das Problem ist nur, daß viele von uns ihre Entscheidungsfähigkeit an Gewohnheiten delegiert haben, die sich vor langer Zeit gebildet haben – und zwar als wir viel weniger über das Leben wußten als jetzt. Wir lassen zu, daß Angewohnheiten, die sich gebildet haben, als wir zwei, vier, sechs, zehn oder fünfzehn waren, heute unser Leben im Griff haben.

Gewohnheiten zu verändern, erfordert Arbeit. Daß Sie sich nur ja nicht täuschen: dadurch, daß Sie dieses Buch lesen, wird sich Ihr Leben nicht ändern, genausowenig wie Sie Frankreich kennenlernen, wenn Sie einen Reiseführer über Frankreich lesen. Sie können bei der Lektüre vielleicht eine *Vorstellung* von Frankreich bekommen, aber nicht mehr. Erfahren und erleben kann man es nur, indem man *aktiv* wird und hinfährt.

Und mit Ihren Träumen ist es genauso. Dieses Buch wird Ihnen zeigen, *wie* Sie Ihre Träume entdecken, *wie* Sie die Träume auswählen, die Sie verfolgen wollen, und *wie* Sie diese Träume verwirklichen – aber wenn Sie, nachdem die Fragen nach dem *Wie* beantwortet sind, nicht *handeln*, werden Sie niemals Paris von der Spitze des Eiffel-Turms aus sehen.

Unsere Träume zu realisieren, macht zwar *Arbeit*, aber die kann durchaus *Spaß* machen.

Und dieses Buch ist Ihre Chance, Ihre Träume zu verwirklichen und dabei Spaß zu haben. Es ist eine Chance, die *Sie* sich *selbst* geben. Stellen Sie sich einmal vor, Sie wären mächtig genug, um dieses Buch *ausschließlich für Sie selbst* in Auftrag zu geben. Wenn Sie eine Vorstellung von dieser Macht bekommen, dann werden Sie wissen, daß Sie das Zeug haben, um einen Traum wahrzumachen. *Jeden* Traum. *Ihren* Traum.

Auf einer Party in Hollywood traf F. Scott Fitzgerald Joan Crawford. Er erzählte ihr, daß er das Drehbuch für ihren nächsten Film zu schreiben hätte. Sie schaute ihm tief in die Augen und sagte: »Dann schreiben Sie ein erstklassiges Drehbuch, Mr. Fitzgerald, schreiben Sie ein erstklassiges Drehbuch.«

Stellen Sie sich vor, daß wir, die Autoren, Ihnen tief in die

Augen schauen und sagen: »Träumen Sie große Träume, lieber Leser, träumen Sie große Träume.«

Was *unser* großer Traum ist? Nun, wir bezeichnen die neunziger Jahre als Jahrzehnt der Tat, in dem es darauf ankommt, ans Leben ranzugehen und zu handeln. Die Neunziger sind nicht nur das Jahrzehnt am Ende des Jahrhunderts, nein, sie sind auch der Höhepunkt eines ganzen *Jahrtausends*. Tausend Jahre lang hat das kollektive Herz der Menschheit einige sehr erstrebenswerte Träume gehabt – den Weltfrieden, das ausgeglichene Selbst, das harmonische Zusammenleben mit den Mitmenschen, eine Umwelt, in der alles wachsen und gedeihen kann, Respekt für alles Lebendige.

Nun, wir meinen, daß es an der Zeit ist, diese Träume zu verwirklichen. WIR MÜSSEN AKTIV WERDEN UND HANDELN!

Erfüllung auf globaler Ebene erfordert aber keineswegs, daß der einzelne seine Träume opfert. Sie erfordert lediglich die *Abstimmung* und *Ausrichtung* persönlicher Träume auf eine größere Vision.

Wenn wir erst merken, wie einfach es ist, unsere persönlichen Träume wahrzumachen – selbst jene, welche einem »riesengroß« vorkommen –, haben wir das Bedürfnis, noch größere wahrzumachen, nämlich unsere globalen, universellen Träume.

Tatsache ist, daß es genauso viel Arbeit macht, einen großen Traum unserer eigenen Wahl zu verfolgen, wie es macht, immer mehr jener Dinge anzuhäufen, die wir im Grunde gar nicht haben wollen. Sie werden bis an das Ende Ihrer Tage *irgend etwas* tun. Da kann es doch auch etwas sein, was *Sie* tun *möchten*.

»Aber wo soll das Geld herkommen? Aber wo soll ich die Zeit hernehmen? Aber was ist mit diesem? Aber was ist mit jenem?« werden Sie sagen. Zu all dem kommen wir noch (und zu all jenem auch). Bevor man auch nur ins Auge fassen kann, seine Träume auszuleben, fallen einem eine ganze Menge Einwände ein, um sich »rauszuwinden«.

Wir wollen diese Einleitung beschließen, indem wir die Frage beantworten, die wir zu Anfang gestellt haben: »Wie geht's?«

Ganz einfach. Es geht, indem man lernt.

»Großartig. Und wie lernt man?«

Man lernt, indem man handelt und Dinge angeht. Worauf sich wieder die Frage stellt, »wie's geht«.

Ein Rätsel wie die Frage, was zuerst da war, das Huhn oder das Ei. Hier liegt die Antwort jedoch in dem einfachen Gedanken: »Der Wille, ranzugehen und zu handeln, schafft die Fähigkeit, ranzugehen und zu handeln.«

Seien Sie fürs Erste einfach nur *gewillt zu handeln*. Seien Sie gewillt, das zu tun, was nötig ist, um dieses Buch zu lesen. Dazu müssen Sie gewillt sein, diese Seite zu Ende zu lesen und die nächste aufzuschlagen. Dazu müssen Sie gewillt sein, diesen Absatz zu Ende zu lesen. Und dazu müssen Sie gewillt sein, diesen Satz zu Ende zu lesen (was Sie soeben getan haben – herzlichen Glückwunsch!).

Woher diese Bereitwilligkeit kommt?

Von Ihnen selbst.

Die Sängerin Joni Mitchell hat es so gesagt: »Letzten Endes kommt alles auf einen selbst an.«

Da können wir nur zustimmen, aber wir möchten noch etwas hinzufügen: »Letzten Endes kommt alles auf einen selbst an und darauf, daß man rangeht und handelt.«

> Seien Sie bei Ihren Unternehmungen
> nicht zu zaghaft und nicht zu zimperlich.
> Das ganze Leben ist ein Experiment.
> *Ralph Waldo Emerson*

ERSTER TEIL

Warum wir unsere Träume nicht ausleben

Wladimir: »Also? Gehen wir!«
Estragon: »Gehen wir!«
Sie gehen nicht von der Stelle.
Die letzten Zeilen von
»Warten auf Godot«
Samuel Beckett

Es kann sein, daß Sie den ersten Teil dieses Buches deprimierend finden werden. Wir erklären darin nämlich, warum die meisten Menschen ihre Träume nicht ausleben. Und wir halten uns keineswegs zurück, wenn wir dabei den einen oder anderen Schlag austeilen.

Das sind keine schönen Aussichten.

Wir wollen Ihnen klarmachen, daß der Grund, weshalb wir unsere Träume nicht ausleben, *in uns selbst* zu finden ist. In den meisten Fällen tun wir jedoch so, als ob Menschen, Dinge und Umstände *außerhalb* Schuld daran hätten. (Mangel an Geld, Bildung, Beziehungen, Intelligenz, gutem Aussehen etc.)

Wenn Sie es deprimierend finden, einen so genauen Einblick in die Falle zu kriegen, in der sich viele Menschen befinden, lassen Sie sich nicht entmutigen. Es folgen noch fünf weitere Abschnitte, und jeder ist optimistischer als der vorhergehende.

Andererseits kann es durchaus sein, daß Ihnen der erste Teil des Buches Auftrieb verleihen wird. Sie werden möglicherweise mehrfach Gelegenheit haben zu sagen: »*Deshalb* läuft das immer so!« Die wahren Ursachen einer Verhaltensweise zu erfahren, kann – besonders nachdem man so viele Jahre in die Irre geführt worden ist – befreiend wirken.

Wenn wir wissen, daß der *Grund* für unser Handeln in uns zu finden ist und daß wir zu dem Wenigen in diesem Universum gehören, das zu verändern wir das Recht und die Fähigkeit haben, bekommen wir auch eine Vorstellung davon, wie viele Möglichkeiten, zu wählen und uns zu entscheiden, wir tatsächlich haben. Wir bekommen ein erstes Gefühl von unserer Stärke, davon, daß wir selbst das Kommando haben – über unser Leben, unsere Zukunft, unsere Träume.

Tu es oder tu es nicht.
Versuche gibt es nicht.
Yoda

Dies hätte ein richtig großartiges Eröffnungskapitel werden sollen, aber ...

Dies hätte das beste Eröffnungskapitel werden sollen, das man sich nur vorstellen kann, aber uns ist so viel dazwischengekommen.

Wir wollten uns jede Menge Zeit nehmen, um es zu schreiben, aber, na ja, Sie wissen doch, die Zeit fliegt nur so dahin.

Wir wollten eine Menge ergreifender, treffender und humorvoller Beispiele von Menschen geben, die ihre Sachen nicht auf die Reihe kriegen, aber wir sind einfach nicht dazu gekommen, die Leute zu interviewen.

Wir wollten jede Menge wunderbarer geflügelter Worte sammeln, um unsere Argumente zu illustrieren, aber wir haben das Notizbuch mit den Zitaten verlegt.

Wir wollten dafür sorgen, daß dieses Kapitel so informativ, lesenswert und rundherum großartig würde, daß Sie, falls Sie in einem Buchladen darin läsen, das Buch kauften, oder daß Sie es sich ausliehen, oder daß Sie beim Lesen zu Hause sagten: »Junge, Junge, bei der Lektüre *dieses* Wälzers werde ich einen irren Spaß haben!« Aber dann haben wir uns gestern abend entschlossen, im Fernsehen den Spätfilm anzuschauen. Wir wollten anschließend noch an diesem Kapitel arbeiten, aber dann sind wir ein Eis essen gegangen, und danach waren wir müde, so daß wir beschlossen haben, am nächsten Morgen einen frischen Anfang zu machen, aber wir haben natürlich verschlafen. Nach dem Aufstehen sind wir erst einmal frühstücken gegangen, und auf dem Rückweg sind wir am Aquarium vorbeigekommen und hatten Lust, auf einen Sprung hineinzuschauen. Danach sind wir zum Mittagessen gegangen, und anschließend haben wir uns ein kleines Nickerchen gegönnt, um abends frisch ans Werk zu gehen, aber dann haben wir einen Blick in einen Dokumentarfilm geworfen, der im Fernsehen lief, und danach war es natürlich Zeit, zu Abend zu essen, und anschließend sind wir von Freunden ins Kino eingeladen worden und da will man ja nicht unhöflich sein und abgesehen davon hatten wir den Film sowieso sehen wollen. Anschließend wollten wir zwar sofort nach Hause gehen und uns an dieses Kapitel setzen, aber dann ist uns eingefallen, wie gut uns am Abend zuvor das Eis geschmeckt hat ...

>Erfolg ist reine Glückssache.
>Das wird Ihnen jeder Versager bestätigen.
>>*Earl Wilson*

Aber

Aber – dieses verteufelte Wort ist in unserer Sprache allgegenwärtig. Es ist ein unangenehmes kleines Wort. Es gestattet uns, uns selbst zu belügen und uns in unseren Verhaltensmöglichkeiten einzuschränken, und das, ohne daß wir es merken.
Schauen wir uns doch einen typischen Satz an, der ein »aber« enthält: »Ich möchte meine kranke Großmutter besuchen, aber es ist zu kalt draußen.«
Wenn es in einem derartigen Satz verwendet wird, bedeutet »aber« in der Regel: »Das ganze wohlklingende Geschwafel vorher kann man vergessen – jetzt wird gesagt, um was es in Wirklichkeit geht.« Das Wort »aber« leitet die zugrundeliegende Wahrheit ein, und die ist oft kompletter Humbug.
Die Wahrheit in dem obenstehenden Satz ist, daß Großmutter keinen Besuch bekommt. Gelogen ist, daß wir uns so sehr um unsere kranke Großmutter *sorgen*, daß wir sie *wirklich besuchen wollen*. (Beachten Sie, welche *Sensibilität* wir für ihr Bedürfnis aufbringen, Besuch zu bekommen, und welches *Mitgefühl* wir demonstrieren, indem wir sie besuchen wollen.)
An dieser Stelle betreten zwei liebe Freunde von *aber* die Bühne – *wenn nur* und *versuchen*.
»*Wenn* heute *nur* ein schöner Frühlingstag wäre, wäre ich schon im Wald und unterwegs zu Großmutter. *Wenn* es *nur* nicht so verflixt *kalt* wäre, säße ich schon längst an Omas Bett. Ich *versuche*, morgen zu ihr zu gehen.«
Es sei denn natürlich, wir sind dann zu beschäftigt, zu abgebrannt, zu müde, zu _____ (bitte tragen Sie an der Leerstelle eine Ihrer Lieblingsausreden ein). Oder vielleicht fühlen wir uns auch selbst nicht ganz wohl.
Aber selbst wenn es uns ausgezeichnet ginge und auch sonst alles in bester Ordnung wäre, wollen wir keinesfalls vergessen, daß es im Wald *Wölfe* gibt ...

Ja-aber

Das bloße »aber« benutzen wir, wenn wir unsere eigenen guten Ratschläge ignorieren. Wenn wir die unerträglich guten Ratschläge ignorieren, die wir aus anderen Quellen bekommen, verwenden wir die mit einem Bindestrich versehene Version: »ja-aber«.

Innerhalb eines Satzes mag es den Anschein haben, als ob das zwei Worte wären, die von einem Punkt oder zumindest einem Komma getrennt werden. Tatsächlich handelt es sich um ein zusammengesetztes Wort mit Bindestrich: ja-aber. Man würde nicht »ja« sagen, wenn man das »aber« nicht auf dem Fuße folgen ließe und regelrecht anbände.

»Du solltest wirklich deine Kfz-Versicherung zahlen.«
»Ja-aber ich bekomme erst nächste Woche meinen Lohn.«
»Du könntest dir mit deiner Kreditkarte Bargeld holen.«
»Ja-aber ich stecke schon so tief in den Miesen.«
»Falls du einen Unfall baust, hast du keinen Versicherungsschutz.«
»Ja-aber ich fahre vorsichtig.«
Und so weiter und so weiter.

Wenn wir uns selbst Argumente für unsere Beschränkungen liefern, bleiben sie uns erhalten. *Ja-aber* bedeutet: »Es folgen die Argumente für meine Beschränkungen.« Das Wort »ja« bescheinigt dem Ratgeber, daß seine Einschätzung hervorragend ist, und das »aber« signalisiert, daß als nächstes gesagt wird, was wirklich gemeint ist.

Der einzige Mensch, der noch törichter ist als der, aus dem sich ein steter Strom von »ja-aber« ergießt, ist der, der angesichts solch offensichtlicher Gleichgültigkeit weiter gute Ratschläge gibt.

»Ja-aber ich dachte, daß ich *das Leben dieser Menschen verändern* würde, wenn ich es *nur noch ein einziges Mal* versuche.«

Da haben wir es. Und was hat Jesus dazu gesagt? »Ihr sollt das Heilige nicht den Hunden geben, und eure Perlen sollt ihr nicht vor die Säue werfen, damit die sie nicht zertreten mit ihren Füßen und sich umwenden und euch zerreißen« (Matthäus 7,6).
»Autsch.«

Gründe oder Resultate

Resultate! Nun, mein Freund,
ich habe eine Menge Ergebnisse erzielt.
Ich kenne jetzt einige tausend Dinge,
die nicht machbar sind.
Thomas A. Edison

In jedem Bereich des Lebens stoßen wir immer auf eines von zwei Dingen: auf vorgeschobene Gründe oder auf echte Resultate – auf Ausreden oder Erfahrungen, auf Ammenmärchen oder Erfolge, auf Rechtfertigungen oder Gerechtigkeit.

Entweder haben wir das, was wir wollen, oder wir verfügen über gußeiserne, luftdichte, unumstößliche Gründe, weshalb es nicht einmal *ansatzweise möglich* war, es zu bekommen.

Wir benutzen eines der effektivsten Werkzeuge, das uns zur Verfügung steht – nämlich unseren Verstand –, um uns ins Abseits zu stellen. Anstatt die Schranken aus dem Weg zu räumen, die uns den Zutritt zu unseren Träumen versperren, stellt der Verstand unsere Träume kalt.

In der Zeit, die der Verstand braucht, um eine gute Entschuldigung zu erfinden, könnte er sich genausogut einen anderen Weg einfallen lassen, um das gewünschte Ergebnis zu erreichen, und damit das Konstruieren von Ausreden überflüssig machen.

Aber leider ist es so, wie John Kenneth Galbraith gesagt hat: »Vor die Wahl gestellt, umzudenken oder zu beweisen, daß dazu keine Veranlassung besteht, treten die meisten Menschen eifrig den Beweis an.«

Da wir gerade den Verstand zum Thema haben, wollen wir ihm gleich etwas geben, womit er sich beschäftigen kann, und zwar eine Prämisse, über die wir im Verlauf des ganzen Buches nachdenken werden.

Wir leben das Leben unserer Wahl

Es ist schwierig, einen Feind zu bekämpfen, dessen Vorposten im eigenen Kopf stehen.
Sally Kempton

Dies ist die Prämisse: In diesem Augenblick leben wir alle ein Leben unserer eigenen Wahl. Bei dieser Wahl handelt es sich natürlich nicht um eine einzige, gewaltige Entscheidung. Beispielsweise beschließt niemand: »Ich werde nach Los Angeles ziehen, in fünf Jahren Kellner in einem mittelmäßigen Restaurant sein und dann eine Fotoserie von mir machen lassen, damit ich mir einen Agenten suchen und ein Star werden kann.« Genausowenig sagt sich jemand: »Ich werde ein Scheusal heiraten, wir werden eine lieblose Ehe führen und nur der Kinder wegen zusammenbleiben, die ich im Grunde auch nicht mag.«

Nein. Die Entscheidungen, von denen wir reden, werden täglich, stündlich, in jedem Moment getroffen.

Versuchen wir, etwas Neues zu machen, oder kleben wir am Altbewährten? Gehen wir ein Risiko ein, oder essen wir, was schon auf unserem Teller liegt? Fassen wir ein prickelndes Abenteuer ins Auge, oder lassen wir unsere Aufmerksamkeit vom Fernsehprogramm fesseln? Fangen wir mit der interessanten Fremden, mit der wir in der Bar Blickkontakt haben, ein Gespräch an, oder gehen wir auf Nummer Sicher? Erfüllen wir uns unseren Herzenswunsch, oder geben wir unseren Ängsten Futter?

Unter dem Strich steht folgende Frage: Verfolgen wir das, was wir uns wirklich wünschen, oder tun wir, was bequem ist?

In den allermeisten Fällen entscheiden sich die allermeisten Menschen für die Bequemlichkeit – für das Vertraute, für das

Altbewährte, für das Abgedroschene, aber Bekannte. Nachdem wir unser Leben lang zwischen Bequemlichkeit und Risiko gewählt haben, stehen wir nun mit dem Leben da, das wir derzeit führen.

Und dieses Leben ist einzig das Ergebnis unserer eigenen Wahl.

> Wir benehmen uns, als ob Bequemlichkeit
> und Luxus unsere hauptsächlichen
> Bedürfnisse im Leben wären.
> Dabei brauchen wir,
> um glücklich zu sein, nur etwas,
> das uns mit Enthusiasmus erfüllt.
> *Charles Kingsley*

Die Behaglichkeitszone

> Das einzige, was ich nicht ausstehen kann,
> ist Unbehagen.
> *Gloria Steinem*

Die Behaglichkeitszone ist unser höchstpersönlicher Aktions- und Denk-Bereich, in dem es uns behaglich ist. Er beinhaltet all die Dinge, die wir so oft getan (oder gedacht) haben, daß es für uns angenehm und bequem ist, sie zu tun (oder zu denken). Alles, was wir nicht oft genug getan (oder gedacht) haben, um es bequem tun zu können, liegt außerhalb des Bereichs der Behaglichkeitszone. Wenn wir jene Dinge (d. h. grundsätzlich alles, was neu ist) tun (oder denken), haben wir ein Gefühl des Unbehagens.*

Zum Beispiel macht es Ihnen sicher keine Schwierigkeiten, dieses in allgemeinverständlicher Sprache verfaßte Buch zu lesen; das gehört zu Ihrer Behaglichkeitszone. Aber wie wäre es, wenn Sie einen verschlüsselten Text lesen müßten? Hier ist so ein codierter Satz:

Xjs hsbuvmjfsfo! Tjf ibcfo tpfcfo efo Dpef hflobdlu!

Können Sie diesen Code knacken? Jeder Buchstabe steht für einen anderen Buchstaben des Alphabets. Die Buchstaben stehen in einem logischen Verhältnis zueinander, so daß Sie den Satz lesen können, wenn Sie das Ordnungsprinzip kennen. Was bedeutet dieser verschlüsselte Satz?

Wie fühlen Sie sich? Ist Ihnen unbehaglich zumute? Finden Sie das gar zu viel verlangt? Haben Sie aufgegeben? Haben Sie schon aufgegeben, bevor Sie überhaupt angefangen haben? Was wäre, wenn wir Ihnen sagten, daß auf die Lösung dieses Rätsels 100 000 Dollar ausgesetzt sind? Was wäre, wenn nicht nur *das Geld* winkte, sondern Sie das Rätsel dazu *live im Fernsehen* lösen

---

* Da wir gerade über die Behaglichkeitszone sprechen: Wenn wir von »tun« reden, ist das »Denken« stillschweigend miteingeschlossen. Das erspart es uns, die folgenden Kapitel mit vielen »(oder Gedanken)« vollzustopfen.

müßten? Und wenn Ihnen dafür zu allem Überfluß nur *ein begrenzter Zeitraum* zur Verfügung stünde? Sagen wir, drei Minuten. Was wäre, wenn einer Person, die Sie lieben, etwas *wirklich Schlimmes* zustieße, wenn Sie den Code nicht innerhalb von drei Minuten knacken könnten? Was wäre, wenn diese sich *absolut auf Sie verließe?*
Wie fühlen Sie sich? Wenn Sie auf unsere Fragen eingegangen sind, haben Sie wahrscheinlich Anflüge von Angst, Schuld, Minderwertigkeit, verletzten Gefühlen und/oder Zorn gehabt. Das sind die Gefühle, die wir alle in den Topf mit der Aufschrift *unbequem* werfen.
Wenn wir eine Zeitlang das Gefühl der Unbehaglichkeit gehabt haben, neigen wir dazu, uns entmutigt zu fühlen. Wir geben auf. Manche von Ihnen haben aufgegeben, bevor sie überhaupt angefangen haben. Worträtsel haben sie immer schon entmutigt. Also haben sie sich gesagt:»Ich bin in solchen Dingen nicht gut.« Sie haben gekniffen und sind zum nächsten Absatz übergegangen. Bedauerlicherweise haben wir dort schon auf der Lauer gelegen und auf sie gewartet. Wir haben sie an das Rätsel erinnert, so daß sie ein Gefühl des Unbehagens empfanden. (Später erzählen wir mehr darüber, wer wen *tatsächlich* dazu bringt, sich unbehaglich zu fühlen.)
Diejenigen, denen Puzzles Spaß machen, sind sofort eingestiegen. Anstatt ein Gefühl der Unbehaglichkeit aufkommen zu lassen, haben sie sich *herausgefordert* gefühlt. Sie haben sich nicht abschrecken lassen, sondern standgehalten, und einige von ihnen haben das Rätsel gelöst (und fragen sich jetzt, wie sie an die 100 000 Dollar Belohnung herankommen). Die»Macher« haben vielleicht dasselbe Gefühl gehabt wie die»Bequemen«, jenes Prickeln, das sich bei uns einstellt, wenn wir uns einer Anforderung stellen. Nur haben sie es mit dem Etikett»Spannung« versehen und nicht mit dem Etikett»Angst«. Vielleicht haben sie diese prickelnde Energie sogar als Hilfsmittel benutzt, um das Rätsel zu lösen.
Nun gut. Versuchen Sie es noch einmal. Dieses Mal geben wir Ihnen einen Anhaltspunkt: der erste Buchstabe ist ein W.

Xjs hsbuvmjfsfo! Tjf ibcfo tpfcfo efo Dpef hflobdlu!
Finden Sie heraus, in welchem Verhältnis das W und der erste Buchstabe des Rätsels (X) zueinander stehen. Versuchen Sie, ein Muster zu finden, wenden Sie dieses dann auf die nächsten Buchstaben an und überprüfen Sie, ob etwas herauskommt, was einem Wort ähnelt. Falls nicht, suchen Sie ein anderes Muster. Einige von Ihnen sind jetzt aktiv damit beschäftigt, dem Rätsel auf die Spur zu kommen. Andere sagen immer noch: »Ich kann so etwas nicht.« Henry Ford hat erklärt: »Ob jemand nun glaubt, daß er etwas tun kann, oder ob er glaubt, daß er etwas nicht kann – er hat immer recht.« Wenn wir demnach sagen, daß wir irgend etwas nicht können, investieren wir dafür keine Zeit, und deshalb können wir es auch nicht. Das ist eine »selffulfilling prophecy«, eine Vorhersage, die sich deshalb selbst erfüllt, weil sie gemacht wird.

Wenn Sie also immer noch davon überzeugt sind, daß Sie das Rätsel nicht lösen können, stellen Sie Ihre Einstellung auf den Kopf. Sagen Sie laut zu sich »Ich *kann* das Rätsel lösen«, und gehen Sie an die Arbeit. Opfern Sie ein wenig *Zeit* dafür. »Der Wille, ranzugehen und zu handeln, schafft die Fähigkeit, ranzugehen und zu handeln.« Geben Sie sich selbst diesen Willen. (Ein Bleistift könnte Ihnen übrigens auch weiterhelfen.)

In welchem Verhältnis stehen W und X zueinander? Wo haben Sie die beiden Buchstaben schon zusammen gesehen? Wo sind sie *immer* zusammen? Wo folgt einer direkt auf den anderen?

Xjs hsbuvmjfsfo! Tjf ibcfo tpfcfo efo Dpef hflobdlu!
Wollen Sie noch einen Tip? Der zweite Buchstabe ist ein I. In welchem Verhältnis stehen I und J zueinander? Es handelt sich um dasselbe Verhältnis wie zwischen W und X.

Die meisten von Ihnen haben das Rätsel mittlerweile natürlich gelöst. (Moment! Haben Sie jetzt ein Gefühl der Unbehaglichkeit? Diejenigen, die die Lösung noch nicht gefunden haben, mögen den Gedanken gar nicht, daß sie hinter den meisten Leuten herzuckeln, und denjenigen, die es gelöst haben, gefällt es nicht, daß sie zu den »meisten« Leuten gehören sollen.

Unser letzter Tip: das Alphabet:

ABCDEFGHIJKLMNOPQRSTUVWXYZ.
Sehen Sie jetzt, in welchem Verhältnis W und X und I und J zueinander stehen? Wenden Sie das Muster auf die anderen Buchstaben des Rätsels an, und überprüfen Sie, was dabei herauskommt. Wir gratulieren! Sie haben soeben den Code geknackt!

Sie merken, daß Sie, wenn Sie Ihre Behaglichkeitszone *verlassen*, Abenteuer, Spannung, Befriedigung und Antworten auf Fragen finden, die zu stellen Ihnen zuvor nie eingefallen wäre. Wenn sich dieses Kapitel eher nach *Glücksspiel* anhört, so ist das wie im Leben auch: man bekommt Antworten geliefert, und es kommt darauf an, die richtigen Fragen zu stellen. Einige dieser Fragen werden wir im dritten Teil unseres Buches stellen.)

»Ich möchte das nicht tun; das ist mir unbequem und lästig.« Wie oft haben Sie das schon Leute sagen hören? Es ist eine von den meisten Menschen akzeptierte *Tatsache, daß Unbequemlichkeit Grund genug ist, um vor Unternehmungen zurückzuschrecken.*

Die wesentlichen Empfindungen, die sich bei uns einstellen, wenn wir uns den »Mauern« der Behaglichkeitszone nähern, sind Angst, Schuldgefühle, Minderwertigkeitsgefühle, Verletztsein und Zorn. Wenn wir irgendeine dieser Emotionen – oder eine Kombination aus mehreren – empfinden, sagen wir, daß wir uns unbehaglich fühlen. Wenn wir erst eine Zeitlang gegen die Windmühlenflügel unserer Behaglichkeitszone angerannt sind, neigen wir dazu, uns entmutigt zu fühlen – und das Gefühl der Entmutigung ist das bedeutendste der Hindernisse, die uns davon abhalten, unsere Träume auszuleben.

Wir wollen als nächstes einen genauen Blick auf Angst, Schuldgefühle, Minderwertigkeit, Gekränktsein, Zorn und Entmutigung werfen. (Darauf warten Sie doch sowieso schon, hm?!)

> Sie müssen den Ort Ihrer Bequemlichkeit verlassen und in die Wildnis Ihrer Intuition gehen.
> Dort werden Sie etwas Wunderbares entdecken.
> Sie werden sich selbst entdecken.
> *Alan Alda*

Angst

> Die Furcht ist das einzige, wovor ich mich fürchte.
> *Arthur Wellesley, Herzog von Wellington,
> genannt »Der Eiserne Herzog«*

> Nichts ist so sehr zu fürchten wie die Furcht.
> *Henry David Thoreau*

Wir alle kennen das Gefühl der Angst. Es ist wahrscheinlich die verbreitetste aller einschränkenden Empfindungen – und für viele Menschen ist sie sogar *die* Empfindung schlechthin, *basta*. Oft verhält es sich so, wie es Shakespeare formuliert hat: Wir werden durch »die Furcht beinahe in Gelee verwandelt«.

Doch nicht genug damit, daß wir neue Dinge fürchten; wir empfinden Angst auch *zusätzlich* zu anderen negativen Emotionen. Wir haben Schuldgefühle *und wir haben Angst vor den Schuldgefühlen*. Wir haben Schmerzen *und wir haben Angst vor Schmerzen*. Selbst wenn wir Angst haben, fürchten wir uns oft davor, Angst zu empfinden. (So etwas nennt man »sich Sorgen um Sorgen machen«, »Angstneurose« oder »Heulen und Zähneklappern«.) Dazu noch einmal Shakespeare: »Unter all den niedrigen Gemütsbewegungen ist die Furcht die abscheulichste.«

Weil sie so allgemein verbreitet ist, hat die Angst noch viele andere Namen: Furcht, Besorgnis, Schrecken, Horror, Entsetzen, Grauen, Grausen, Phobie, Bestürzung, Bammel, Bangen, Schauder, Schock, Herzklopfen, Alpdruck, böse Ahnung, Argwohn, Verstörtheit, innere Unruhe, Beklemmung, Verzagtheit, Panik etc. . .

Vespürt wird die Angst in dem Körperbereich, den wir in der Regel als Bauch bezeichnen. Wir wollen uns an den populären Sprachgebrauch halten und sie der Einfachheit halber dort ansiedeln, obwohl sie sich strenggenommen tiefer einstellt (eher im Bereich des Unterleibes). Wir definieren den Bauch als das große, kreisförmige Gebiet, in dessen Mitte sich der Nabel befindet.

In ihren intensiveren Ausprägungen geht das Gefühl der Angst mit einem beschleunigtem Pulsschlag, einer Weitung der Pupillen und einer Schärfung der Sinne einher. »Angst« wurde einmal als »falsche Erwartungen, die real zu sein scheinen« definiert. Und tatsächlich entbehrt das, wovor wir Angst haben, häufig jeder realistischen Grundlage – unser Hirn *stellt* sich lediglich etwas Schreckliches *vor*, was überhaupt noch nicht passiert ist. (»Die Furcht ist ein Schmerz, der aus der Erwartung von Unheil entspringt«, hat Aristoteles dazu gesagt.) Nur selten tun wir das, wovor wir Angst haben. So erfahren wir auch nie, ob das Unglück, das wir vorhergesehen haben, eingetreten wäre. Und wenn wir das, wovor wir Angst haben, nicht tun, stoßen wir einen Seufzer der Erleichterung aus. »Das war eine knappe Kiste!« sagen wir, obwohl wir ja nur mit einigen unserer eigenen negativen Gedanken kollidiert sind.

Angst führt zu einem Defizit an Erfahrung, Mangel an Erfahrung erzeugt Unwissenheit, Unwissenheit erzeugt weitere Angst. Es ist ein Teufelskreis.

Lukrez hat dazu vor mehr als zwei Jahrtausenden gesagt: »So wie Kinder in blinder Dunkelheit zittern und sich vor allem darin fürchten, so fürchten auch wir manchmal bei hellem Licht Dinge, die genausowenig gefürchtet werden müssen wie jene, vor denen die Kinder im Dunkeln entsetzt sind und von denen sie sich einbilden, daß sie wahr werden.«

Wenn uns Angst überkommt, sehen wir uns nach etwas um, *wovor* wir Angst haben können. Wenn man in Betracht zieht, was alles unsere Aufmerksamkeit auf sich ziehen kann (die Medien, die Umwelt, unser Körper, unsere Erinnerung, unsere Phantasie), dann werden wir leicht fündig. Und so wächst unsere Angst, und unser Bild von der Welt wird immer finsterer, bis diese zu einem zunehmend furchtbaren Ort wird.

Sophokles wußte das sehr wohl, als er schrieb: »Für den, der in Angst lebt, raschelt jedes Blatt bedrohlich.«

Schließlich vermeiden wir alle Dinge und Gedanken, die uns Angst machen *könnten* oder die uns Angst vor der Angst machen *könnten* oder die uns Angst vor der Angst vor der Angst machen *könnten.* So entsteht eine vielschichtige Festung aus Angst, die sich vor Angst schützt, die sich vor Angst schützt, die sich vor Angst schützt. Und in der Festung ist ... gar nichts.

Dies ist eine der größten Ironien im Leben: Wenn Menschen ihren Mut zusammennehmen und eine Reise in den Mittelpunkt ihrer Angst antreten, dann finden sie – rein gar nichts. Es gibt nichts weiter als mehrere Schichten einer Angst, die Angst vor sich selbst hat. Diese Erkenntnis ist entweder tragisch oder komisch. Bei Menschen, die diese Erfahrung machen, kann man beobachten, daß sie gleichzeitig lachen und weinen – und bei den ahnungslosen Mitmenschen kann sich dann durchaus die Angst einstellen, sie hätten den Verstand verloren.

Wenn irreale Ängste extreme Formen annehmen, spricht man von Paranoia oder Verfolgungswahn. Der Dramatiker Tennessee Williams hat einmal einen Interviewer gewarnt: »Ich bin Paranoiker, mein Junge, ich hoffe, Sie leben nicht in der falschen Vorstellung, der Mensch, mit dem Sie reden, sei geistig normal.«

Jedes Mal, wenn wir zulassen, daß uns irreale Ängste (unerprobte Ängste eingeschlossen) davon abhalten, auf unsere Träume zuzugehen, ist das eine Form von Wahnsinn. Wenn dieser Wahnsinn uns wütend macht, ist das vielleicht gar nicht so schlecht: »Wütend sein heißt, sich so zu erschrecken, daß man die Angst verliert« (wieder einmal Shakespeare). Aber bei den meisten Menschen hat der Wahnsinn der Angst nur Unbehagen und Passivität zur Folge.

Und noch mehr Angst.

> Angst ist die wesentlichste Quelle des Aberglaubens und eine der wesentlichsten Quellen der Grausamkeit. Der Sieg über die Angst ist der Beginn der Weisheit.
> *Bertrand Russell*

> Die Angst ist die kleine Dunkelkammer, in der Negativmaterial entwickelt wird.
> *Michael Pritchard*

Schuldgefühle

Seid gegrüßt, ihr Götter,
am Tag der großen Abrechnung.
Seht, ich bin zu euch gekommen,
ohne Sünde, ohne Schuld, ohne Verderbtheit,
ohne einen Zeugen, der gegen mich aussagen wollte,
ohne einen Menschen, dem ich Böses angetan hätte.
Mein Mund ist rein und meine Hände sind rein.
Aus dem ägyptischen Totenbuch
Ansprache an die Götter
1700-1000 v. Chr.

Schuldgefühle sind der Zorn, den wir gegen uns selbst empfinden, wenn wir etwas »falsch« machen. Das Problem ist nur, daß wir viele Jahre - vielleicht sogar noch nie - nicht mehr recht ausgelotet haben, was wir wirklich für »richtig« und »falsch« halten.

Selbst wenn wir erforscht *haben*, was wir für richtig oder falsch halten, haben wir demnach Schuldgefühle, auch wenn wir die Dinge, um die es geht, persönlich nicht für falsch halten. Es ist reine Angewohnheit. Wir haben also selbst dann Schuldgefühle, wenn wir wissen, daß sie nichts als Zeitvergeudung sind. Dann haben wir *deswegen* Schuldgefühle.

In bezug auf Schuldgefühle entwickeln wir eine enorme *Schlauheit*. Wir scheinen immer feinere Methoden der Selbstverurteilung finden zu können. »Ich habe nur deshalb beim Onanieren immer noch Schuldgefühle, weil ich es so schlecht mache«, hat David Steinberg gesagt.

Der Prozeß der Beschränkung und der Passivität beinhaltet *Angst, bevor* wir etwas Neues anfangen, und *Schuldgefühle, nachdem* wir es versucht haben. (Vielleicht ist das der Grund, warum wir sie beide an derselben Stelle, im Bauch, empfinden.) Schuldgefühle, das sind die Gewissensbisse, die Scham, die Reue, die wir empfinden, wenn wir etwas »anderes« gemacht haben. Wir fühlen uns so mies, daß wir uns versprechen: »Das mache ich nie wieder!« – selbst wenn es sich um genau das handelt, was wir immer wieder tun müssen.

Wenn wir uns lange genug Vorwürfe gemacht haben, suchen wir uns oft jemand anderen oder etwas anderes, dem wir die Schuld geben können. Das Argument, das in vielerlei Form daherkommt, besagt dann: »Der Teufel hat mich veranlaßt, dieses oder jenes zu tun.« Wir verbannen dann nicht nur die anstößige *Tat* aus unserem Leben, sondern wir schwören auch, die Person, die unseren »Sturz verursacht« hat, zu meiden (bzw. die Umstände, die Sache etc.).

Und so wird unser Handlungsradius immer kleiner. Die Behaglichkeitszone zieht sich zusammen.

Schuldgefühle sind raffiniert. Sie treten nicht immer als tiefe, schmerzhafte Empfindungen auf – oder als verzweifeltes Verlangen nach Buße. Nein, sie haben andere Methoden. Sie können zum Beispiel unsere *Erinnerung* an eine Erfahrung überarbeiten und in ihr Gegenteil verkehren. So kann es sein, daß wir etwas Neues anfangen, es gerne tun (oder uns auf das Ergebnis freuen), und die Schuldgefühle uns tatsächlich davon überzeugen, daß wir die Tätigkeit nicht gemocht haben (bzw. keinen Gewinn daraus gezogen haben). Wir erklären dann, daß wir es nie wieder tun werden, weil es uns im Grunde überhaupt nicht gefallen hat, und wir glauben das auch, obwohl die Erfahrung selbst (nicht die Angst vor der Erfahrung oder die Schuldgefühle danach, sondern *die eigentliche Erfahrung*) angenehm oder profitabel war.

Denken Sie immer dran, daß es hier nicht um skrupellose Aktionen geht, bei denen Sie anderen oder sich selbst Schaden zufügen. Wir reden hier über die Schuldgefühle, die wir haben, wenn wir etwas Neues versuchen (wenn wir zum Beispiel einem Verleger ein Manuskript schicken oder auch eine Eignungsprüfung ablegen) und scheitern. Obwohl wir aus dem Fehlschlag etwas gelernt haben, melden sich die Schuldgefühle und hämmern uns ein: »Die Lektion war den Aufwand nicht wert.«

Uns geht es auch um das unbehagliche Gefühl, das sich einstellen kann, wenn man etwas Neues versucht *und damit Erfolg hat*. Vergessen Sie nicht, daß Schuldgefühle keinen vernünftigen Hintergrund haben. Viele von uns tragen die irrationale Überzeugung in sich, nicht *allzu* erfolgreich sein zu dürfen. »Was bildest du dir eigentlich ein, wer du bist?« fragen die Schuldgefühle dann. »Hältst du dich für etwas Besonderes? Was hast du an den Dingen auszusetzen, so wie sie sind? Du bist *undankbar*. Warum kannst du dich nicht einfügen? Warum mußt du immer *deinen Kopf durchsetzen*? Du solltest nicht so egoistisch sein!« Und so weiter und so fort.

Es ist die Aufgabe der Schuldgefühle, uns zu deprimieren, wenn wir *eine uns hemmende Überzeugung*, die wir von uns haben, mißachten, zum Beispiel die hemmende Überzeugung, minderwertig zu sein.

Minderwertigkeitsgefühle

> Sie haben ja keine Ahnung,
> was für eine schlechte Meinung
> ich von mir habe –
> und wie wenig ich sie verdiene.
> *W. S. Gilbert*

Minderwertigkeitsgefühle basieren auf der tief in uns verwurzelten Überzeugung, unzulänglich, nicht gut genug, unbrauchbar, kurz, wertlos zu sein. Sie sind die Urzweifel, die wir in unserer Bauchgegend spüren, wenn wir einen unserer Träume wahr machen möchten. »Du brauchst es gar nicht erst zu versuchen«, warnen uns die Minderwertigkeitsgefühle. »*Denk* nicht mal dran.« Also denken wir nicht einmal daran. Unser Denken richtet sich statt dessen auf eine Ablenkung nach der anderen. Alles ist uns recht, solange wir nur nicht mit der *Möglichkeit*, völlig unzulänglich zu sein, konfrontiert werden.

Unter allen Bestandteilen der Behaglichkeitszone sind die Minderwertigkeitsgefühle die unangenehmsten, und deshalb sind sie auch am besten versteckt – besonders vor uns selbst. Wir können es ertragen, uns *schlecht* zu fühlen, aber das Gefühl, daß wir nicht einmal eine Spur von Talenten und Werten in uns haben – daß wir dazu verurteilt sind, niemals das zu bekommen, was wir wirklich haben wollen, *und dieses Urteil auch noch zu verdienen* –, ist schlimmer als jeder Schmerz und jeder Schrecken. Es ist unvorstellbar.

Selbst wenn die *Möglichkeit* besteht, daß die Minderwertigkeitsgefühle gerechtfertigt sind, wollen wir davon nichts wissen. Wir vertuschen und verschleiern und vermeiden jeden Gedanken an das Thema. Wir verhalten uns so, *als ob* es wahr sein *könnte*, und das überzeugt uns letzten Endes davon, daß es wahr sein *muß*. Wieso würden wir denn sonst so viel Zeit damit zubringen, *so zu tun*, als ob wir gut wären, *so zu tun*, als ob wir glücklich wären, und *so zu tun*, als ob wir würdig wären? Wir lassen jeden Traum sausen, wenn ihn zu verwirklichen bedeutet, daß wir unser aufgewühltes Inneres beruhigen und den Zweifel aller Zweifel stillen müssen.

Physisch gesehen sind die Minderwertigkeitsgefühle um den Solarplexus angesiedelt – direkt unterhalb des Brustbeins, wo die Rippen ein umgekehrtes »V« bilden. In einigen fernöstlichen Religionen wird diese Stelle als Zentrum des *Chi* bezeichnet, als Kernpunkt, an dem Energie gebündelt wird, die den Menschen im Leben weiterbringt. Minderwertigkeitsgefühle blockieren diese Energie.

Abraham Lincoln hat dazu gesagt: »Es ist schwierig, einen Menschen zu demoralisieren, der sich seiner selbst würdig und dem einen Gott verbunden fühlt, der ihn geschaffen hat.«

Oder um Lincolns Worte ins Negative zu verkehren – und genau das tun die Minderwertigkeitsgefühle immer: »Es ist ganz einfach, einen Menschen zu demoralisieren, der sich für durch und durch unwürdig und für nicht gut genug hält, um sich dem einen Gott, der ihn geschaffen hat, verbunden zu fühlen.«

Der englische Dichter George Chapman hat im Jahr 1608 folgendes geschrieben: »Seid frei, all ihr würdigen Lebensgeister, und streckt euch, um Größe und Bedeutung zu erlangen.« Wenn wir das lesen, antworten unsere Minderwertigkeitsgefühle: »Für mich gilt das offensichtlich nicht.«

Wenn uns etwas angeboten wird, was wir sehr gern haben würden, sagen die Minderwertigkeitsgefühle: »Nein, das kann ich doch nicht annehmen.«

Einer der häufigsten Kommentare jedoch, den die Minderwertigkeitsgefühle abgeben, wenn wir einmal Glück hatten, lautet: »Das glaube ich einfach nicht! Das ist zu schön, um wahr zu sein.« Er wird oft mit einem derartigen Enthusiasmus – und mit einer solchen Selbstbeschränkung – ausgesprochen, daß sich das Glück, das »nicht zu glauben ist«, bald wieder in Nichts auflöst.

Minderwertigkeitsgefühle können zwischenmenschliche Beziehungen zerstören. Wenn wir uns für unwert halten, können wir uns nicht selbst lieben – denn wie sollten wir uns lieben, da wir doch unser finsteres Geheimnis kennen? Und dann sind da all die Spielchen, die wir spielen, um unsere Minderwertigkeitsgefühle zu verschleiern – wir wissen, wie unaufrichtig, wie falsch, wie heuchlerisch wir sind. Nein, wir sind es nicht wert, von uns geliebt zu werden.

Und wenn uns jemand liebt, lehnen wir die betreffende Person ab: Wie könnten wir einen Menschen respektieren, der auf die Fassade hereinfällt, die wir aufs Geratewohl zusammengeschustert haben und verzweifelt aufrechterhalten? Umgekehrt neigen wir dazu – manchmal insgeheim –, die Menschen zu bewundern, die uns nicht mögen. Schließlich müssen sie doch sehr klug sein, wenn sie uns durchschauen und unser wahres Selbst erkennen.

Die Minderwertigkeitsgefühle sind das Fundament der Behaglichkeitszone.

> Als ich erwachsen war,
> hatte ich meines Vaters Aussehen,
> meines Vaters Ausdrucksweise,
> meines Vaters Haltung und
> meines Vaters Meinungen.
> Und von meiner Mutter
> hatte ich die Geringschätzung
> für meinen Vater.
> *Jules Feiffer*

Verletzte Gefühle

Ich kaufe den Frauen Schuhe
und sie benutzen sie,
um mir davonzulaufen.
Mickey Rooney

Wieviel näher wir doch der Verwirklichung unserer Träume wären, wenn all die Leute, die uns Versprechungen machen, sie auch hielten. Wieviel erfüllter unser Leben doch wäre, wenn Menschen, die wir um etwas bitten, sofort ja sagten und unsere Bitte erfüllten. Wir fühlen uns oft gekränkt, wenn wir von anderen nicht das bekommen, was wir haben möchten, wenn sie ihre Versprechen nicht einhalten, wenn sie uns im Stich lassen. Unsere Gefühle werden verletzt.

Die Verletzung ist noch schmerzhafter, wenn wir uns *selbst* im Stich lassen (und das ist viel häufiger der Fall). Unsere Phantasien und unsere Wünsche sind so viel größer als unsere physischen Möglichkeiten, sie zu erfüllen.

Das Resultat all der vielen Enttäuschungen sind meist verletzte Gefühle – Traurigkeit, Verlustgefühle und Kummer.

Verletzte Gefühle empfinden wir in der Mitte der Brust, in dem Bereich, der für die meisten Menschen als Sitz des Herzens gilt. (Wie beim Bauch liegt die Stelle nicht direkt über dem eigentlichen Herzen, aber doch ganz in der Nähe.)

Kränkungen und verletzte Gefühle »tarnen« sich sehr oft durch Zornausbrüche. Wir machen den Menschen oder den Umständen, die uns enttäuscht und im Stich gelassen haben, Vorwürfe und kommen dabei so richtig auf Touren: »Wie kannst du es nur wagen, so etwas zu tun?!« Bei manchen Menschen ist Zorn eine *automatische* Reaktion auf Enttäuschungen. In fast allen Fällen jedoch verstecken sich gleich darunter verletzte Gefühle.

Ein allgemein gebräuchlicher »Schutz« vor verletzten Gefühlen sind Depressionen. Manche Menschen fühlen sich ständig so *niedergeschlagen*, daß eine neue Kränkung nur ein weiterer Tropfen im Ozean ihrer Melancholie ist. (Vergessen Sie nicht, daß viele dieser Depressionen logisch nicht zu erklären sind.) Menschen, die ein gewisses Maß an Kränkungen, Zorn und Niedergeschlagenheit erfahren haben, sagen sich oft: »Ich werde nichts mehr unternehmen, was mir noch mehr Schmerzen bereitet.« Dazu gehören natürlich auch alle Maßnahmen, die man einleiten müßte, um sich seine Träume zu erfüllen, denn das würde wiederum bedeuten, daß man andere Menschen (uns selbst eingeschlossen) um Dinge bitten muß – von denen wir einige bekommen würden und einige (seien wir ehrlich: *die meisten*) nicht.

Entmutigung

> Entmutigung ist nichts weiter als
> die Verzweiflung gekränkter Eigenliebe.
> *François de Fénelon*

Mit der Zeit wird der Mensch von diesem Wust an Angst, Schuld- und Minderwertigkeitsgefühlen, verletzten Gefühlen und Zorn entmutigt. Mutlosigkeit fördert die Untätigkeit, und Untätigkeit hat garantiert ein Scheitern auf ganzer Linie zur Folge – man steht letzten Endes mit einem Leben voller unausgelebter Träume da.

Es gibt eine Geschichte, in der erzählt wird, wie Beelzebub einmal mit seinen Assistenz-Beelzebuben eine Konferenz abhielt. Beelzebub bat um Vorschläge, wie man die Menschen am besten davon abhalten könne, ihre Träume wahr zu machen und sie so auf Dauer zu frustrieren und zu deprimieren. Die Assistenz-Beelzebuben schlugen alle möglichen physischen Hindernisse vor, aber Beelzebub lehnte sie ab, indem er auf Menschen verwies, denen es gelungen war, derartige Hürden zu überwinden.

Schließlich schlug einer der Assistenz-Beelzebuben etwas vor, das die Menschen davon abhalten würde, auch nur zu *versuchen*, die Schranken zwischen ihnen und ihren Träumen zu überwinden – Entmutigung. Die Idee war so neu und innovativ, daß Beelzebub den betreffenden Assistenten zum Leiter der Strategischen Planungsabteilung zur Frustrierung der Menschen machte. Der Assistenz-Beelzebub hat seitdem unter anderem die Musikberieselung in Aufzügen, nicht zu öffnende Warenverpackungen und die Kinowerbung erfunden.

Es fällt einem schwer, sich etwas Gemeineres – und Effektiveres – als Entmutigung vorzustellen.

Junge Elefanten werden mit schweren Ketten an Pflöcke gefesselt, die tief im Boden verankert sind. Auch wenn sie noch so sehr zerren, können sie sich nicht befreien. Die jungen Elefanten sind bald entmutigt und hören auf, an der Kette zu ziehen. So wird ihnen beigebracht, sich nicht vom Fleck zu rühren. Nach und nach verwendet der Elefantenführer, der sie abrichtet, immer leichtere Ketten und Pflöcke. Zum Schluß reicht ein dünner Strick, der an einem kaum im Boden verankerten Stock befestigt wird, um einen ausgewachsenen Elefanten daran zu hindern, sich von der Stelle zu bewegen.

Die Entmutigung bringt uns alle in gewisser Hinsicht dazu, uns wie Elefanten zu verhalten. Anders als in unserer Kindheit hätten wir als Erwachsene die Kraft und die Möglichkeit, unsere Träume zu verfolgen, doch eine permanente Entmutigung hält uns davon ab.

Atempause

> Warum sollten wir Ackerbau betreiben,
> wo es doch genug Mongongo-Nüsse gibt,
> die man pflücken kann?
> *Afrikanischer Buschmann*

Dieser Abschnitt über die Behaglichkeitszone wird ja langsam richtig *unbequem*. Alle erwähnten Bestandteile der Behaglichkeitszone haben übrigens sehr wohl auch positive und nützliche Seiten, denen wir uns im zweiten Teil des Buches widmen werden. In diesem Teil kommt jedoch zur Sprache, wie die Menschen sich mit diesen Werkzeugen selbst behindern und beschränken. Es ist nicht einfach, über dieses Thema zu schreiben, und es ist vielleicht auch nicht einfach, etwas darüber zu lesen, aber stellen Sie sich nur vor, wie unangenehm es wäre, weiter mit den Beschränkungen zu *leben*.

Wir haben uns also gedacht, daß wir hier eine kleine Verschnaufpause einlegen, bevor wir fortfahren.

Mal sehen ... was wollen wir in dieser Verschnaufpause unternehmen? Was haben wir denn hier noch herumliegen? Ach, Zitate! Ja, all die Zitate, die wir eigentlich in dieses Buch einbauen wollten, für die wir aber irgendwie keinen Platz gefunden haben.

> Zitate sind bequem.
> *Die Autoren*

> Das Leben ist wie ein Hundeschlittengespann. Nur für den Leithund gibt es Szenenwechsel.
> *Lewis Grizzard*

> Ich war immer schon der Meinung, daß das Cliché vom alten Lüstling eigentlich von einem jungen Lüstling stammt, der das ganze Feld allein beackern möchte.
> *Hugh Downs*

Das Schicksal hängt nicht vom Zufall ab, sondern von der Entscheidung des einzelnen. Man darf nicht darauf warten, sondern man muß es sich schaffen.
William Jennings Bryan

Sich über junge Leute zu beklagen ist ein notwendiger Bestandteil der Gesundheitspflege älterer Menschen. Es ist sehr gut für den Blutkreislauf.
Logan Pearsall Smith

Erfolg besteht zu achtzig Prozent darin, überhaupt aufzukreuzen.
Woody Allen

Fast jeder Mensch vergeudet einen guten Teil seines Lebens in dem Bemühen, Qualitäten zur Schau zu stellen, die er gar nicht besitzt.
Samuel Johnson

Wenn man akzeptiert hat, daß man irgendwann sterben muß, lebt man plötzlich viel freier. Man macht sich keine Sorgen mehr um seinen Ruf. Man macht sich überhaupt keine Sorgen mehr. Das einzige, was noch zählt, ist der taktische Einsatz des Lebens – nämlich um eine gute Sache, an die man glaubt, voranzutreiben.
Saul Alinsky

Es spielt keine Rolle, ob Sie gewinnen oder verlieren. Wichtig ist, ob ich gewinne oder verliere.
Darin Weinberg

Ein sympathischer Mensch ist für mich jemand, der mit mir einer Meinung ist.
Benjamin Disraeli

Gutes Benehmen ist die letzte Zuflucht mittelmäßiger Menschen.
Henry S. Haskins

Gott ist im Grunde auch nur einer von vielen Künstlern. Er hat sich die Giraffe, den Elefanten und die Ameise einfallen lassen. Er hat keinen eigenen Stil. Er probiert einfach nur immer etwas Neues aus.
Pablo Picasso

Zu erleben, wie aus einem Buch, das man geschrieben hat, ein Film wird, ist genauso als sähe man zu, wie die Rinder, die man besitzt, zu Bouillonwürfeln verarbeitet werden. *John Le Carré*

Kondome sind kein absolut sicherer Schutz. Ein Freund von mir trug einen und wurde trotzdem von einem Bus überfahren. *Bob Rudin*

Eine bisexuelle Person aus San Francisco hat mir erklärt, daß ich eigentlich keiner ihrer beiden Neigungen entspreche. *Woody Allen*

Ratschlag für werdende Mütter: Vergessen Sie nicht, daß Sie während der Schwangerschaft für zwei essen müssen. Aber Sie dürfen auch nicht vergessen, daß der zweite etwa die Größe eines Golfballs hat. Sie sollten also nicht übertreiben. Viele schwangere Frauen essen nämlich so, als handele es sich bei dem anderen, für den sie Nahrung aufnehmen, um Orson Welles. *Dave Barry*

Versuchen Sie keinesfalls, eine andere Persönlichkeit anzunehmen. Es klappt nicht. *Richard Nixon*

Das Leben muß gelebt werden. Wenn Sie für sich selbst aufkommen müssen, sollten Sie sich lieber eine wirklich interessante Tätigkeit suchen. Und die finden Sie nicht, indem Sie nur herumsitzen und über sich nachdenken. *Katherine Hepburn*

Wenn ich es nicht mehr ertrage, über die Opfer zerrütteter Familienverhältnisse nachzudenken, denke ich an die Opfer intakter Verhältnisse. *Peter De Vries*

Als ich Profi-Football gespielt habe, habe ich nie jemanden vorsätzlich verletzt ... es sei denn, es ging um etwas Wichtiges, wissen Sie, um ein Punktspiel oder so. *Dick Butkus*

Ich bin nicht Vegetarier, weil ich Tiere liebe. Ich bin Vegetarier, weil ich Pflanzen hasse.
A. Whitney Brown

Wenn Sie keinen Erfolg haben, finden Sie heraus, ob der Verlierer auch etwas bekommt. *Bill Lyon*

Meine Frau und ich waren zwanzig Jahre lang glücklich. Dann haben sich unsere Wege gekreuzt.
Rodney Dangerfield

Die Kindheit:
Die psychologischen Grundlagen der Behaglichkeitszone

Katzen sollen uns lehren,
daß nicht alles in der Natur
eine Funktion hat.
Garrison Keillor

Ich habe so gelernt,
wie auch die Affen lernen –
sie beobachten ihre Eltern.
Königin Elizabeth II.

Nein, keine Angst, in diesem Kapitel bekommen nicht etwa unsere Eltern die Schuld für *alles*, was wir sind oder auch nicht, in die Schuhe geschoben. Oder wie Russell Bishop es formuliert hat: »Es gibt keine Eltern, die ihrem neugeborenen Baby in die Augen sehen und sich fragen ›Wie können wir dem Kleinen am besten das Leben schwer machen?‹«

Unsere Eltern (oder wer auch immer uns großzog) haben uns *geliebt* – und zwar im wahrsten Sinn des Wortes. Vielleicht haben sie uns nicht so oft gedrückt, wie wir es gern gehabt hätten, aber sie haben uns *ernährt*, uns *gekleidet* und unsere körperlichen Bedürfnisse so erfüllt, daß wir heute zumindest am Leben sind.

Die wichtigsten Gründe, weshalb Eltern ihre Kindern nicht frei von jedem Trauma großziehen können, sind folgende:

1. *Eltern wissen es nicht besser.* Kinder lernen zu einem großen Teil aus den Beispielen, die die Erwachsenen ihnen geben. Wenn die Eltern *wüßten*, wie sie ihr Leben besser gestalten könnten, würden sie es tun – und das Wissen würde automatisch an die Kinder weitergeleitet.

2. *Für Kinder gelten andere Regeln als für Erwachsene.* Kinder sind noch nicht so lebenstüchtig wie Erwachsene, und je geringer

die Bandbreite unserer Möglichkeiten ist, desto mehr Verhaltensregeln brauchen wir.
3. *Eltern haben neben der Kindererziehung noch andere Aufgaben.* Sie müssen den Lebensunterhalt verdienen und den Haushalt erledigen, sie müssen sich um den jeweiligen Ehepartner und um ihre eigenen Eltern kümmern und so weiter und so fort. Die Anforderungen des Lebens können, selbst wenn man keine Kinder hat, geradezu überwältigend sein.
4. *Wer um Himmels willen weiß, was ein Kind wann braucht?* Mancher beschwert sich, seine Eltern hätten ihn psychisch kaputt gemacht, weil sie sich nicht genug mit ihm befaßt hätten – er hätte mehr Liebe und Zuwendung gebraucht. Andere behaupten, ihre Eltern seien zu liebevoll und fürsorglich gewesen – sie hätten mehr Freiheit gebraucht. Viele werfen ihren Eltern *beides* vor. Um ihren Kindern alle Bedürfnisse zum genau richtigen Zeitpunkt zu erfüllen, müßten Eltern hellseherisch veranlagt sein – was einige Kinder wiederum als geradezu quälend zudringlich empfänden.

Nach diesen einleitenden Worten wollen wir uns genauer mit der Kindheit beschäftigen – mit der Lebensphase, in der wir gelernt haben, die Bestandteile der Behaglichkeitszone so einzusetzen, daß sie uns einschränken und unsere Entwicklung hemmen.

Angst. Kinder können nicht einschätzen, was für einen Unterschied es ausmacht, ob sie auf der Straße oder auf einem Spielplatz spielen, ob sie Milch oder Gift trinken, ob sie die Katze des netten Nachbarn oder den Pitbull-Terrier des unausstehlichen Nachbarn streicheln. Um uns überhaupt aus den Augen lassen zu können, müssen unsere Eltern uns beibringen, bestimmte Dinge, die uns körperlichen Schaden zufügen könnten, nicht zu tun. Ein Hilfsmittel dabei ist die Angst.

Wenn ein Kind auf die Welt losgelassen wird (und umgekehrt), hat es von den Eltern eine Regel mit auf den Weg bekommen, die besagt: »Tu ja nichts, was ich dir nicht selbst vorgemacht habe.« Mit anderen Worten: »Unternimm nichts, was neu ist.« Der größte Teil des »Neuen«, auf das sich ein Kind einlassen kann, ist absolut ungefährlich, und nur ein kleiner Prozentsatz ist tödlich. Vor diesem kleinen Prozentsatz wollen die Eltern ihr Kind beschützen.

Schuldgefühle. Kinder ignorieren natürlich die Warnungen ihrer Eltern – sie tun, was sie wollen und wann sie es wollen. Die Neugier ist für sie von größerer Bedeutung als Vorschriften. Wenn die Vorschriften von den Kindern mißachtet werden, gehen die Eltern zur Bestrafung über.

Strafe kann aus als Liebesentzug empfundenem Geschimpfe, Ausgangsverbot, Entzug von Essen, Spielsachen etc. oder aus schmerzhafter körperlicher Züchtigung bestehen. Vom Standpunkt der *Eltern* aus mögen diese Strafen nicht schlimm sein, aber von dem eines *Kindes* aus können sie verheerend sein.

Für Kinder sind die Eltern nämlich (a) riesengroß – stellen Sie sich zum Vergleich eine Person vor, die neun Meter groß ist und tausend Pfund wiegt. Sie sind (b) Quelle der Liebe, der Fürsorge und von Wohltaten wie zum Beispiel trockenen Windeln. Und sie sind (c) diejenigen, die sie vor *den vielen anderen* neun-Meter-großen, tausend-Pfund-schweren Ungeheuern beschützen. Dazu kommt noch, daß die Eltern die Kontrolle über die *Nahrung* haben.

Es ist also kein Wunder, daß ein Kind, wenn es von den Eltern bestraft wird, heftig reagiert, obwohl die Strafe »zu seinem eigenen Besten« ist. Manchmal haßt es dann seine Eltern, aber manchmal haßt es auch sich selbst, weil es etwas getan hat, was die Eltern zornig machte. Letzteres nennt man Schuldgefühle.

Wir lernen folglich, Angst als einen Grund anzusehen, um nichts Neues und nichts Ungewohntes zu unternehmen. Wir wissen, daß wir, falls wir es dennoch tun, Schuldgefühle bekommen.

Minderwertigkeitsgefühle. Sie werden gleich mitprogrammiert. Wenn das Kind zwei Stunden innerhalb der Behaglichkeitszone seiner Eltern spielt (beispielsweise im Wohnzimmer), ist alles in bester Ordnung. Es tritt kaum direkt in Kontakt mit Vater und Mutter, denn die lesen oder sehen fern oder tun, was auch immer Eltern tun, wenn ihre Kinder »brav« sind. Wenn das Kind aber die Behaglichkeitszone der Eltern verläßt und anfängt mit, sagen wir, einer Dose Schuhcreme zu spielen, reagieren sie plötzlich heftig – und die Reaktion ist fast immer negativ. »Du bist böse, frech, unartig, ungezogen«, heißt es dann.

Was bleibt einem Kind von einem Abend »im Kreis seiner Lieben« in Erinnerung? Die harmonischen Stunden nach Art der Bilderbuchfamilie, die es mit Spielen zugebracht hat? Oder die wenigen Augenblicke der heftigen, negativen Interaktion? Wahrscheinlich eher die heftigen Reaktionen der Eltern. Es ist deshalb kein Wunder, daß das Kind sich, wenn es erst einmal eine Reihe von negativen Erinnerungen gespeichert hat, für böse, frech, unartig, ungezogen hält. Mangel an Selbstachtung hat seine Wurzeln nicht selten in dieser Art von ambivalentem Verhalten der Eltern.

Verletzte Gefühle. Schon von klein auf bringt man uns bei, daß das, was *um uns herum* passiert, eine Auswirkung auf das haben sollte, was *in uns* vorgeht. Wenn jemand mit dem Schlüsselbund klappert, sollen wir fasziniert sein. Wenn jemand Grimassen schneidet und alberne Geräusche von sich gibt, sollen wir uns freuen. Wenn uns jemand einen Teddybär schenkt, sollen wir das Gefühl haben, geliebt zu werden. Das Ende vom Lied ist, daß unser inneres Wohlbefinden von den äußeren Zerstreuungen abhängt. Wenn die Zerstreuungen aber ausbleiben, fühlen wir uns verlassen, allein und ungeliebt.

Wir lernen auch, indem wir beobachten. Wenn der Vater zu spät nach Hause kommt, ist die Mutter gekränkt. Wenn die Mutter dem Vater nicht sein Lieblingsgericht kocht, ist der wiederum verletzt. Und so weiter und so fort. Wir lernen, daß es einen *direkten Zusammenhang* gibt zwischen Mutters Küchenplan und Vaters emotionaler Befindlichkeit, und wir glauben, daß es wohl so sein soll.

Ich verdanke meinen Erfolg dem Umstand,
daß ich mir respektvoll
alle guten Ratschläge angehört habe,
und dann genau das Gegenteil gemacht habe.
G. K. Chesterton

Wenn du einen Platz an der Sonne willst,
mußt du aus dem Schatten heraustreten,
den dir der Stammbaum bietet.
Sprichwort der Osage-Indianer

Der Kampf-oder-Flucht-Reflex: Die physiologischen Grundlagen der Behaglichkeitszone

Hilfe!
Ich bin ein Gefangener
meiner Erbmasse
und meiner Umwelt!
Dennis Allen

Die Spezies Mensch verfügt über einen natürlichen, eingebauten, automatischen Reflex auf Gefahrensignale: entweder wir kämpfen wie der Teufel oder wir laufen wie der Teufel. Man bezeichnet das als Flucht-oder-Kampf-Reflex.

Die Höhlenmenschen, die ihren Nachbarn im Kampf überlegen waren und schneller laufen konnten als die Tiger, haben sich behauptet. Die, die das nicht konnten, endeten als Jagdtrophäen oder Tigerfutter.

Im Sinne von Darwins Lehre vom »Überleben des Fähigsten« sind wir die Abkömmlinge der fähigsten und tüchtigsten Menschen. Die Fähigsten waren zum größten Teil jene, welche am heftigsten kämpfen oder am schnellsten laufen konnten - oder aber beides (vorzugsweise gleichzeitig). Wir haben diesen Reflex ererbt. Er ist genetisch.

Die zum Kampf gehörige Emotion ist der Zorn, die zur Flucht gehörige die Angst. Zorn und Angst sind die beiden emotionalen Hauptstützen der Behaglichkeitszone.

Der Schlüsselbegriff bei der Definition des Kampf-oder-Flucht-Reflexes ist *empfundene Gefahr*. Wir müssen gar nicht wirklich in Gefahr schweben, damit der Kampf-oder-Flucht-Reflex ausgelöst wird, wir brauchen nur eine Gefahr zu *empfinden*. Wenn man bedenkt, wie rege unsere Phantasie ist, ist das gar nicht so schwierig.

Sobald der Kampf-oder-Flucht-Reflex einmal ausgelöst ist, entwickelt er eine Eigendynamik. Die Angst nährt den Zorn, der Zorn nährt die Angst, und beide stacheln die Phantasie dazu an, neue Gefahren »wahrzunehmen«, die ihrerseits wiederum die Flammen der Angst und des Zorns schüren. Es gibt Menschen, deren Leben über *Jahre* hinweg vom Flucht-oder-Kampf-Reflex geprägt wird.

Da ist es kein Wunder, daß wir Menschen ständig nach Behaglichkeit suchen – und das sogar, wenn es uns unsere Träume kostet. Alexander Solschenizyn hat es so erklärt: »Der Mensch gibt in vielen Situationen nach, selbst in schwerwiegenden oder entscheidenden Dingen, solange das sein Wohlergehen verlängert.«

Der Tod:
Das letzte Unbehagen

Ich möchte Unsterblichkeit nicht durch
meine Arbeit erlangen,
sondern dadurch,
daß ich nicht sterbe.

Woody Allen

Der psychologischen Konditionierung liegt der physiologische Kampf-oder-Flucht-Reflex zugrunde, und *dem* wiederum *das* große Ereignis im Leben: der *Tod*.

Der Tod ist so endgültig, so unwiderruflich – so *geheimnisvoll*. (»Das große Vielleicht« hat der Dichter Robert Browning ihn genannt.) Er *nährt* die verschiedenen Bestandteile der Behaglichkeitszone nicht nur, nein, er *feuert* sie regelrecht *an*. (Sollen wir es wagen zu sagen, daß er sie zum Leben erweckt? Nein, das tun wir nicht.)

Angst. Ein kleiner Fehltritt, und päng – wir sind Geschichte. Im Buch Hiob wird er als »König des Schreckens« (Kapitel 18, Vers 14) bezeichnet. Professor Sydney Hook hat gesagt: »Die Angst vor dem Tode ist von jeher bis in die Gegenwart der stärkste Verbündete der Tyrannei gewesen.« Oder um ein Sprichwort zu zitieren: »Es ist besser, einen Augenblick lang ein Feigling zu sein, als den Rest des Lebens tot.«

Zorn. Die Ungerechtigkeit des Todes kann einen schon wütend machen. Oder wie Mel Brooks es formuliert hat: »Warum müssen wir sterben? Als Kind bekommt man hübsche, kleine, weiße Schuhe mit weißen Schnürsenkeln und einen Samtanzug mit kurzen Hosen und einem hübschen Kragen, dann geht man zum College, lernt ein nettes Mädchen kennen, heiratet, arbeitet ein paar Jahre, und dann muß man *sterben*! Was soll der Quatsch? Davon stand kein Wort im Vertrag!«

Schuldgefühle. Es spielt keine Rolle, wann wir sterben, aber wir haben so ein Gefühl, daß wir *irgendwie* mit daran Schuld haben werden. Wir werden zu schnell fahren oder etwas Schlechtes essen oder nicht auf unsere Intuition hören. Es wird wahrscheinlich passieren, wenn wir etwas tun, was uns unsere Mutter verboten hat. Selbst wenn wir Reue empfinden, gibt es keine Hoffnung. So hat der TV-Entertainer Johnny Carson gesagt: »Ich weiß von einem Mann, der das Rauchen, den Alkohol, den Sex und gutes Essen aufgab. Als er sich umbrachte, war er kerngesund.«

Minderwertigkeitsgefühle. Wenn zu leben der beste Beweis für Wert ist, dann muß der Tod der beste Beweis für Unwert sein. Ganz gleich, wieviel Gutes wir tun, ganz egal, wie viele Leben wir retten oder wie viele hungrige Münder wir füttern, eines schönen Tages werden wir doch sterben.

Verletzte Gefühle. Wenn man eine geliebte Person oder einen Gegenstand verliert, tut das weh. Stellen Sie sich vor, wie es schmerzen würde, *alle und alles auf einmal* zu verlieren. Nein, stellen Sie es sich nicht vor. Das ist zu schrecklich.

Entmutigung. Ganz gleich, wieviel wir aufbauen, ganz gleich, was wir erreichen und leisten, ganz gleich . . . Was hat es für einen Sinn, diesen Satz zu beenden? Wir werden doch sowieso eines Tages *sterben*. Und jeder, der ihn liest, wird eines Tages genauso sterben. Was hat es da überhaupt für einen Sinn, diesen Absatz zu Ende zu schreiben? Genau gesagt, was hat es für Sinn, dieses Kapitel zu Ende zu schreiben?

> Fürchte nicht so sehr den Tod,
> sondern eher das unangemessene Leben.
> *Bertolt Brecht*

Die schlechte Nachricht über die Behaglichkeitszone

> Wer sich nicht bemüht, geboren zu werden, ist bereits im Sterben begriffen.
>
> *Bob Dylan*

Die Behaglichkeitszone ist niemals statisch. Sie dehnt sich entweder aus, oder sie zieht sich zusammen. Wenn Sie sie nicht bewußt ausweiten, zieht sie sich zusammen.

Die schlechteste Nachricht über die Behaglichkeitszone

In der Heizungs- und Klimaanlagenbranche heißt der Punkt auf dem Thermostat, an dem weder Heizung noch Kühlung notwendig sind – etwa 22 Grad Celsius – »Behaglichkeitszone«. Er wird auch »Stillstand« genannt.

Russell Bishop

Die Behaglichkeitszone ist nicht nur eine Ansammlung von »unbehaglichen« Gefühlen – sie hat ihre eigene Persönlichkeit, ihren eigenen Charakter und ihre eigene Individualität. Sie ist ein komplexes, psychologisch-physiologisches Gebilde.

Wenn Sie meinen, daß das wie eine übertriebene Science-Fiction-Horror-Story klingt, dann sollten Sie einmal sehen, was für grauenhafte Schäden die Behaglichkeitszone im Leben mancher Menschen anrichtet.

Viele Menschen sehen die Behaglichkeitszone gar nicht als Behinderung an. Sie bezeichnen sie als »Intuition«, »Moral« oder »Gewissen«. Andere wieder bringen sie mit Religion in Verbindung. Diese Leute bilden sich ein, bei den beschränkenden Ermahnungen der Behaglichkeitszone handele es sich um die Stimme Gottes.

(Wir werden kein Wort darüber verlieren, was passiert, wenn diese Menschen ihre Selbstbeschränkungen auf andere ausweiten – wenn nötig sogar mit Gewalt. Falls es Sie interessiert, brauchen Sie sich nur ein wenig mit der Geschichte zu beschäftigen. Oder sehen Sie sich ganz einfach um!)

Die Behaglichkeitszone kennt uns genau, und sie trifft uns an unserer schwächsten Stelle. Sie würde nicht im Traum daran denken, eine Ausrede zu benutzen, die wir leicht durchschauen können. Um uns auf ihre Seite zu ziehen, verwendet sie die Gründe, die wir einleuchtend finden, die vernunftmäßigen Erklärungen, die wir auch für vernünftig halten (die rationalen Lügen), und die Erkenntnisse, die uns am realistischsten zu sein scheinen (die realistischen Lügen). Sie nimmt unsere größten Ambitionen und verwandelt sie in Ausreden, die wir benutzen, um gar nicht erst nach etwas zu streben.

Die noch schlechtere Nachricht über die Behaglichkeitszone

> Nur zwei Dinge sind unendlich:
> das Universum
> und die menschliche Dummheit.
> Hinsichtlich des ersteren
> bin ich mir jedoch nicht sicher.
> *Albert Einstein*

Je weniger wir unsere Träume ausleben, desto mehr Kontrolle hat die Behaglichkeitszone über uns.

Die absolut schlechteste Nachricht über die Behaglichkeitszone

Liebe deine Feinde
für den Fall,
daß sich deine Freunde als Schurken erweisen sollten.
R. A. Dickson

Um die Behaglichkeitszone wirklich zu beherrschen, müssen wir lernen, sie zu lieben.

ZWEITER TEIL

Für den Erfolg konstruiert

Der Mensch ist für den Erfolg konstruiert. (Scheitern ist vorprogrammiert, aber vielleicht dennoch ...)
Der Mensch ist für den Erfolg konstruiert.

Das Leben schreitet voran, gleich ob wir uns
als Feiglinge oder als Helden erweisen.
Würden wir doch nur erkennen,
daß die einzige Forderung,
die das Leben an uns stellt, darin besteht,
es fraglos zu akzeptieren.
Alles, wovor wir die Augen verschließen,
alles, wovor wir davonlaufen,
alles, was wir verleugnen,
verunglimpfen oder verachten,
dient nur dazu, uns letzten Endes zu besiegen.
Was unangenehm, schmerzlich, böse zu sein scheint,
kann eine Quelle der Schönheit, der Freude
und der Kraft werden, vorausgesetzt
wir treten ihm unvoreingenommen gegenüber.
Jeder Augenblick ist kostbar für den,
der die Phantasie hat,
ihn als kostbar zu erkennen.

Henry Miller

Die gute Nachricht über die Behaglichkeitszone

> Da werden sie ihre Schwerter zu Pflugscharen
> und ihre Spieße zu Sicheln machen.
> Denn es wird kein Volk
> wider das andere das Schwert heben,
> und sie werden hinfort nicht mehr lernen,
> Krieg zu führen.
>
> *Jesaja 2, 4*

Die gute Nachricht über die Behaglichkeitszone ist, daß die ganze Energie, die in ihr steckt, *Ihnen* gehört.

Angst, Schuld- und Minderwertigkeitsgefühle, verletzte Gefühle und Zorn sind *Emotionen*. Eine *Emotion* ist Energie, die in Bewegung gesetzt wird. Ob Freude oder Leid, ob Schuldgefühle oder Stolz, Kummer oder Vergnügen – egal um welches Gefühl es sich handelt, *wir selbst versetzen die emotionale Energie in Bewegung*.

Man hört oft, daß jemand »negative« Emotionen wie zum Beispiel Angst oder Minderwertigkeitsgefühle »loswerden« will, bevor er irgend etwas Neues versucht. Das ist genauso, als sagte man: »Ich möchte einen Teil meiner Energie wegwerfen.«

Für alles, was wir bekommen, wird uns ein Teil unserer Energie genommen. Wir haben vielleicht nicht mehr so viel Angst, so viele Schuld- und Minderwertigkeitsgefühle, so viel verletzte Gefühle und Zorn wie zuvor – aber wir verfügen auch nicht mehr über so viel Energie. »Ich wünschte, ich hätte mehr Energie«, sagen wir dann, und die wächst uns auch zu – oft in Form von Angst, Schuldgefühlen, Minderwertigkeitsgefühlen, verletzten Gefühlen und Zorn. Dann wünschen wir uns, daß diese verschwinden, und so setzt sich der Kreislauf fort.

Angst, Schuldgefühle, Minderwertigkeitsgefühle, verletzte Gefühle und Zorn sind in Wirklichkeit *Werkzeuge*. Werkzeuge sind neutral – sie können entweder für oder aber gegen uns eingesetzt werden. Ein Messer kann heilen oder verletzen. Man kann einen Hammer verwenden, um etwas zu bauen oder um etwas zu zerstören. Nicht das Werkzeug, allein *die Art, wie es eingesetzt wird*, entscheidet über Nutzen oder Schaden.

Das Problem liegt in unserer grundsätzlichen, *falschen Auffassung* von den sogenannten »beschränkenden« Emotionen. Die Gefühle an sich sind nicht hemmend, sondern die uns anerzogene Art und Weise, diese Gefühle *wahrzunehmen*. Man hat uns bestimmte Einstellungen zu bestimmten Gefühlen einprogrammiert, und die Beschränkungen stecken in den *Einstellungen*, nicht in den Gefühlen.

In gewisser Hinsicht machen wir mit unseren Gefühlen und Einstellungen isometrische Übungen. Angenommen, es kommt ein bestimmtes Gefühl in uns auf. Darauf bestimmt eine Einstellung, daß wir dieses Gefühl nicht haben dürfen, und unterdrückt es. Das ist so, als machten wir mit uns selbst Armdrücken – wir wenden fleißig eine Menge Energie und Arbeitskraft auf, bringen aber nicht viel zustande. Wenn wir sehen, wie wenig wir erreichen, fragen wir uns, (a) warum wir so wenig leisten (»Dabei habe ich mir *solche* Mühe gegeben«), (b) warum wir so müde sind, oder wir fragen uns (c) beides.

Positiv ist dabei, daß sowohl die Energie, die nach oben drückt, als auch die, die nach unten drückt, *uns* gehört. Stellen Sie sich vor, daß Sie sich auf ein Ziel zubewegen und den inneren Widerstand, der sich dagegen sträubt, nicht nur *beseitigen*, sondern ihrem Vorwärtsstreben auch die Energie *hinzufügen*, die im Widerstand gesteckt hat. Stellen Sie sich nur vor, die ganze Energie, die in der Angst, den Schuld- und Minderwertigkeitsgefühlen, den gekränkten Gefühlen und dem Zorn stecken, stünde uns zur Verfügung, um unsere Wünsche wahrzumachen.

Nun, sie steht uns zur Verfügung.

Es ist gar nicht schwierig, alle diese Gefühle auf der Reise zu unseren Träumen als Verbündete einzusetzen. Dazu ist nur nötig, daß wir ihren wahren Zweck und ihre Funktion *verstehen* und daß wir *nicht vergessen*, daß wir diesen wahren Zweck und diese Funktion kennen. Die Angewohnheit, sie als »Feinde« zu behandeln, die man »loswerden« muß, kann nämlich sehr stark sein.

Stellen Sie sich diese Gefühle als schweren Stein vor, den uns jemand um den Hals gehängt hat. »Mensch, ist der schwer«, stöhnen wir. Aber wenn wir dann erfahren, daß der Stein in Wirklichkeit ein Rohdiamant ist, jubeln wir: »Mensch, ist der schwer!«

Angst, Schuld- und Minderwertigkeitsgefühle, verletzte Gefühle und Zorn sind tatsächlich Rohdiamanten. Sie sind bereits jetzt wertvoll, und geschliffen sind sie schier unbezahlbar.

In den nächsten Kapiteln werden wir Ihnen die wahre Natur dieser Juwelen verraten, und im restlichen Teil des Buches werden wir verschiedene Techniken besprechen, mit denen man sie schleifen und zum Strahlen bringen kann.

Und wir werden hinfort nicht mehr lernen, Krieg gegen uns selbst zu führen.

Angst ist die Energie, die einen in einer neuen Situation das Beste geben läßt

Es ist vollkommen in Ordnung, vor Angst Schmetterlinge im Bauch zu haben. Sie müssen sie nur dazu bringen, in Formation zu fliegen.

Dr. Rob Gilbert

Stellen Sie sich vor, daß sich Ihnen eine neue Situation stellt, und Sie bekämen, um damit fertig zu werden, einen zusätzlichen Energieschub. Ihre Sinne schärfen sich, Sie spüren ein erregendes Prickeln im Körper und Sie sind allgemein sensitiver und aufnahmefähiger.

Klingt das nicht großartig? Wir erhalten die Energie, die wir benötigen, um in einer neuen Situation unser Bestes zu geben! Und das passiert *tatsächlich* jedes Mal, wenn sich uns eine neue Situation stellt. Meistens bezeichnen wir diese Energie jedoch als »Angst« und lehnen sie ab.

Im Gegensatz zu dem weitverbreiteten Glauben haben uns unsere Eltern nicht beigebracht, Angst zu haben. Sie haben uns allerdings *sehr wohl* beigebracht, die Angst als Vorwand zu benutzen, um bestimmte Dinge *nicht* zu tun. Wie bereits erklärt, geschah dies aus Liebe. Wenn ein Kind anfängt, sich mit etwas Neuem zu beschäftigen, kann es nämlich nicht beurteilen, ob es dabei in Gefahr ist oder nicht.

Mit ungefähr achtzehn Jahren wissen wir *durchaus* zwischen dem zu unterscheiden, was tatsächlich gefährlich ist, und dem, was lediglich neu und noch nicht erprobt ist. Leider sagt uns dann aber keiner: »Die Angst, die du als Vorwand benutzt hast, um bestimmte Dinge *nicht* zu tun, ist *in Wirklichkeit* ein Teil der Energie, die man braucht, um etwas auf die Beine zu stellen.«

Wenn sich uns nun (in der Realität oder nur in unserer Phantasie) eine neue Situation stellt, benötigen wir zunächst einmal mehr Energie. Eine neue Situation ist selbstverständlich *anders* als die gewohnten, und zusätzliche Energie hilft uns, mit den Herausforderungen, die das »Andere« und »Neuartige« an uns stellen mag, fertig zu werden.

Wenn wir Angst haben, gibt unser Körper Adrenalin, Glukose und andere chemische Stoffe, die Energie produzieren, an unseren Blutkreislauf ab. Diese physische Energie dient dazu, unser Denken und Handeln zu unterstützen.

In einer neuen Situation wollen wir natürlich möglichst viele Informationen haben. Da sind die geschärften Sinne und die erhöhte Aufmerksamkeit nützlich, die mit der Angst einhergehen – sie helfen uns, die neuen Informationen aufzunehmen und schneller zu verarbeiten.

Ein anderer positiver Aspekt der Angst besteht darin, daß sie uns *Unwichtiges vergessen* läßt. Wenn wir Angst haben, konzentrieren wir uns automatisch auf die wesentlichen Dinge. Schließlich müssen wir uns in einer neuen Situation auch ganz auf das konzentrieren, was direkt vor uns liegt, auf das Wesentliche. Die Angst vertreibt jeden Gedanken an Alltägliches aus unserem Bewußtsein.

In einer neuen Situation unser Bestes zu geben, bedeutet auch, daß wir einen Lernprozeß durchmachen. Man kann aus jeder neuen Erfahrung so viel lernen – über das Erlebnis an sich und, was noch wichtiger ist, über sich selbst. Die Angst schafft gute Lernbedingungen; keine idealen (denn sie ist nicht gerade für ihre Geduld bekannt), aber *gute* nichtsdestotrotz. Die Energie, die gedankliche Klarheit und die Konzentrationsfähigkeit, die aus ihr resultieren, sind ausgezeichnete Hilfsmittel beim Lernen.

Wenn wir einmal verinnerlicht haben, daß Angst die Energie ist, die es uns ermöglicht, unser Bestes zu geben, werden wir sie auch automatisch einsetzen. Während wir es uns noch abgewöhnen, die der Angst innewohnende Energie als Vorwand zu sehen, um nichts Neues anzufangen, schlagen wir Ihnen folgendes vor: Erleben Sie Ihre Ängste und handeln Sie trotzdem.

Tun Sie das, wenn Sie sicher sind, daß Ihnen aus der neuen Situation keine körperliche Gefahr droht. Sie werden ein unbehagliches Gefühl dabei haben, aber lassen Sie sich nicht beirren, sondern gehen Sie Schritt für Schritt auf Ihr Ziel zu. Dabei wird sich *die Energie der Angst* von einem Hindernis in einen Vorteil verwandeln. Sie haben mehr *Energie* zur Verfügung.

Indem Sie Ihre Angst erleben und dennoch handeln, programmieren Sie Ihre Einstellung um. Wenn Angst früher das Kommando »Unternimm nichts« nach sich zog, bedeutet es nun »Volle Kraft voraus!«

> Mit jeder Erfahrung, bei der man
> der Angst ins Gesicht sieht,
> gewinnt man an Kraft, Courage und Selbstvertrauen.
> Man kann sich anschließend sagen:
> »Ich habe dieses Grauen durchgestanden.
> Mit der nächsten Prüfung, die sich mir stellt,
> werde ich ebenfalls fertig werden.«
> Man muß immer das tun, von dem man glaubt,
> man schaffe es nicht.
>
> *Eleanor Roosevelt*

Schuldgefühle sind die Energie, mit der man sich selbst ändert

Meine Eltern waren ein paar Tage
bei mir zu Besuch.
Ich habe sie eben zum Flugplatz gebracht.
Sie reisen morgen ab.

Margaret Smith

Schuldgefühle sind gegen uns selbst gerichteter Zorn, und Zorn ist die Energie, die man braucht, um *Veränderungen* herbeizuführen. Leider hat man nur wenigen von uns beigebracht, Zorn einzusetzen, um uns zu ändern und zu entwickeln (es sei denn vielleicht im Sport). Meistenteils benutzen wir ihn nur, um *uns Vorwürfe zu machen* und *uns schlecht zu fühlen*. Der Zorn ist aber eine wahre Gabe: Er liefert die körperliche, geistige und emotionale Kraft, um Veränderungen herbeizuführen.

Wenn wir Schuldgefühle haben und den Zorn benutzen wollen, um etwas zu ändern, haben wir zwei Möglichkeiten: Wir können entweder unsere *Handlungsweisen* oder unsere Meinung hinsichtlich dieser Handlungsweisen verändern.

Sie kennen vielleicht diese alte Redensart: »Wenn man es gründlich satt hat, daß man es immer gründlich satt hat, ändert man sich.« Wenn die Menschen sich ärgern, sagen sie oft: »Ich habe dieses oder jenes gründlich satt!« Die Frage ist nur, wie satt wir etwas haben müssen, damit wir uns ändern.

Wenn wir wegen irgend etwas Schuldgefühle haben, können wir unser Handeln manchmal korrigieren. Bei Schuldgefühlen, die wir im voraus spüren, wenn wir erwägen, etwas »Böses« zu tun, können wir den Zorn einsetzen, um es *zu unterlassen*.

Wenn wir Schuldgefühle wegen etwas haben, das schon geschehen ist, können wir den Zorn benutzen, um Wiedergutmachung zu leisten und um die Scherben aufzukehren.

Wenn nichts mehr zu machen ist, können wir mit der Energie, die in den Schuldgefühlen steckt, unsere *Ansicht* darüber, wie böse, niederträchtig, furchtbar, unmoralisch, verachtenswert, abscheulich und absolut erbärmlich unsere Handlungsweise war, ändern.

Die meisten Menschen verwenden Schuldgefühle jedoch, um (a) halbherzige Versprechungen zu machen, daß sie »es nie wieder tun werden«. Oder sie verwenden die Schuldgefühle, um sich (b) schlecht zu fühlen.

Das schlechte Selbstwertgefühl spielt eine sehr wichtige Rolle beim *falschen* Einsatz der Schuldgefühle. Wenn wir unsere Meinung darüber, was gut ist, verletzen, sieht der »Vertrag« vor, daß wir uns mies fühlen. Wir sagen uns dann einen Satz, der etwa folgendermaßen lautet: »Gute Menschen sind _____, *und wenn sie es nicht sind, haben sie Schuldgefühle.*« (Tragen Sie an der Leerstelle die positive Eigenschaft ein, die durch Ihre Handlungsweise verletzt wurde.)

Im Rahmen dieses beschränkenden Systems dienen Schuldgefühle als Beweis dafür, daß man *gut* ist. Denn nur gute Menschen fühlen sich schlecht, wenn sie etwas Schlechtes tun. (Schließlich fühlen sich böse Menschen auch *gut*, wenn sie etwas Schlechtes tun.) Durch Schuldgefühle haben wir also die Möglichkeit, die falsche (aber gutklingende) Meinung über uns aufrecht zu erhalten, *während* unsere Handlungen dem widersprechen.

Wir können die den Schuldgefühlen innewohnende Energie aber produktiver nutzen, indem wir *unsere Meinung ändern*. Danach (und es können mehrere Anläufe nötig sein), hören wir auf, uns selbst zu verurteilen – wir verwenden die Energie dann nicht mehr, um uns mies zu fühlen, wenn wir bestimmte Dinge tun (oder versäumen zu tun).

Wir sagen nicht, daß Sie Ihre Meinung über sich von »Ich bin ein guter Mensch« zu »Ich bin ein schlechter Mensch« ändern sollen. Wir sagen nur, daß Sie der Meinung, die Sie über den Menschen im allgemeinen und über sich im besonderen haben, eine relativierende Kategorie beifügen sollten. Das klingt dann

so: »Gute Menschen sind immer freundlich zu ihren Mitmenschen ... nur manchmal sind sie es nicht.« »Gute Menschen halten ihre Diät immer ein ... nur manchmal tun sie es nicht.« »Gute Menschen werden in der Öffentlichkeit nie laut ... nur manchmal werden sie es doch.«
Der Verhaltensforscher B. F. Skinner hat gesagt: »Die Gesellschaft greift früh an, wenn das Individuum noch hilflos ist.« Die Angewohnheit, *überhaupt* Schuldgefühle zu empfinden, ist tief im Menschen verwurzelt. Sie wird uns anerzogen, noch bevor wir der Sprache mächtig sind. Viel Energie und Ausdauer sind nötig, um sie zu verwandeln.

Zum Glück steht uns in dem Zorn, der den Schuldgefühlen innewohnt, eine Menge Energie zur Verfügung. Wir müssen nur daran denken, diese der gewünschten *Veränderung* zuzuführen – *und zwar immer wieder.*

Wann nun sollten wir die Energie benutzen, um unsere *Handlungsweise* zu verändern, und wann sie benutzen, um die Meinung über die Handlungsweise zu verändern?

Das ist eine wichtige Frage. Wir haben uns ein paar Gedanken darüber gemacht.

1. Wenn Sie zuerst Ihre Meinung ändern, ist es hinterher einfacher, die *Handlungsweise* zu ändern. Das heißt, wenn Sie zuerst Ihre Meinung ändern, nehmen Sie dann, wenn Sie die Handlungsweise ändern wollen, Druck weg und verschaffen sich so mehr Bewegungsfreiheit.

2. Machen Sie sich klar, daß Sie nicht alle Verhaltensweisen ändern werden, die Ihnen jetzt Schuldgefühle verursachen. Wir sind nicht perfekt, wir sind nur Menschen. Dennoch werden uns in unserer Kindheit Ideale vorgesetzt, denen wir gerecht werden sollen. Dazu gesellen sich dann noch die Ideale, die wir als Erwachsene haben. Auf dieses »Perfektions-Syndrom« kommen wir später noch zu sprechen, aber machen Sie sich vorerst klar, daß Sie ändern können, *was* Sie wollen, aber daß Sie nicht *alles* ändern können, was Sie ändern wollen.

3. Ändern Sie zuerst alles, was anderen Menschen *körper-*

lichen Schaden zufügen könnte, also Dinge wie Gewalttätigkeit, Diebstahl, Kindesmißhandlung, Autofahren unter Alkoholeinfluß etc., bei denen ein anderer Mensch *körperlichen* Schaden erleiden könnte.
4. Ändern Sie dann die Verhaltensweisen, mit denen Sie sich selbst *körperlichen Schaden* zufügen, zum Beispiel Rauchen, Völlerei, riskante sexuelle Praktiken, Drogen- oder Alkoholmißbrauch.
5. Weiter hinten im Buch werden Sie Gelegenheit haben, eine Liste mit Ihren Wünschen, Sehnsüchten und Träumen aufzustellen und diese dann nach Priorität zu ordnen. Bemühen Sie sich zunächst, jene Dinge zu verändern, die den Weg zu Ihren primären Zielen blockieren.
6. Wenn Sie *all* diese Punkte in den Griff bekommen haben und *immer noch* mehr verkraften könnten, dann sind Sie uns über.

Wenn die Feststellung: »Das hätte ich besser machen können« Schuldgefühle bewirken soll, dann ist sie falsch.
Wenn wir es besser *könnten,* dann *würden* wir es auch besser machen.
Wenn wir von *Können* reden, meinen wir damit nicht nur ein besseres *verstandesmäßiges Begreifen* – unser Perfektionismus ist nämlich ein verstandesmäßiger Prozeß. Vom Verstand her »können« wir es oft besser – oder wir *glauben* zumindest, daß wir es besser können. Es ist nur leider so, daß, wie Sie wahrscheinlich bemerkt haben, oft etwas dazwischenkommt, wenn die Perfektion vom Denken in Handeln umgewandelt wird.
Wir meinen *Können* im umfassenden Sinn des Wortes – so wie man gehen, sprechen und atmen *kann.* Ja, damit haben wir manchmal zwar auch unsere Probleme, aber meistens demonstrieren die Menschen ihre Kenntnis dieser Dinge, indem sie sie *ausführen.*
Wenn wir mit einer Handlung nicht zufrieden sind, obwohl wir sie *verstandesmäßig* begriffen hatten und besser hätten ausführen

können, sollten wir lieber sagen: »Das wird mir helfen, es beim nächsten Mal besser zu machen – ich lerne ja noch.« Denn das ist natürlich der Fall.

> Wenn einer wie ich Reue zeigt,
> ist seine Brust voll Süßigkeit,
> daß er lachen muß und singen.
> Die Welt wird dann sein Lob ausbringen.
> Und er ist der ganzen Welt geneigt.
> *William Butler Yeats*

Die Minderwertigkeitsgefühle halten uns auf Kurs

Für alles Lohnende,
das ich in meinem Leben gemacht habe,
habe ich eins aufs Dach gekriegt.
Earl Warren

Genauso wie wir haben können, *was* wir wollen, aber nicht *alles* haben können, sind wir auch wert, zu bekommen, *was* wir wollen, aber wir sind es möglicherweise nicht wert, *alles* zu bekommen.

Warum? Weil wir einfach nicht genug *Zeit* haben, um uns alle unsere Wünsche zu erfüllen, es sei denn, unsere Wunschliste ist kurz oder wir haben vor, ewig zu leben. (Mehr darüber später in dem Kapitel »Man kann haben, was man will, aber man kann nicht alles haben, was man will«.)

Nehmen wir einmal an, daß wir Rechtsanwalt werden wollen, und wir unternehmen zu diesem Zweck erste Schritte. Wenn uns eines Tages der Gedanke kommt, daß wir lieber Arzt werden möchten, verursacht uns das vielleicht Unwertgefühle. Solange wir Jura studieren, hat der Teil von uns, der sich unwert fühlt, Arzt zu werden, *recht*.

Das heißt nicht, daß wir kein guter Arzt werden könnten oder nicht klug genug wären. Aber wir haben uns für eine andere Ausbildung *entschieden*, eine Ausbildung, die eine Menge Zeit, Geld und Ausdauer kostet. Das Gefühl, des Arztberufes unwert zu sein, hält uns auf Rechtsanwaltskurs.

Selbst wenn wir in beiden Fächern einen Abschluß anstrebten und fleißig daran arbeiteten, Dr. med., Dr. jur. zu werden, wäre es, wenn wir plötzlich Atomphysiker werden wollten, richtig, sich unwert zu fühlen. Selbst wenn wir in drei Fächern einen Abschluß anstrebten ... nun, Sie verstehen schon, worauf wir hinauswollen.

Unser Teller ist *irgendwann* einfach voll. Dann sind wir aller Dinge, die nicht auf unserem Teller sind, unwert. Wenn er voll ist, sind wir erst dann wert, mehr zu bekommen, wenn wir eine Stelle auf dem Teller freimachen.

So könnte sich ein fertiger Jurist eher wert fühlen, Arzt zu werden als jemand, der noch Jura studiert. Ein praktizierender Jurist verfügt über mehr Zeit, mehr Erfahrung und viel mehr Geld als ein Jurastudent.

Wenn Sie Ihren Traum gefunden haben, dann seien Sie sich auch bewußt, daß Sie seines würdig sind. Sagen Sie sich, daß Sie Ihres Traumes wert sind. Programmieren Sie sich dieses Wertsein ein. (Später informieren wir Sie über Techniken, die das möglich machen.) Verhalten Sie sich entsprechend dieses Wertseins und handeln Sie danach. Seien Sie zufrieden, daß Ihr Traum Ihnen gehört, und akzeptieren Sie, daß Sie auf das, was nicht zu Ihrem Traum gehört, keinen Anspruch haben.

Wert- und Unwertgefühle sorgen dafür, daß wir auf unserem Weg bleiben. Denn er ist unser Weg. Wir haben ihn ausgewählt - er führt zu unserem Traum. Die Unwertgefühle sind Freunde, die uns sagen: »Hier geht es entlang, nicht dort.«

Wenn wir auf sie hören und auf unseren Weg zurückkehren, fühlen wir uns wieder wert. Kommen wir jedoch weiter von unserem Weg ab, fühlen wir uns solange unwert, bis wir (a) auf unseren Weg zurückkehren oder (b) einen anderen Traum wählen und uns für einen anderen Weg entscheiden. Wenn wir später versuchen sollten, wieder auf den »alten« Weg zurückzukehren, werden uns die Minderwertigkeitsgefühle daran erinnern, daß er nicht mehr unser Weg ist.

So gesehen, sollte man das Gefühl der Minderwertigkeit lieber als *Bescheidenheit* definieren. Wir wissen, was wir wollen, wir wissen, welche Richtung wir eingeschlagen haben, wir wissen, daß wir einen Anspruch auf unseren Traum haben; die übrigen Ziele beachten wir gar nicht.

Bescheidenheit stellt sich mit zunehmender menschlicher Reife ein. Kinder wollen dies und jenes und das auch - sie wollen praktisch alles, was sie sehen, riechen, greifen oder hören können. Viele Erwachsene verhalten sich in bezug auf Ziele genauso: »Ich möchte Karriere machen *und* heiraten *und* ein Haus bauen *und* einen großen Wagen haben *und* die Wale retten *und* der Umweltverschmutzung ein Ende setzen *und* ein Buch schreiben *und* zu Gott finden. Und nächste Woche möchte ich . . .«

Da ist es kein Wunder, daß die Menschen nichts mehr fürchten als das Gefühl der Minderwertigkeit und sich davor lieber verstecken. Sie fühlen sich – zu Recht – oft ziemlich unwert.

Wir werden in Kürze darüber reden, wie man die Träume auswählt, die man verfolgen möchte, und wie man andere als gute Ideen einordnet, die man sich eines Tages vielleicht noch vornimmt.

Vergessen Sie nicht – die Wahl, welcher Träume Sie wert sind, liegt bei *Ihnen*.

Verletzte Gefühle zeigen unsere Liebe; Zorn liefert Energie für Veränderungen

> Glauben Sie bloß nicht,
> die Welt schulde einen Lebensunterhalt.
> Die Welt schuldet Ihnen gar nichts;
> sie war vor Ihnen da.
> *Mark Twain*

Unter verletzten Gefühlen verbirgt sich Liebe und Zuneigung. Das Ausmaß des Schmerzes ist ein Hinweis auf die Tiefe der Gefühle, die man hegt.

Der Zorn, der den Schmerz überspielt, zeigt ebenfalls, welche tiefen Gefühle man hegt.

Wir sind nur verletzt, wenn es um etwas geht, das uns etwas bedeutet. Zwar läßt uns der Zorn sagen: »Diese Person ist mir egal; ich *hasse* sie.« Aber das ist auch ein Teil der Zuneigung.

Wenn wir A haben wollen, B uns daran hindert, es zu bekommen, und wir verletzt sind, heißt das nicht, daß uns B »insgeheim« etwas bedeutet. Wir lieben A immer noch. Man kann sich jedoch darauf versteifen, sich gekränkt zu fühlen und B zu hassen, so daß man ganz vergißt, wieviel man für A empfindet.

Verletzte Gefühle sollen uns daran erinnern, A wiederzufinden, uns neu auf A zu konzentrieren, zu spüren, wieviel wir für A empfinden, und alles in Bewegung zu setzen, um A zu erreichen, selbst wenn uns B, C, D, E und F in die Quere kommen.

Die Liebe ist mächtig. Lenken Sie sie immer auf ihr Ziel hin. Die meisten Menschen nehmen Kränkungen als Grund, um aufzugeben. Wenn Sie das tun, erleiden Sie wirklich Schaden; Sie verletzen sich selbst – Sie halten sich davon ab, Ihren Herzenswunsch zu realisieren, denn das tun Sie, wenn Sie aufgeben.

Fühlen Sie, welche *Leidenschaft* in der Zuneigung steckt. Setzen Sie sie für Ihr Ziel ein.

Denken Sie, wenn Sie Zorn empfinden, daran, daß dies die Energie ist, die man braucht, um etwas zu verändern. *Nutzen* Sie sie. *Unternehmen* Sie etwas damit. Was Sie unternehmen, mag klappen oder auch nicht. Wenn es klappt, ausgezeichnet. Wenn nicht, haben Sie etwas gelernt – wahrscheinlich sogar sehr viel. Aber zumindest haben Sie eine weitere Möglichkeit kennengelernt, die nicht klappt. Selbst wenn Sie in dem Moment aktiv nichts unternehmen können, dann verwenden Sie die Energie, um sich Erfolg *vorzustellen.*

Wir können Kränkungen und Zorn auch benutzen, um unsere Meinung darüber zu verändern, wie die Welt uns behandeln *sollte.*

Wie bei den Schuldgefühlen ist der wahre Grund, weshalb wir wegen einer Enttäuschung gekränkt oder wütend sind, daß wir an diesen Meinungen *festhalten* und meinen, daß die Menschen sich nicht so verhalten *dürften*. Nun, tut uns leid, aber so einfach ist es nun einmal nicht.

Hängen Sie also an jede Ihrer Meinungen über das Verhalten anderer, die die Wörter »sollten«, »wird erwartet« und »müssen« enthalten, ein »... und manchmal tun sie es nicht, wollen sie es nicht, können sie es nicht etc.« an. Das erleichtert Ihnen nicht nur das Leben, sondern es macht es auch einfacher, es zu verändern.

Verletzte Gefühle und Zorn sind – wie Angst, Schuld- und Minderwertigkeitsgefühle auch – Energie, die Sie Ihrem Ziel näherbringen soll, aber keinesfalls Gründe, um von Ihrem Vorhaben abzugehen.

Unsere *Gefühle* sagen uns nicht, daß wir aufgeben sollen – wir sind lediglich so *programmiert*. Es ist höchste Zeit, daß Sie Ihr Programm umschreiben, so daß es Ihnen sagt: »Hier hast du die Informationen und die Energie, die nötig sind, um eine Kurskorrektur vorzunehmen und mit voller Kraft auf deine Träume zuzusteuern.«

Laß dich nicht
vom Lauf der Dinge aufbringen.
Sie nehmen deine Verärgerung
nicht zur Kenntnis.
Es ist albern und unkultiviert,
über irgend etwas,
das im Leben passieren mag,
überrascht oder gar befremdet zu sein.

Marc Aurel

Der Tod –
der letzte Stichtag

Der große französische Marschall Lyautey bat seinen Gärtner einmal, einen Baum anzupflanzen. Der Gärtner wandte ein, der Baum wüchse langsam und wäre erst nach 100 Jahren ausgewachsen. Darauf antwortete der Marschall: »In dem Fall ist keine Zeit zu verlieren; pflanz ihn noch heute nachmittag ein.«

John F. Kennedy

Stichtage helfen uns, Dinge zu erledigen und Arbeiten hinter uns zu bringen, und es gibt keinen bedeutenderen Stichtag als den Tod. Stichtage bringen uns auf Trab. Sie motivieren uns und treiben uns dazu an, Aufgaben so schnell wie möglich zu erledigen.

Parkinsons Gesetz besagt, daß sich Arbeit entsprechend der für sie zur Verfügung stehenden Zeit ausdehnt oder zusammenzieht. Der Tod sorgt dafür, daß uns nur ein begrenzter Zeitraum zur Verfügung steht (nämlich die Dauer eines Menschenlebens), in dem wir das vollbringen können, was wir uns vorgenommen haben.

Natürlich weiß keiner von uns, wie *kurz* dieser Zeitraum sein wird, aber wir wissen, daß er nicht länger als, sagen wir, 100 Jahre sein kann. Das bedeutet, daß wir am besten heute noch mit all dem anfangen sollten, was wir erreichen wollen.

Es gibt Menschen, die sowohl den Tod als auch Stichtage als etwas Schlechtes ansehen. Der Tod ist aber weder gut noch schlecht. Er *ist* einfach. Er ist eine Gegebenheit, die das Leben mit sich bringt. Wir können den Tod *für* oder *gegen* uns arbeiten lassen. Wir haben die Wahl.

Professor Sydney Hook hat gesagt:»Die Angst vor dem Tode

ist von jeher der stärkste Verbündete der Tyrannei gewesen.« Der erste Schritt, den wir tun müssen, um den Tod zum Verbündeten eines aktiven, leistungsorientierten Lebens zu machen, besteht darin, die aus der Kindheit stammenden Ängste vor ihm auszuschalten.

Kinder bekommen über den Tod nur beschränkte (und beschränkende) Informationen. Sie erleben, wie ein Mensch oder auch ein Haustier – eben noch warm, aktiv und lebendig – sich plötzlich nicht mehr bewegt, sondern kalt und leblos ist. So wirkt der Tod auf Kinder nicht sehr interessant.

Dann erleben die Kinder die Reaktionen der Erwachsenen auf den Tod. Die Großen *sagen* über die Toten möglicherweise zwar Dinge wie:»Er ist bei Gott« oder»Endlich hat sie ihren Frieden gefunden«. Aber ihre Gefühlsausbrüche (Weinen, Schluchzen, Wehklagen) deuten darauf hin, daß der Tod bei niemandem ein willkommener Gast ist.

Doch das Unbegreifliche ist für Kinder das, was mit den Körpern der Toten geschieht. Bei einer Beerdigung stellt sich das Kind den Tod als ewige Finsternis und Einsamkeit vor, bei einer Einäscherung verbindet es ihn mit Feuer und Schmerzen.

Erwachsenen Fragen über den Tod zu stellen, ist für Kinder ungefähr genauso erhellend, wie ihnen Fragen über Sex zu stellen. Die Großen fühlen sich unbehaglich und geben widersprüchliche Auskünfte auf einfache Fragen, Auskünfte, die sie selbst nicht glauben.

Da ist es kein Wunder, daß viele Kinder zu dem Schluß kommen, der Tod sei etwas Schlechtes, und beschließen, nicht mehr daran zu denken. Und die meisten Menschen setzen sich tatsächlich nicht mit ihm auseinander. Der Tod ist in unserer Kultur ein solches Tabu, daß wir nicht einmal über die Tatsache sprechen, daß er tabuisiert ist. Wir tun so, als ob es ihn nicht gäbe.

Das ist schade, denn es gibt in unserer Kultur drei Anschauungen über den Tod – und keine ist negativ.

Das Leben ist ein rein biologischer Prozeß, und wenn wir sterben, sind wir tot. An dieser Sichtweise des Todes ist nichts Negatives –

da wir einfach nicht mehr sind, brauchen wir uns auch keine Sorgen zu machen. Oder wie Einstein gesagt hat:»Von allen Ängsten ist die Angst vor dem Tod die am wenigsten begründete, da es für Tote kein Unfallrisiko gibt.«
Nach dem Leben erwarten den Menschen bis in alle Ewigkeit Himmel oder Hölle. Wenn man das glaubt, braucht man sich ebenfalls keine Sorgen zu machen. Gute Menschen kommen in den Himmel, und böse Menschen kommen in die Hölle. Aber wer außer guten Menschen würde da schon an Himmel und Hölle glauben? Wenn Sie also daran glauben, ist Ihnen längst ein Platz im Himmel sicher.

Wir werden wiedergeboren und leben ein Leben nach dem anderen, bis wir alles gelernt haben, was wir wissen müssen. Auch diese Sichtweise des Todes braucht man nicht zu fürchten. Der Tod hat in diesem Fall nämlich nicht mehr Bedeutung als eine Versetzung von einer Klasse in die nächste, ohne dabei auch nur die Schule zu wechseln. Wir wissen vielleicht nicht, was dort alles passieren wird, aber das macht ja einen Teil des Reizes aus.»Das Leben ist eine einzige große Überraschung«, hat Vladimir Nabokov gesagt,»ich wüßte nicht, warum der Tod nicht eine noch größere sein sollte.«

Wenn man sie fragt, wie sie über Leben und Tod denken, nennen fast alle Erwachsenen eine dieser drei Anschauungen oder eine sich nur jeweils wenig davon unterscheidende Variante. Da keine der Sichtweisen *schlecht* oder dem Wesen nach *beängstigend* ist, ist klar, daß die gefühlsmäßigen Reaktionen vieler Erwachsener auf den Tod immer noch von den Vorstellungen bestimmt werden, die sie als Kind entwickelt haben.

Viele Menschen glauben, daß junge Leute keine Vorstellung vom Tod haben, sondern daß sie so sich verhalten, als dauerte ihr Leben ewig. Das mag in einigen Fällen zutreffen, aber nur deshalb, weil man den Jugendlichen nicht beigebracht hat, daß der Tod unvermeidlich ist und daß der Zeitraum zwischen Jetzt und dem unvermeidlichen Ende enorm wertvoll ist. Das Bewußtwerden der eigenen Sterblichkeit später im Leben muß kein Schock sein; der Tod kann schon früh als Gegebenheit angesehen und bei allen Entscheidungen im Leben mit in Betracht gezogen werden.

Wenn er als Endpunkt angesehen wird, kann der Tod als ein Werkzeug benutzt werden. Einige der positiven Verwendungsmöglichkeiten für dieses Werkzeug sind:

1. Wenn wir wissen, daß »unsere Tage gezählt sind«, merken wir, daß wir im Verlauf unseres Menschenlebens nur eine bestimmte Zahl von Zielen erreichen können. Diese Tatsache unterstreicht die Bedeutung der *persönlichen Auswahl und Entscheidung* für die Lebensplanung und deren Ausführung.

2. Der Tod ermutigt uns zum Handeln. Da uns nur noch ein bestimmter Zeitraum bleibt, müssen wir zusehen, daß wir auf Trab kommen.

3. Der Tod ermutigt uns dazu, Risiken einzugehen. Das schlimmste, was bei einem Risiko passieren kann, ist, daß man zu Tode kommt. Da wir sowieso irgendwann sterben müssen, können wir auch Risiken eingehen, die das Leben aufregender, genußreicher und, na ja, einfach lebendiger machen. In der Nähe von San Francisco versammelt sich regelmäßig eine Gruppe von AIDS-Infizierten zum Fallschirmspringen, zum Bergsteigen und zu all den Aktivitäten, die sie immer unternehmen wollten, die sie aber für »zu gefährlich« gehalten hatten. Der Name dieser Gruppe? Sie nennt sich der Was-zum-Teufel-haben-wir-denn-zu-verlieren?-Club. »Das Leben«, so erinnert Guy Bellamy uns schließlich, »ist eine sexuell übertragbare Krankheit.«

4. Der Tod erinnert uns daran, wieviel wir der Vergangenheit verdanken und der Zukunft schulden. Unsere Vorfahren wußten, daß sie nicht ewig leben würden, und dennoch haben sie uns ein reiches Erbe hinterlassen. Wir selbst werden den noch ungeborenen Generationen ebenfalls viele Geschenke hinterlassen. Der Tod sagt uns, daß wir nur eine bestimmte Zahl von Jahren haben, um die Vergangenheit zu würdigen und unser Geschenk an die Zukunft zu hinterlassen. Als der Science-Fiction-Autor Isaac Asimov, der Hunderte von Büchern verfaßt hat, gefragt wurde,

was er täte, wenn er nur noch ein halbes Jahr zu leben hätte, antwortete er: »Schneller tippen.«

Für den aktiven Menschen, für den Macher, ist der Tod der triftigste Grund, um zu handeln und das Handeln zu genießen – und zwar sofort.

> Letzten Endes entscheidet
> unsere Vorstellung vom Tod darüber,
> welche Antworten wir auf all die Fragen geben,
> die das Leben uns stellt.
> *Dag Hammarsköld*

> Der Tod ist die Art
> der Natur zu sagen:
> »Der Tisch ist gedeckt. Hau rein.«
> *Robin Williams*

Die Entmutigung bringt unseren Mut zum Vorschein

Mut zu haben heißt, das zu tun,
wovor man Angst hat.
Ohne Angst kann es keinen Mut geben.
Eddie Rickenbacker

Stellen Sie sich vor, wie mächtig die Entmutigung ist: Sie hat es geschafft, uns bis jetzt von unseren Träumen fernzuhalten. Die Energie, die in ihr steckt, können wir für das Erreichen unserer Ziele verfügbar machen (oder auch für die Stromversorgung einer Kleinstadt), indem wir in dem Wort *Entmutigung* die Anfangssilbe *Ent-* und die beiden letzten Silben *-igung* streichen.

Mut ist, im Gegensatz zu der weitverbreiteten Überzeugung, nicht das *Fehlen von Angst*. Mut ist die Klugheit, *trotz* Angst zu handeln. Mit der Zeit wird aus dem Mut die Fähigkeit, alle Bestandteile der Behaglichkeitszone als zusätzliche Energie zum Erreichen unserer Ziele zu benutzen. Wenn wir vor das Wort Mut die Silbe *er-* stellen und die Silben *-igen* daranhängen, ergibt sich das Wort *ermutigen*.

Wir können uns die Ermutigung als eine Gruppe von begeisterten Fans vorstellen. »Gib auf, gib auf, gib auf!« sagt die Entmutigung zu uns, während die Ermutigung uns anfeuert: »Mach weiter, mach weiter, mach weiter« oder »TU ES, TU ES, TU ES!«

Sie können *sicher* sein, daß Sie auf dem Weg zur Verwirklichung Ihres Traumes entmutigt werden – daß Sie die Stimmen der Entmutigung nicht nur hören, sondern daß Sie auch auf sie hören werden. Unser Ziel ist aber auch nicht, nie mehr entmutigt zu sein. Es besteht vielmehr darin, (a) die Entmutigung früher abzufangen, (b) sie als das zu sehen, was sie ist und (c) schnell mit ihr fertigzuwerden. Wie wird man schneller mit ihr fertig?

Man wendet sich einfach an die Ermutigung und bittet sie um Hilfe.
»Oh, Ermutigung!« rufen wir aus.
Und jetzt präsentieren wir Ihnen eine Szene aus dem Stück »Oh, Ermutigung!«

Auf der Bühne: Sie. Sie stehen vor einer neuen Situation: Sie wollen etwas unternehmen, das nötig ist, um einen Ihrer Träume zu erreichen. Die *Entmutigung* hat sie aber dazu überredet, nichts zu riskieren. Sie rufen aus ...

Sie: Oh, Ermutigung!
Ermutigung: Ja?
Sie: Komm her.
Ermutigung: Ich dachte schon, du würdest mich nie rufen.
Entmutigung: (Ihre Stimme imitierend) Ich habe dich gar nicht gerufen. Bleib da, wo du hingehörst.
Sie: Nein, Ermutigung. Komm her! Da hat sich eben die Entmutigung eingemischt.
Ermutigung: Ich weiß. Hier bin ich.
Entmutigung: (Ihre Stimme imitierend) Danke. Und jetzt verschwinde wieder.
Sie: Das war schon wieder die Entmutigung. Hör nicht auf sie.
Ermutigung: Ich bleibe ja hier – du darfst aber auch nicht auf die Entmutigung hören. Du kannst das schaffen, was du dir vorgenommen hast. Du weißt genau, daß du es kannst.
Sie: Ich habe aber Angst.
Entmutigung: Und du weißt genau, was es bedeutet, wenn man Angst hat: »Tu es nicht!« *Jeder* weiß das.
Ermutigung: Angst ist die Energie, die uns in einer neuen Situation unser Bestes geben läßt. Du befindest dich in so einer neuen Situation, und deshalb hast du natürlich auch Angst. *Benutz* diese Energie für deine Zwecke.

Sie:	Ja, richtig.
Entmutigung:	Nein, falsch. Außerdem bekommst du sowieso nur Schuldgefühle, wenn du diesen Schritt machst.
Ermutigung:	Sei still!
Sie:	Aber die Entmutigung hat recht. Ich werde tatsächlich Schuldgefühle bekommen.
Entmutigung:	Du wirst Schuldgefühle bekommen und dich elend fühlen, und genau das hast du dann auch *verdient*.
Ermutigung:	Schuldgefühle sind gegen dich selbst gerichteter Zorn, und Zorn ist die Energie, die man braucht, um etwas zu verändern. Geht es hier um etwas, bei dem du oder ein anderer verletzt werden könnte?
Entmutigung:	Ja.
Sie:	Nein. Die Situation ist einfach nur neu und ungewohnt.
Entmutigung:	Du wirst dabei verletzt werden.
Sie:	Wie denn?
Entmutigung:	Du wirst in deinen *Gefühlen* verletzt werden. Und es ist doch wirklich nicht nötig, daß du dich unbehaglich fühlst. Die ganze Situation ist gefährlich. Du kannst dabei umkommen. Du kannst einen Herzanfall erleiden. Du kannst auch einen Schlaganfall bekommen.
Ermutigung:	Hau nicht so auf die Pauke.
Entmutigung:	Doch. Apropos »hauen«, es könnte sein, daß du verhauen wirst. Oder du brichst dir ein Bein, möglicherweise auch deinen Hals ...
Ermutigung:	(Zu Ihnen) Führt dich der Schritt, vor dem du Angst hast, näher an deine Träume heran?
Sie:	Ja.
Ermutigung:	DANN MACH IHN! LEBE DEINEN TRAUM!
Entmutigung:	Du machst ja nur wieder Reklame für dieses

	blöde Buch. (Zu Ihnen) Du bist dieses Schrittes nicht wert. Was glaubst du eigentlich, wer du bist? Wieso mußt du immer so tun, als ob du etwas *Besonderes* wärst?
Ermutigung:	Sei ruhig!
Entmutigung:	Nein. Ich werde mich nicht von der Stelle rühren, sondern hier bleiben und alles ruinieren. Das ist mein Job, und ich liebe ihn. Und selbst wenn das *nicht* mein Job wäre, würde ich es *trotzdem* tun.
Ermutigung:	(Zu Ihnen) Handelt es sich um einen Schritt, der dich deinem Herzenswunsch näherbringt?
Entmutigung:	Nein.
Sie:	Doch.
Ermutigung:	Dann bist du dessen auch wert.
Entmutigung:	Du wirst scheitern.
Sie:	Ja, das könnte durchaus passieren.
Ermutigung:	Falls es wirklich so weit kommen sollte, wirst du aus dieser Niederlage etwas lernen, aber ich glaube nicht, daß du scheitern wirst.
Entmutigung:	Man wird dich im Stich lassen. Man wird dich enttäuschen. Das wird deine Gefühle verletzen. Du wirst dich entsetzlich, grauenhaft, elend und verlassen fühlen.
Ermutigung:	Du wirst dich phantastisch fühlen. Du brauchst auf *nichts* von dem, was dir passiert, gekränkt zu reagieren, und falls du es doch tust, mußt du daran denken, daß sich unter der Kränkung liebevolle Gefühle verbergen. Dann konzentrierst du dich wieder auf sie und richtest sie auf dein Ziel.
Entmutigung:	Du wirst sauer sein, du wirst zornig sein, du wirst vor Wut kochen. Du könntest leicht einen Herzanfall bekommen.
Sie:	Schrecklich! Einen Herzanfall!

Ermutigung:	Nutze die Energie, die in der Wut steckt, um deine Situation zum Positiven zu verändern. Oder ändere deine Meinung, daß die Leute dich auf eine bestimmte Art und Weise behandeln sollten. Unter der ganzen Verärgerung verbergen sich liebevolle Gefühle. Kämpf dich zu ihnen durch. Du wirst keinen Herzanfall bekommen.
Entmutigung:	Den bekommst du doch, den bekommst du doch, den bekommst du doch!
Ermutigung:	Jetzt gib aber endlich Ruhe, klar?!
Entmutigung:	Nein, gebe ich nicht.
Ermutigung:	(Zu Ihnen) Sollen wir schwere Geschütze auffahren?
Sie:	Natürlich.
Entmutigung:	Nein, nein!
Ermutigung:	Bist du bereit?
Sie:	Ja.
Ermutigung:	Achtung, fertig ...
Sie:	Hmmm ...
Entmutigung:	Warte! Nicht!
Ermutigung:	Los!
Sie:	Ich liebe dich.
Entmutigung:	Arrrgh! Würg!
Sie:	Ich liebe dich! Ich liebe dich!
Entmutigung:	Aufhören! Hör auf! Du bekommst noch einen Herzanfall!
Sie:	Ich liebe dich! Ich liebe dich! Ich liebe dich!
Entmutigung:	Du bist ja verrückt geworden! Ich verschwinde hier. Ich komme erst wieder, wenn du dich beruhigt hast. (Geht ab.)
Sie:	Ich liebe dich!
Ermutigung:	Also gut, und jetzt los. LEBE DEINEN TRAUM!
Sie:	Jetzt machst du schon wieder Werbung für dieses Buch.

Unsere Zweifel sind Verräter.
Wir verlieren durch sie oft Gutes,
das wir gewinnen könnten,
wenn sie uns nicht Angst machten,
den Versuch zu wagen.
William Shakespeare

Die Phantasie dient dazu, unsere Träume zu proben und vergangene Freuden noch einmal zu durchleben

Je länger ich lebe, desto klarer wird mir, daß ich mich nie täusche und daß alle Mühen, die ich in meiner Bescheidenheit auf mich genommen habe, um die Richtigkeit meiner Ansichten zu überprüfen, nichts als Zeitvergeudung waren.

George Bernard Shaw

Die Phantasie ist faszinierend und mächtig. Erinnern Sie sich noch an die Grundschule – sagen wir, wie Sie mit Kreide auf einer Tafel geschrieben haben? Jetzt nehmen Sie sich einen Ort, wo Sie nächsten Monat hinreisen wollen, und stellen Sie sich vor, Sie wären dort. Gut. Und jetzt stellen Sie sich vor, Sie wären auf dem Mond und betrachteten die Erde – diese große blaue Murmel in der Dunkelheit des Weltraums. Ausgezeichnet.

Das ist die Kraft der Phantasie: mit ihrer Hilfe können wir in die Vergangenheit zurückkehren, die Zukunft proben und Zeitreisen unternehmen – und das alles innerhalb von Sekunden.

Die Bilder, die Sie gesehen haben, waren vielleicht nicht sehr detailliert, und Ihre Phantasie hat sie möglicherweise auch nicht lange festgehalten, aber Sie haben wahrscheinlich von jedem eine gewisse Vorstellung bekommen. Manche Menschen *sehen* in ihrer Phantasie hauptsächlich, andere *hören* oder *fühlen* hauptsächlich.

Wenn die Behaglichkeitszone die Kontrolle über die Phantasie ausübt, wird diese energisch und sogar schöpferisch *gegen* uns eingesetzt. Dann durchleben wir die Schrecken der Vergangenheit noch einmal – berechtigte Ängste, besonders quälende

Schuldgefühle, schlimmste Minderwertigkeitsgefühle, schmerzhafteste Kränkungen und destruktivsten Zorn. Angesichts der verfälschten Geschichte, welche die Behaglichkeitszone durch sorgfältige Auswahl und gelegentliches Beschönigen der Erfahrungen geschaffen hat, sind wir hinsichtlich unserer Person und aller Pläne, die wir haben mögen, leicht zu entmutigen.

Die Behaglichkeitszone setzt die Phantasie auch ein, wenn wir über die Zukunft nachdenken. Sie entwirft uns eine Zukunftsvision, in der wir nicht einfach scheitern, sondern *total* scheitern, *in aller Öffentlichkeit auf peinliche Art und Weise bedingungslos* scheitern. Es ist ein Wunder, daß wir angesichts derartiger gegen uns wirkender Kräfte morgens überhaupt aufstehen.

Die Behaglichkeitszone benutzt jede Katastrophenmeldung in den Medien, um uns klarzumachen, daß wir besser nie irgend etwas Neues versuchen sollen.

Da ist es höchste Zeit, die Phantasie von der Behaglichkeitszone zurückzuerobern. Diese mag *behaupten*, sie sei die Alleinbesitzerin oder sie habe einen Pachtvertrag über 99 Jahre. Aber in Wirklichkeit hat die Behaglichkeitszone nicht einmal soviel Anrecht auf sie wie ein Hausbesetzer, obwohl sie sie seit einiger Zeit besetzt hält und schonungslos abwohnt.

Leiten Sie die Zwangsräumung ein! Setzen Sie die Behaglichkeitszone vor die Tür! Schon gehört Ihre Phantasie Ihnen. Sie können sich an die Vergangenheit erinnern, wie Sie Lust haben, die Zukunft proben, die Sie proben wollen, und sich mit den wirklichen oder fiktionalen Helden und Ereignissen identifizieren, die Ihnen gefallen.

Wenn wir uns an die schönen Dinge in unserer Vergangenheit erinnern (die immer aus Gutem wie Schlechtem besteht), sehen wir uns als begnadete, liebenswürdige, herausragende Macher und Leistungsmenschen. Dieses Bild ist eine solide Grundlage für zukünftige Unternehmungen.

Wenn wir unsere Träume in die Zukunft projizieren, erkennen wir, daß wir bekommen *können*, was wir haben wollen. Ein positives Bild der Zukunft zeigt uns nicht nur, wie wir dort hinkommen können, sondern es *zieht* uns regelrecht an. Es zieht uns wie ein Magnet zu unseren Träumen.

Wenn wir *gute* Nachrichten hören, eine anregende Geschichte lesen oder einen beschwingenden Film sehen, können wir uns mit Hilfe unserer Phantasie ins Zentrum der Handlung versetzen. Das gibt uns die Möglichkeit, uns mit all den guten, lebensfrohen und wundervollen Leitbildern zu *identifizieren*, die es in unserer Kultur gibt – und zu wissen, daß wir dazu gehören. Die positive Verwendung der Phantasie bezeichnet man auch als *Veranschaulichung*. Die Silbe »schau-« kommt natürlich von schauen, aber man braucht die Veranschaulichung nicht auf diese eine Wahrnehmungsweise zu beschränken. Wie wir schon erwähnt haben, sehen manche Leute in ihrer Phantasie, während andere hauptsächlich hören oder fühlen. Jede der Wahrnehmungsarten (oder auch eine Kombination aus ihnen) ist gut.

Eine ausgezeichnete Methode, um einen Anspruch auf Eigentum geltend zu machen, besteht darin, etwas darauf zu erbauen. Wir möchten Ihnen vorschlagen, eine Zufluchtsstätte zu errichten. Wenn Sie es nicht schon getan haben, ist Ihnen jetzt vielleicht danach. Wir werden die Zufluchtsstätte nämlich später im Buch brauchen. Falls Sie doch schon eine haben, bekommen Sie nach den nächsten paar Seiten vielleicht Lust, ihr wieder einmal einen kleinen Besuch abzustatten oder sie sogar umzubauen.

Viel Spaß!

> Der Ahne jeder Tat
> ist ein Gedanke.
> *Ralph Waldo Emerson*

Die Zufluchtsstätte

Wenn Liebe und Können zusammenwirken,
ist ein Meisterwerk zu erwarten.
John Ruskin

Eine Zufluchtsstätte ist ein innerer Schlupfwinkel, den Sie sich in Ihrer Phantasie bauen. Hier können Sie die Wahrheit über sich selbst erfahren und daran arbeiten, diese zu festigen. Wir nennen diesen Ort Zufluchtsstätte. Manche bezeichnen ihn auch als Werkstatt oder inneren Unterrichtsraum. Sie können diesen Ort, an den Sie sich begeben, um in Ruhe und Frieden Ihre Lektionen zu lernen, nennen wie Sie wollen: Asyl, Hafen, Oase, Hort. Wir bezeichnen ihn, wie schon gesagt, als Zufluchtsstätte.

Es gibt keinerlei Beschränkungen für Ihre Zufluchtsstätte, obwohl es angebracht wäre, gewisse Grenzen zu setzen. So wird sie zu einem Übergangsbereich zwischen den natürlichen Beschränkungen unserer physischen Existenz und der Grenzenlosigkeit.

Die Zufluchtsstätte kann jede Größe, Form oder Dimension haben, die Ihnen gefällt – sie kann groß und elegant oder klein und gemütlich sein. Sie kann sich überall befinden – im Weltraum schwebend, auf einem Berggipfel, am Meer, in einem Tal oder sonstwo. Sie können diese Möglichkeiten auch gern kombinieren. Das Schöne an der Zufluchtsstätte ist, daß Sie sie jederzeit und im Handumdrehen verändern oder woandershin verlegen können.

In der Zufluchtsstätte kann alles enthalten sein, was Sie sich wünschen. Wir werden Ihnen gleich einige Dinge vorschlagen, aber sehen Sie diese einfach nur als provisorische Einrichtungsliste für Ihren Schlupfwinkel an. Bevor wir Ihnen Tips für die Einrichtung geben, wollen wir über die Bauart Ihrer Zufluchtsstätte reden.

Für einige wird sie schon während der Lektüre unserer Vorschläge erstehen: wenn sie sie lesen, ist die Stätte auch schon da. Andere lesen sich zuerst die Vorschläge durch und verschaffen sich die Informationen, legen dann etwas gedämpfte Musik auf, schließen die Augen und lassen die Bauarbeiten beginnen. Wieder andere wollen an diesem Prozeß vielleicht *aktiv* teilnehmen. Mit geschlossenen Augen gehen sie durch die Zufluchtsstätte, während die einzelnen Teile gebaut und in Betrieb genommen werden. Alle diese Möglichkeiten und die Kombinationen daraus sind akzeptabel.

Beim Lesen unserer Vorschläge werden Ihnen sicherlich Ideen für Ergänzungen oder Veränderungen kommen. Notieren Sie diese unbedingt, oder bauen Sie sie gleich mit in die Konstruktion ein. Ist Ihnen auch wirklich klar, daß es hier um *Ihre* Zufluchtsstätte geht? Gut, dann lassen Sie uns loslegen.

Eingang. Eine Tür oder irgendeine andere Einrichtung, die nur Sie einläßt. (Wir werden noch darauf zu sprechen kommen, wie Sie anderen Zutritt zu Ihrer Zufluchtsstätte gewähren können.)

Licht. Beim Betreten Ihrer Zufluchtsstätte überströmt Sie eine Kaskade reinen, weißen Lichts, das Sie umgibt, erfüllt, beschützt, Sie froh macht und heilt – zu Ihrem und aller anderen Vorteil.

Hauptraum. Wie das Wohnzimmer eines Hauses oder die Halle eines Hotels, ist dies das Zentrum der Zufluchtsstätte. Von hier aus kann man in viele Richtungen gehen und vieles erkunden.

Beförderungsmittel. Dies ist eine Einrichtung, mit der Sie andere Menschen in Ihre Zufluchtsstätte hinein- oder wieder herausbefördern können. Niemand gelangt je ohne Ihre ausdrückliche Erlaubnis und Einladung hinein. Sie können sich für einen Fahrstuhl, ein Transportband, einen »Beamer« wie in *Raumschiff Enterprise* oder für irgendeinen anderen Mechanismus entscheiden, mit dem man Personen befördern kann. Lassen Sie am Einstieg Ihres Beförderungsmittels ebenfalls ein weißes Licht aufstrahlen, so daß die Menschen, die Ihre Zufluchtsstätte betreten oder sie verlassen, automatisch davon umgeben, erfüllt, beschützt und geheilt werden und damit nur das geschieht, was aller Beteiligten Vorteil dient.

Informationszentrum. Hier bekommen Sie alle möglichen Informationen – vorausgesetzt natürlich, daß Sie Ihrem Vorteil und dem aller Beteiligten dienen. Das Informationszentrum kann ein Computerbildschirm, eine Bibliothek, ein Telefon oder irgendeine andere Einrichtung sein, derer Sie sich gern bedienen, um Antworten auf Ihre Fragen zu erhalten.

Videoschirm. Das ist ein Bildschirm (oder eine Kinoleinwand, wenn Ihnen das lieber ist), worauf Sie sich die verschiedenen Phasen Ihres Lebens ansehen können – vergangene, gegenwärtige oder zukünftige. Auch dieser Schirm ist von einem weißen Licht umgeben. Wenn Sie Bilder sehen, die Ihnen nicht gefallen oder die Sie nicht weiterführen möchten, erlischt das Licht. Aber wenn der Schirm Bilder zeigt, die Ihnen gefallen und die Sie ausbauen möchten, leuchtet es auf.

Rollen-Kostüme. Sie haben einen Schrank voller Kostüme, die Sie unverzüglich in die Lage versetzen, das zu sein, was Sie sein wollen – ein großer Schauspieler, ein erfolgreicher Schriftsteller, ein perfekter Liebhaber, ein Meisterschüler, Herr Ihres Universums (bzw. für die Damen Schauspielerin, Schriftstellerin usw.). Gleich welche Rolle Sie spielen möchten, sie steht Ihnen zur Verfügung. Wenn Sie eine Rolle leid sind, werfen Sie den Anzug einfach vor dem Schrank auf den Boden. Rollenkostüme haben nämlich auch die Rolle übernommen, sich selbst auf den Bügel zu hängen.

Übungsgelände. Das ist der Bereich, an dem Sie, wenn Sie einen Rollenanzug tragen, Ihre neuen Fähigkeiten ausprobieren oder alte verbessern können. Bemessen Sie das Gelände großzügig, denn es gibt ein Rollenkostüm zum Fliegen und ein weiteres für Weltraumflüge. In Ihrer Zufluchtsstätte können Sie richtig hoch hinaus.

Gesundheitszentrum. Hier sind alle Heilverfahren der Welt versammelt – aus der Vergangenheit wie auch der Gegenwart und der Zukunft, der Schul- und der alternativen Medizin. Alle dienen Ihrer Gesundheit. Das Gesundheitszentrum verfügt selbstverständlich über die fähigsten Mediziner. Wer ist der beste

Heiler, den Sie sich vorstellen können? Machen Sie ihn zum Leiter Ihres Gesundheitszentrums.

Spielzimmer. In ihm befinden sich alle Spielzeuge, die Sie sich schon immer - als Kind oder als Erwachsener - gewünscht haben. Hier haben Sie reichlich Raum (und Zeit), um damit zu spielen. Wie bei den Rollenkostümen brauchen Sie auch hier keinen Gedanken an das Aufräumen zu verschwenden. Die Spielsachen räumen sich selbst weg.

Der Innere Bereich. Dies ist eine besondere Zufluchtsstätte innerhalb Ihrer Zufluchtsstätte. Dorthin können Sie sich zurückziehen, um zu meditieren, nachzudenken oder um an sich zu arbeiten.

Meisterlehrer. Er ist Ihr idealer Lehrer, das Wesen, bei dem Sie ein perfekter Schüler sind. Der Meisterlehrer (oder kurz ML) weiß alles über Sie (denn er hat Sie schon immer begleitet). Der ML weiß auch, was Sie alles lernen müssen, wann dafür der geeignete Zeitpunkt ist und welches die idealen Methoden sind, um diese Dinge zu lernen. Sie brauchen sich Ihren Meisterlehrer nicht erst zu *erschaffen* - das ist bereits geschehen. Sie *entdecken* ihn vielmehr. Sie lernen ihn kennen, indem Sie einfach zu Ihrem Beförderungsmittel gehen und Ihren Meisterlehrer bitten hervorzutreten - und schon tritt er aus dem reinen, weißen Licht.

(Wir werden Sie jetzt eine Weile mit ihm allein lassen. Über weitere Verwendungsmöglichkeiten für die Zufluchtsstätte später mehr.)

> Ich kann alles glauben,
> sofern es unglaublich ist.
> *Oscar Wilde*

> Ich suche Männer mit der unerschöpflichen Fähigkeit,
> nicht zu wissen, was nicht zu machen ist.
> *Henry Ford*

Neue Freunde

Wir bitten um Rat,
wenn wir die Antwort schon wissen,
aber wünschten, dem wäre nicht so.
Erica Jong

Nutzen Sie Ihre Schwächen;
streben Sie nach Stärke.
Sir Laurence Olivier

Angst, Schuld- und Minderwertigkeitsgefühle, verletzte Gefühle und Zorn sind also in Wirklichkeit unsere *Freunde*. Hmmm. Es dauert eine Zeit, bis man sich an den Gedanken gewöhnt hat. Bisher haben wir sie meistens als Feinde behandelt. Viele Menschen haben ihre Träume aufgegeben und ihre Zukunft verkauft in der Hoffnung, nur ja nie wieder diesen Gefühlen ausgesetzt zu sein.

Und dennoch sind sie unsere Freunde, und sie werden es auch bleiben. Wir werden sie vielleicht nicht immer als solche *ansehen*, aber sie werden uns weiterhin Freundschaftsdienste leisten, ob wir das nun erkennen oder nicht.

Wir werden Ihnen im Verlauf dieses Buches Techniken präsentieren, mit deren Hilfe man lernen kann, diese Freunde auch wirklich als solche zu behandeln. Fürs erste wollen wir Ihnen jetzt aber einige Hinweise geben, wie Sie mit Ihren neuen Freunden arbeiten können.

1. Immer wenn Sie Angst-, Schuld- und Minderwertigkeitsgefühle, verletzte Gefühle und Zorn so benutzen, daß diese Sie in Ihren Handlungen einschränken und Sie entmutigen, sollten Sie innehalten und sich folgendes in Erinnerung rufen.

• Angst ist die Energie, die uns in einer neuen Situation unser Bestes geben läßt.

• Schuldgefühle sind die Energie, mit deren Hilfe wir uns selbst ändern.

- Die Minderwertigkeitsgefühle halten uns auf Kurs.
- Verletzte Gefühle erinnern uns daran, daß viel Liebe in uns ist.
- Zorn ist die Energie, mit der Veränderungen herbeigeführt werden.
- Die Entmutigung bringt unseren Mut zum Vorschein.

Sie können die entsprechenden Kapitel noch einmal durchlesen, falls Sie sich, während Sie es sich in der Behaglichkeitszone mal wieder richtig gemütlich gemacht haben, fragen: »Was um Himmels willen meinen die bloß damit?«

2. Beobachten Sie den Entmutigungsprozeß an sich selbst. Wie kommt es, daß *Sie* aufgeben, bevor Sie überhaupt angefangen haben (oder kurz darauf)?

- Was denken Sie, wenn Sie diese Emotionen so benutzen, daß Sie sie beschränken? Z. B. »Ich bin zu müde«, »Ich kann solche Sachen nicht besonders« etc.
- An welcher Stelle Ihres Körpers spüren Sie die Angst? Die Schuldgefühle? Die Kränkungen? Den Zorn? Welches ist Ihre »Lieblingsemotion«? Treten sie als »Bande« auf? Welches der Gefühle tritt in Verbindung mit einem oder mehreren anderen auf?

3. Geben Sie zu, daß es *möglich* ist, nützliche Verwendungsmöglichkeiten für diese Emotionen zu finden, Sie *müssen* sie aber nicht nutzbringend einsetzen – jedenfalls noch nicht. Falls Sie es dennoch schaffen, *wunderbar!* Doch seien Sie sich bewußt, daß es *möglich* ist, ein scheinbar unfreundliches Gefühl in »freundlicher« Absicht zu benutzen.

4. Verzeihen Sie sich jedes Mal, wenn Sie Ihre neuen Freunde wie Feinde behandelt haben. Verzeihen Sie sich jedes Mal, wenn Sie sich wegen all der Dinge Vorwürfe machen, die Sie hätten leisten können, *wenn* Sie diese Lektionen *nur* schon vor Jahren gelernt hätten. Verzeihen Sie sich jederzeit alles. (Unnachsichtigkeit ist der Mörtel in der Mauer, die die Behaglichkeitszone umgibt.) Sich zu verzeihen ist leicht. Sagen Sie einfach: »Ich verzeihe mir, daß ich _____.« Dann tragen Sie an der Leerstelle die

vermeintliche Missetat ein. Dann sagen Sie: »Ich verzeihe mir auch, daß ich mir Vorwürfe gemacht habe, weil ich _____.« Dann tragen Sie dieselbe Missetat ein. Verzeihen bedeutet auch zu vergessen. Lassen Sie los. Die Missetat existiert nicht mehr. Und während Sie vergessen, erinnern Sie sich daran, daß wir nicht perfekt, sondern menschlich sind.

5. Genießen Sie alles – die Angst, die Aufregung, die Schuldgefühle, die Kraft, Veränderungen herbeizuführen, die Minderwertigkeitsgefühle, die verletzten Gefühle, die euphorischen Gefühle, den Zorn, die dynamische Entwicklung, die Entmutigung, die Ermutigung, den ganzen Prozeß, den Sie durchlaufen. Das nennt man Leben. Und wenn Sie nicht alles genießen können, dann genießen Sie auch das.

Der Schlüssel zu all diesen Anregungen ist das *Bewußtsein*. Seien Sie sich an dieser Stelle einfach nur der Behaglichkeitszone und ihrer Wirkung auf Sie bewußt.

Wir werden die Behaglichkeitszone schon bald so weit ausdehnen, daß Ihre Träume darin Platz haben – und obendrein noch eine Tanzfläche. Aber jetzt würden wir gern eines wissen: wovon träumen Sie denn eigentlich?

>   Da nichts von dem, was wir uns je vornehmen,
>   frei von Irrtümern ist,
>   und nichts, was wir in Angriff nehmen, einwandfrei,
>   und da in allem, was wir zustande bringen,
>   ein gewisses Maß an
>   Begrenztheit und Fehlbarkeit ist,
>   das wir als menschlich ansehen,
>   werden wir durch die Vergebung gerettet.
>   *David Augsburger*

DRITTER TEIL

Wie wir unsere Träume entdecken und auswählen

> Wer sich seine Vergnügungen von einem anderen genehmigen lassen muß, ist arm dran.
>
> *Madonna*

Das, was wir *wirklich* haben wollen, ist oft unter dem versteckt, womit wir uns irgendwann einmal begnügt haben. Wenn uns unsere Behaglichkeitszone die notwendigen Schritte zur Erfüllung unseres Traumes nicht erlaubt, neigen wir dazu, ihn zu vergessen. Ansonsten wäre es zu schmerzlich für uns.

Wenn uns klar ist, daß wir bekommen *können*, was wir haben wollen – daß wir also die Behaglichkeitszone im Griff haben –, können wir uns daran erinnern, was wir *tatsächlich* begehren.

Im folgenden Teil des Buches beschäftigen wir uns mit der Vorstellung, daß man haben kann, *was* man will (wenn auch nicht *alles*, was man will). Und wir geben Anregungen, wie man seinen Herzenswunsch entdecken und auswählen kann.

Über den Lebenszweck

> Unser einziges wirkliches Glück besteht darin,
> uns für einen sinnvollen Zweck
> zu verschwenden.
> *William Cowper*

Die Menschen verwechseln oft »Ziel« und »Lebenszweck« miteinander. Ein Ziel ist etwas Greifbares, aber ein Lebenszweck ist eine grundsätzliche Richtung. Ein Ziel kann man erreichen, aber ein Lebenszweck wird mit jedem Augenblick erfüllt. Wir können uns viele Ziele setzen und erreichen, aber ein Lebenszweck bleibt unser ganzes Leben lang konstant.

Wenn unser Lebenszweck zum Beispiel darin bestünde, »nach Westen zu gehen«, könnten auf einer Reise in diese Richtung (sagen wir, von New York aus gesehen) Philadelphia, Chicago, Los Angeles, Hawaii, die Philippinen, Japan, Korea, China, die Türkei, Spanien, Portugal, Boston und wieder New York denkbare Ziele sein. Von da aus läge, trotz der 40 000 Kilometer, die wir gereist sind, wieder genausoviel »Westen« vor uns wie bei unserem Aufbruch, und wir müßten uns noch einmal auf die Suche nach unserem Lebenszweck begeben.

Auf einer zweiten Reise könnten wir (wieder von New York aus gesehen) Detroit, St. Louis, Denver, Salt Lake City, San Francisco, die Midway-Inseln, die Mongolei, Griechenland, Italien, Frankreich, Irland, Neufundland, Nova Scotia und wieder New York als Ziele ansteuern. Auch nach diesen 40 000 Kilometern haben wir noch genausoviel »Westen« vor uns wie ganz zu Anfang. Während wir unseren Lebenszweck verfolgt haben, hatten wir von jedem Punkt der Reise aus die Möglichkeit, noch unendlich viele Ziele anzusteuern (und diese Möglichkeit haben wir immer noch).

Sie werden sehen, daß es innerhalb eines jeden Zieles viele weitere Ziele und viele Möglichkeiten der freien Gestaltung geben kann. Wenn wir uns gerade in Frankreich befinden, können wir nach Norden, Süden, Osten oder Westen reisen. Wenn Irland das nächste größere Ziel ist, können wir unseren Lebenszweck, »nach Westen zu gehen«, sogar erfüllen, wenn wir die östliche Richtung einschlagen.

Sehen wir uns doch das Leben eines Menschen an, dessen Lebenszweck beispielsweise in sozialem Engagement besteht, Ziele im Rahmen dieses Lebenszwecks könnten für ihn sein: Krankenpfleger, Lehrer, Physiotherapeut oder auch Vorsitzender einer gemeinnützigen Stiftung. Und das sind natürlich nur die *beruflichen* und *karriereorientierten* Ziele. Persönliche (Ehe, Familie), politische, religiöse oder spirituelle Ziele, die alle auf den Lebenszweck soziales Engagement ausgerichtet sind, können hinzukommen.

Während Ziele *gewählt* werden, werden Lebenszwecke *entdeckt*. Unser Lebenszweck ist nämlich etwas, was wir schon immer verfolgt haben und auch weiterhin bis zu dem Tag verfolgen werden, an dem wir sterben.

Wenn wir in diesem Buch von einem »Traum« sprechen, meinen wir damit ein Ziel – in der Regel ein bedeutsames Ziel, das unseren Lebenszweck zutiefst und grundlegend erfüllen sollte. Sobald dieser Traum verwirklicht ist, wählen wir einen neuen, und sobald wir den erfüllt haben, wenden wir uns dem nächsten zu. Wenn wir vom »Ausleben unserer Träume« sprechen, meinen wir damit ein aktives Leben, das sich im Rahmen unseres Lebenszwecks von Traum zu Traum vorwärts bewegt.

Man kann seinen Lebenszweck falsch definieren (als etwas, was es zu erreichen gilt), und man kann sein Ziel falsch definieren (als etwas, das man immer und überall verfolgt) und sich von beiden frustriert fühlen. Wer die Begriffe »Lebenszweck« und »Ziel« miteinander verwechselt, wird Schwierigkeiten haben, Ziele zu erreichen, und das kann sich nachteilig auf ein zweckorientiertes Leben auswirken.

So mag jemand glauben, sein Ziel sei die Schauspielerei. Das ist zwar sehr schön, aber jedes Mal wenn er spielt, hat er schon sein Ziel erreicht. Seine eingebaute Zielerfüllungsautomatik sagt dann: »Das ist erledigt. Was nun?«
»Was nun?« fragt der Schauspieler verwirrt. »Ich möchte Schauspieler werden.«
»Du bist doch schon Schauspieler gewesen«, antwortet der innere Zielmechanismus darauf, »eben erst, im Schauspielunterricht. Und du warst auch recht gut.«
»Das ist es nicht. Ich möchte für meine Schauspielerei *bezahlt* werden.« Daraufhin nimmt die Zielerfüllungsautomatik ihre enormen Kräfte zusammen und besorgt dem Schauspieler einen Job als lebende Avocado in einer Supermarkt-Werbeaktion für das Gemüseangebot der Woche. Seine Gage: 250 Dollar. Da das Ziel, für Schauspielerei bezahlt zu werden, erreicht ist, legt der Zielsetzungsmechanismus erst einmal eine kleine Pause ein.
»He«, beschwert sich dann der Schauspieler, »warum habe ich keine Arbeit?«
»Du hast doch gerade erst gearbeitet«, antwortet der Zielsetzungsmechanismus, »und zwar als Schauspieler. Du hast auch eine Gage bekommen. Zwei Ziele sind gesetzt und erfüllt worden.«
»Ich möchte aber mehr Arbeit.«
»Willst du für die Rolle als Möhre vorsprechen?« fragt der Zielsetzungsmechanismus darauf. »Die Radieschen sind in der nächsten Woche an der Reihe. Ja, versuch dich doch als Radieschen.«
»Nein. Schauspieler haben Agenten. Ich möchte auch einen Agenten haben.«
Also sucht der Zielsetzungsmechanismus einen Agenten. Doch der Agent besorgt dem Schauspieler keine Rollenangebote.
»Ich möchte einen Agenten haben, der mir Arbeit besorgt. Regelmäßige Arbeit als Schauspieler. Ich möchte auftreten.«
Es findet sich ein Agent, der nebenher ein Restaurant betreibt,

und prompt bekommt der Schauspieler eine feste Stelle. Er tritt als singender Kellner auf.

»Nein! Ich möchte Schauspieler sein; ein *großer* Schauspieler!«

Also nimmt der Schauspieler fünfzig Kilo zu und wird richtig »groß«.

Das Problem dieses Schauspielers liegt darin, daß er Lebenszweck und Ziel miteinander verwechselt. Wäre ihm klargeworden, daß sein Lebenszweck darin besteht, sagen wir, »ein fröhlicher Unterhalter« zu sein, hätte die Woche als Avocado amüsant und erfüllend sein können.

Er hätte dann auch die Freiheit, sich im Rahmen seines Lebenszwecks klar umrissene Ziele zu setzen, wie zum Beispiel: »Ich möchte Star einer TV-Unterhaltungsserie sein« oder »Ich möchte dieses Jahr 150 000 Dollar mit Werbefilmen verdienen« und so weiter. Das sind Ziele, zu denen die innere Zielerfüllungsautomatik sagt: »Jawoll! Packen wir es an!«

Wir werden uns später noch eingehend mit der Zielsetzung befassen. Aber vorerst wollen wir uns noch auf den Lebenszweck konzentrieren. Auf *Ihren* Lebenszweck.

> Es ist in dieser Welt nicht so wichtig,
> wo wir stehen,
> sondern in welche Richtung wir gehen.
> *Oliver Wendell Holmes*

Was ist Ihr Lebenszweck?

Starke Existenzen werden
von dynamischen Lebenszwecken motiviert.
Kenneth Hildebrand

Nichts beruhigt das Gemüt so sehr
wie ein fundierter Zweck –
ein Punkt, auf den die Seele
ihr geistiges Auge richten kann.
Mary Wollstonecraft Shelley

In diesem Kapitel werden Sie mit der ersten von mehreren *praktischen* Übungen dieses Buchs konfrontiert – Sie müssen schreiben. Überlegen Sie sich jetzt bitte, ob Sie dieses Buch nur der Informationen wegen lesen, oder weil Sie Ihr Leben entscheidend verbessern wollen. Obwohl wir uns als Autoren gern schmeicheln würden, daß unser Buch jedem Leser zu Fortschritten in seinem Leben verhilft, wissen wir, daß Veränderungen nur durch Engagement herbeigeführt werden. Und sich zu engagieren bedeutet, aktiv teilzunehmen. Wir empfehlen Ihnen deshalb, alle Übungen *mitzumachen* und gleich mit dieser anzufangen. Sollten Sie das Buch jetzt nur lesen und sich später doch noch entscheiden, die Übungen zu machen, fangen Sie bitte mit dieser an. Sie legt das Fundament für alle weiteren.

Um Ihren Lebenszweck ausfindig zu machen, nehmen Sie sich ein Blatt Papier und schreiben alle Ihre positiven Eigenschaften auf. Dann notieren Sie jede Eigenschaft auf einer kleinen Karteikarte. Die lassen sich später leichter mischen. Falls Sie keine Karteikarten zur Hand haben, reicht es aber auch, wenn Sie sie nur auf einem Blatt notieren.

(Besorgen Sie sich bitte etwa 500 Karteikarten. Wir werden sie später noch brauchen. Wenn Sie zu all denen gehören, die dazu neigen, praktische Aufgaben auf »später« zu verschieben, wäre es ratsam, das Buch *jetzt gleich* zur Seite zu legen und sich die Karteikarten zu besorgen. Unterwegs können Sie über Ihre positiven Eigenschaften nachdenken. Viel Spaß dabei!)

Seien Sie beim Auflisten Ihrer positiven Eigenschaften nur ja nicht schüchtern. Jetzt ist nicht der Zeitpunkt, um falsche Bescheidenheit an den Tag zu legen. Sind Sie liebenswürdig? Aufmerksam? Mitfühlend? Fröhlich? Liebevoll? Loyal? Glücklich? Zärtlich? Fürsorglich? Schreiben Sie es hin!

Die Formulierung eines Lebenszwecks beginnt in der Regel mit der Aussage »*Ich bin*«. Darauf folgt ein beschreibendes Adjektiv (zum Beispiel »fröhlich«, »glücklich«, »fürsorglich«) und ein Substantiv, das eine Tätigkeit bezeichnet (zum Beispiel »Lehrer«, »Forscher«, »Ernährer«).

Auf einem anderen Blatt oder dem nächsten Stapel Karteikarten notieren Sie die *Tätigkeiten*, die Sie erfüllend finden – also die positiven Dinge, die Sie am liebsten tun. Geben? Mit anderen teilen? Erforschen? Lehren? Lernen?

Lassen Sie sich etwas Zeit damit. Denken Sie über Ihr Leben nach und erkunden Sie seine Beweggründe.

Falls Sie nicht weiterkommen, rufen Sie ein paar Freunde an und bitten Sie um Anregungen. Sagen Sie ihnen, daß Sie eine Bewerbung für den Entwicklungsdienst ausfüllen und Hilfe bei der Beantwortung folgender Fragen benötigen: »Was sind Ihre besten Eigenschaften?« und »Bei welchen Tätigkeiten finden Sie die tiefste Befriedigung?«

Vielleicht haben Sie auch Lust, sich in Ihre Zufluchtsstätte zurückzuziehen und Ihren Meisterlehrer um seine Meinung zu bitten. Oder aber Sie gehen zum Videoschirm und sehen sich noch einmal einige befriedigende, fröhliche oder erfüllende Szenen aus Ihrem Leben an. Welche Eigenschaften haben Sie in jenen Situationen verkörpert, und was haben Sie damals getan?

Überlegen Sie sich, welche Personen Sie am meisten bewundern. Was genau bewundern Sie so sehr an ihnen? Welche Eigenschaften verkörpern sie? Dieselben Eigenschaften gelten für Sie auch. Also schreiben Sie sie auf.

Bei den »Eigenschafts«- und »Tätigkeitslisten« wird sich schließlich ein Muster herauskristallisieren. Ordnen Sie die Eigenschaften und Tätigkeiten unter Oberbegriffen an. Für Sie fallen unter »mitfühlend« möglicherweise die Eigenschaften »fürsorglich«, »liebevoll«, »liebenswürdig«, während »liebenswürdig« für jemand anderen »mitfühlend«, »liebevoll« und »fürsorglich« beinhaltet. Der Sinn des Ganzen ist nicht etwa herauszufinden, was vom Standpunkt eines Herrn Brockhaus oder eines Herrn Duden aus gesehen »richtig« ist, sondern was in *Ihrem* Inneren auf die deutlichste Resonanz stößt.

Setzen Sie die verschiedenen Eigenschaften und Tätigkeiten spielerisch in einen Satz ein, der mit »Ich bin...« beginnt. Ein Lebenszweck ist kurz, knapp und konzentriert. In der Regel haben darin nur eine oder zwei Eigenschaften und eine Tätigkeit Platz. »Ich bin ein fröhlicher Lehrer«, »Ich bin ein vergnügter Forscher« oder »Ich bin ein mitfühlender Freund« sind Beispiele dafür.

Halten Sie sich bitte an unsere Grundstruktur als Ausgangspunkt. »Ich bin ein Sänger zum Lobe Gottes«, »Ich singe das Lied des Lebens« oder »Ich diene dem Planeten Erde« sind zwar hervorragende Zwecke, aber sie passen nicht in unsere Formel, die aus »Ich bin ein... (Eigenschaft)... (Tätigkeit)« besteht. Suchen Sie den *Kern* des Lebenszwecks, also den *Lebenszweck* des Lebenszwecks, wenn Sie so wollen. Dort werden Sie Ihren Lebenszweck finden.

Wenn Sie die Eigenschaften und Tätigkeiten eine Zeitlang miteinander kombiniert haben, klickt es irgendwann bei Ihnen. Eine innere Stimme sagt dann: »Ja, genau das habe ich immer schon gemacht und werde ich auch immer tun.« (Diese Erkenntnis kann sowohl mit Freude als auch mit Enttäuschung einhergehen – mit Freude, weil wir sehen, daß unser Leben immer schon eine Richtung gehabt hat; mit Enttäuschung, wenn wir feststellen, daß diese möglicherweise nicht so *glamourös* ist, wie wir insgeheim gehofft hatten.)

Da haben Sie also Ihren Lebenszweck.

Es wäre gut, ihm in Ihrer Zufluchtsstätte einen Ehrenplatz einzuräumen. Hängen Sie ihn als Wappen mit leuchtend goldenen Lettern oder als handgestickten Behang an die Wand.

Wir empfehlen Ihnen, Ihren Lebenszweck niemandem zu verraten. Deshalb hatten wir Ihnen (natürlich nur im Scherz) den Vorschlag gemacht, zu der Finte mit dem Entwicklungsdienst zu greifen. (Sie haben Ihren Freunden doch wohl nicht *wirklich* erzählt, Sie wollten in den Entwicklungsdienst eintreten, oder etwa doch? Herrje! Was soll's? Rufen Sie sie einfach noch einmal an und sagen Sie, es ginge in Wirklichkeit gar nicht um den Entwicklungsdienst, sondern um die Auswahlkommission für den Nobel-Preis. Ja, genau. Sagen Sie, die Auswahlkommission hätte Ihnen Fragen zur Person gestellt, und Sie möchten gern einige Kommentare vorbereiten für den Fall, daß man Sie unerwartet nach Stockholm einladen sollte.)

Sie sollen Ihren Lebenszweck nicht etwa für sich behalten, weil er ein *Geheimnis* wäre, sondern eher, weil er etwas *Heiliges* ist. Sehen Sie ihn als eine wunderschöne Pflanze an. Vergraben Sie seine Wurzeln, also den Kern des Lebenszwecks, tief in Ihrem Inneren, und lassen Sie die Welt an seinen Früchten teilhaben.

Heben Sie die Listen oder Karteikarten mit Ihren Eigenschaften und Tätigkeiten gut auf. Wir brauchen sie später noch.

> Man entdeckt keine neuen Länder,
> wenn man nicht bereit ist,
> die Küste lange Zeit
> aus den Augen zu verlieren.
> *André Gide*

Absicht contra Methode

> Perfektion in den Techniken
> und Verwirrung bei den Zielen
> scheinen mir für unser Zeitalter
> charakteristisch zu sein.
> *Albert Einstein*

Eine Absicht ist das, was wir begehren. Methoden sind die Mittel und Wege, um es zu bekommen. Unsere Absicht ist unser Herzenswunsch. Methoden sind die Aktivitäten, Informationen, Hilfsmittel und Verhaltensweisen, die wir einsetzen, um ihn uns zu erfüllen.

Wenn es unsere Absicht ist, »Chicago zu besuchen«, dann können wir das zum Beispiel mit folgenden Methoden bewerkstelligen: Wir können mit dem Zug oder Auto fahren, zu Fuß gehen, fliegen, uns Rollschuhe anschnallen oder uns auf Stelzen stellen und uns auf den Weg machen etc. Für jede Absicht gibt es viele Methoden.

Anders als unseren Lebenszweck, den wir entdecken, wählen wir unsere Absicht aus. Wenn unser Lebenszweck darin besteht, nach Westen zu gehen, kann sich unsere Absicht auf jeden Ort richten, der westlich von dem Punkt liegt, an dem wir uns gerade befinden. Die Wahl des Ziels liegt bei uns.

Wenn man Menschen fragt, warum sie ihren Traum nicht ausleben, zählen sie in der Regel eine Reihe von Dingen auf, an denen es ihnen mangelt: Geld, gutes Aussehen, notwendige Informationen, Beziehungen, Chancen etc. Das alles sind nur Methoden oder Hilfsmittel. Die genannten Gründe mögen vernünftig klingen, sind aber in Wirklichkeit nur plausibel klingende Lügen.

Die meisten Menschen machen ihre Absichten von den Methoden abhängig, die ihnen zur Verfügung stehen. Das ist ein fundamentaler Fehler. Wer auf das schaut, was er *hat*, bevor er entscheidet, was er haben *will, begnügt sich lieber mit wenigem,* anstatt zu *handeln.*

Daß sich viele Menschen gelangweilt und unausgefüllt fühlen, liegt daran, daß sie ihr ganzes Leben damit zubringen, die ihnen bereits verfügbaren Methoden immer wieder neu zu mischen und zu kombinieren. Das ist, als würde man auf dem Deck eines untergehenden Dampfers die Liegestühle umarrangieren. Es spielt keine Rolle, wie gut man es macht – es läuft immer auf dasselbe hinaus. oder wie jemand gesagt hat:»Wenn Sie tun, was Sie immer schon getan haben, bekommen Sie, was Sie immer schon bekommen haben.«

Hören Sie bei der Wahl eines Traumes auf Ihr Herz, statt auf die»Realität«. Deshalb spricht man schließlich von einem Traum. Machen Sie den Traum zu Ihrer Absicht. Verpflichten Sie sich, ihn zu erfüllen. Handeln Sie entsprechend dieser Verpflichtung. Dann werden sich die Methoden, die zur Erfüllung des Traumes nötig sind, ergeben.

Eine Absicht kann eine Methode sein, um eine größere Absicht zu realisieren, und diese größere Absicht kann eine Methode sein, um eine noch größere Absicht zu erfüllen.

Wenn zum Beispiel der Flugplatz die Absicht ist, kann ein Taxi die Methode sein, um dort hinzukommen. Der Flugplatz wiederum kann die Methode sein, um Chicago, eine größere Absicht, zu erreichen. Chicago seinerseits kann eine Methode sein, um in Richtung Westen zu reisen, was dann eine noch größere Absicht ist. All das hat in dem Lebenszweck »Ich bin ein gutgelaunter Reisender in Richtung Westen« Platz.

Unabhängig von unserem Alter, den Umständen, den Verhältnissen und so weiter können wir unser Leben um neue Methoden bereichern. Es bedarf dazu lediglich der *Bereitschaft* zu lernen. Übrigens muß das Lernen von Methoden, die unser Leben radikal verbessern können, nicht unbedingt viel Zeit in Anspruch nehmen.

Bedenken Sie, wie sehr sich ein neugeborener Säugling und

ein zweijähriges Kind unterscheiden. Der Säugling kann nicht gehen, nicht sprechen, seine Körperbewegungen nicht koordinieren, seinen Stuhlgang nicht kontrollieren, Sprache nicht verstehen und auch nicht sehr gut sehen. Im Alter von zwei Jahren ist ein Kind schon auf dem besten Wege, das alles zu beherrschen. So viel vermag ein Mensch innerhalb von zwei Jahren zu lernen.

Wir können in einem ähnlich langen Zeitraum genausoviel lernen und genauso verändern. Tatsächlich können wir Erwachsenen sogar *noch schneller* lernen. Wir müssen lediglich dazu bereit sein und uns dazu verpflichten.

Wie man Bereitschaft zeigt und sich verpflichtet, werden wir später noch erklären. Sie sollen sich jetzt erst einmal ein Ziel auswählen, das zu erreichen Ihnen »unmöglich« vorkommt. »Möglich« und »unmöglich« sind einfach nur Begriffe, die ausdrücken, wie viele Methoden einem schon zum Erreichen des Zieles zur Verfügung stehen. Übrigens, warum entscheiden Sie sich nicht für die Absicht, eine perfekte Absicht zu schaffen?

Hier sind noch einige gute Ratschläge, über die Sie unterdessen nachdenken können:

> Essen Sie nie etwas, dessen Zutatenauflistung sich über mehr als ein Drittel der Packung zieht.
> *Joseph Leonard*

> Schaffen Sie für jedes Ding einen festen Aufbewahrungsort; dann legen Sie es ganz woanders hin; das ist kein Rat, sondern eine Angewohnheit.
> *Mark Twain*

> Schreibe Kränkungen in den Staub, aber meißele Wohltaten in Marmor.
> *Benjamin Franklin*

> Die Menschen werden Ihre Ideen viel bereitwilliger akzeptieren, wenn Sie ihnen sagen, sie stammten von Benjamin Franklin.
> *David H. Comins*

Lassen Sie Ihre Absichten die Methoden schaffen und nicht umgekehrt.

Die Autoren – obwohl dieser Gedanke eigentlich von Benjamin Franklin stammt.

Folgen Sie Ihren Wonnegefühlen.

Joseph Campbell

Nach der Ekstase die schmutzige Wäsche.

Zen-Spruch

Bedürfnisse contra Wünsche

> Liebe ist nichts anderes,
> als uns in unseren Mitmenschen zu entdecken
> und an dieser Erkenntnis Freude zu haben.
>
> *Alexander Smith*

Eins möchten wir klarstellen: wenn wir in diesem Buch von »Wünschen« reden, dann meinen wir auch *Wünsche* oder *Begehren*, und nicht *Bedürfnisse*. Unsere Bedürfnisse sind schon erfüllt. Sie sind von unserer Geburt an bis zu diesem Moment immer erfüllt worden.

Wir können es uns leisten, diese scheinbar kühne Aussage zu machen und sie mit einzubeziehen, denn wenn sie *nicht* wahr wäre, läsen Sie jetzt nicht dieses Buch. Genau gesagt wären Sie nicht einmal da. Denn wenn die Bedürfnisse eines Menschen nicht erfüllt werden, tritt der Tod ein.

Bedürfnisse sind Nahrung, ein Dach über dem Kopf, Kleidung, Luft zum Atmen, Wasser und Schutzmaßnahmen. (Dabei ist diese Aufzählung schon recht lang. Das »Dach über dem Kopf«, »Kleidung« und »Schutzmaßnahmen« haben schließlich mehr oder weniger dieselbe Funktion – nämlich die Elemente und starke Feinde in Schach zu halten.) Alle anderen Dinge, von denen wir *glauben*, daß wir sie brauchen, sind Wünsche.

Es gibt eine Faustregel: Wünsche sind all die Dinge, ohne die Sie leben können. Wir meinen nicht, daß Sie ohne diese Dinge noch *glücklich* oder *bequem* leben, sondern daß Sie ohne sie *existieren* können.

»Ist Liebe kein Bedürfnis?« wird mancher vielleicht protestieren. Wer auch immer Sie mit Nahrung, Kleidung, einem Dach über dem Kopf, Luft, Wasser und Schutzmaßnahmen versorgt, liebt Sie über alle Maßen. Die romantische Liebe

(»Ich liebe dich. Seufz.« »Ich liebe dich auch. Seufz.«) ist schön und gut – aber sie fällt in die Kategorie Wunsch, nicht Bedürfnis.

Probleme bekommen wir, wenn wir einen Wunsch als Bedürfnis ansehen – dann wird unsere Integrität korrumpiert. Wenn wir sagen, daß wir einer Sache *bedürfen*, wird unser Körper in Alarmzustand versetzt. Da ist ein Bedürfnis? Das ist ja genauso wichtig wie Nahrung, Wasser und Sauerstoff! Der Körper – nein, unser ganzes Sein – setzt prompt alle Ressourcen ein, um das Bedürfnis *auf der Stelle* zu befriedigen. Aber wenn zu häufig Alarm geschlagen wird, passiert uns dasselbe wie in der Geschichte von dem Jungen, der einmal zu oft im Scherz gerufen hat: »Hilfe, da ist ein Wolf!« Als er dann wirklich von einem Wolf bedroht wurde, hat niemand mehr seinen Hilferuf beachtet. Genauso würde unsere Bitte ignoriert, wenn wir tatsächlich dringend einer Sache bedürften.

Inzwischen wartet ein Teil von uns bereits geduldig darauf, uns bei der Erfüllung unserer *Wünsche* zu helfen. Wenn man schlicht und einfach erklärt »Ich möchte dieses oder jenes«, sich diesem Wunsch verschreibt und entsprechend handelt, kann man Berge versetzen. Aber wenn wir unsere Wünsche als »Bedürfnisse« bezeichnen, sagt etwas in uns: »Na gut, dann wollen wir einmal sehen, wie sehr du dieser Dinge *wirklich* bedarfst.«

Ein Dichter hat es einmal so formuliert: »Meine falschen Bedürfnisse zerstören die Pfade, auf denen meine Bedürfnisse erfüllt werden könnten.«

Ja, wir haben Bedürfnisse, aber die sind ausschließlich physischer Natur. In emotionaler Hinsicht jedoch sind wir, so wie wir sind, vollkommen (obwohl wir das vielleicht noch nicht ganz *erkennen*).

Wenn wir sagen, daß wir irgendeiner Äußerlichkeit bedürfen, um innerlich ein gutes Gefühl (wie Freude, Glück, Liebe) zu haben, impliziert das, daß es uns an irgend etwas *mangelt*. Da wir leben, ist das aber absolut nicht der Fall. So gesehen unterstreichen wir nur unsere persönliche Unzulänglichkeit, wenn wir erklären, daß wir dieses oder jenes brauchen – selbst wenn dem »Ich brauche . . .« die nettesten Worte folgen.

Nehmen Sie zum Beispiel folgende Aussage: »Es ist mir ein Bedürfnis, anderen meine Liebe zu schenken.« Seinen Mitmenschen Liebe zuteil werden zu lassen, ist zwar sehr lobenswert, aber der unterschwellige Zwang, der in »Es ist mir ein Bedürfnis« mitschwingt, verdirbt alles. »Ich möchte anderen meine Liebe schenken«, klingt viel, na ja, gelassener und irgendwie, *netter.*
Man kann sich ruhig etwas *sehnlichst* wünschen. Und im nächsten Teil des Buches geht es dann auch darum, wie man seinen Traum leidenschaftlicher verfolgt. Wenn wir einen Wunsch allerdings als Bedürfnis bezeichnen, geben wir uns nicht *leidenschaftlich,* sondern *kläglich.* Unsere *Bedürfnisse* werden immer befriedigt, und das wird so sein bis zu dem Tag, an dem wir sterben. Dafür wollen wir dankbar sein. Und wir wollen unsere Wünsche und Begehren auf der Grundlage dieser Erfüllung und in Dankbarkeit verfolgen.

> Man aktiviert seine Kreativkraft,
> indem man entscheidet,
> welche Ergebnisse man erzielen will.
> Wenn man so eine Wahl trifft,
> mobilisiert man enorme
> Energien und Ressourcen,
> die ansonsten brachliegen.
> Leider gelingt es den Menschen
> sehr oft nicht,
> ihre Entscheidungen zu Ergebnissen
> in Beziehung zu setzen,
> so daß die Entscheidungen ineffektiv bleiben.
> Wenn man seine Wahl
> ausschließlich auf das beschränkt,
> was möglich oder vernünftig
> zu sein scheint,
> gibt man seine wahren Wünsche auf,
> so daß einem nur noch
> der Kompromiß bleibt.
> *Robert Fritz*

Selbstsucht contra Selbstverwirklichung

Dies über alles:
Sei dir selber treu.
Und daraus folgt,
so wie die Nacht dem Tage,
du kannst nicht falsch sein
gegen irgendwen.

William Shakespeare

Wir verschwenden drei Viertel unseres Selbst,
um wie andere Menschen zu sein.

Arthur Schopenhauer

Ja, wir werden uns in diesem Kapitel eines relativ neuen Wortes bedienen. Das Wort lautet Selbstverwirklichung. Selbstverwirklichung ist das Bestärken und Ausleben des eigenen Selbst. Wir meinen damit das Selbst im weiteren Sinne, so wie in dem Ausdruck »das wahre Selbst« oder wie in Shakespeares »sei dir selber treu«. Selbstverwirklichung bedeutet unsere innersten Träume, Ziele und Bestrebungen zu erfüllen, und es bedeutet, unser Leben ganz bewußt zu leben.

Selbstsucht ist dagegen das ewige kleinliche, gierige Anhäufen von irgendwelchem Krempel (Häuser, Autos, Boote, Kleidung), Klimbim (Ehemänner, Ehefrauen, Kinder, Geliebte) und Kram (Macht, Ruhm, Geld, Sex). Es ist die schonungslose, egoistische Jagd nach Glamour um jeden Preis. Es ist das bedingungslose Akzeptieren der Werte anderer Menschen.

Selbstverwirklichung heißt wissen, was Sie wollen – was *Sie* wollen und nicht, was Sie wollen *sollen*, weil andere Leute *verlangen*, daß Sie es wollen – und Ihre Ziele ansteuern. Die anderen mögen das als selbstsüchtig bezeichnen, aber Sie wissen, daß Sie sich *selbst*verwirklichen – daß Sie ganz Sie selbst sind.

Ralph Waldo Trine hat erklärt: »So viele Menschen leben unterhalb ihrer Möglichkeiten, weil sie ihre Individualität ständig anderen überantworten. Wollen Sie Einfluß haben in der Welt? Dann seien Sie ganz Sie selbst. Seien Sie dem Kern Ihrer Seele treu, und dann nehmen Sie sich die Freiheit, sich nicht von Sitten, Konventionen oder willkürlich aufgestellten Vorschriften regieren zu lassen, die nicht auf einem ethischen Prinzip beruhen.«

Wer seine Träume auf *natürliche* Art und Weise realisiert, läßt seine Mitmenschen an dieser Erfüllung teilhaben. Es gehört mit zur Realisierung eines Traumes, andere einzuladen, an den Annehmlichkeiten des Ziels teilzuhaben; es ist ein organischer Teil des Verwirklichungsprozesses.

Wenn jemand Arzt werden möchte, wird er all seine Zeit, Energie und finanzielle Ressourcen für das Studium einsetzen. Der Umwelt wird er deshalb über mehrere Jahre hinweg »egoistisch« vorkommen. Allerdings wird er für den Rest seines Lebens das in dieser ach so »egoistischen« Phase erlernte Wissen zum Nutzen anderer Menschen einsetzen. Kann man da noch sagen, daß er früher egoistisch war?

Selbstverwirklichung bedeutet, sich selbst zuerst mitten in die Fülle des Jetzt zu setzen.

George Bernard Shaw hat den Unterschied zwischen Selbstverwirklichung und Selbstsucht so verdeutlicht: »Die einzig wirkliche Freude im Leben besteht für den Menschen darin, für einen Zweck benutzt zu werden, den man selbst als bedeutend anerkannt hat; gänzlich aufgebraucht zu werden, bevor man zum alten Eisen geworfen wird; eine Naturgewalt zu sein, anstatt eines fieberhaft selbstsüchtigen kleinen Klumpens von Unpäßlichkeit und Kummer, der sich andauernd darüber beschwert, daß die Welt sich nicht aufopfert, ihn glücklich zu machen.«

Shaw verwendet das Wort »selbst« zweimal. Beim ersten Mal (». . . für einen Zweck benutzt zu werden, den man selbst als bedeutend anerkannt hat . . .«) meint er das großzügige Selbst, beim zweiten Mal (». . . anstatt eines fieberhaft selbstsüchtigen kleinen Klumpens . . .«) das kleinliche Selbst.

Es steht zu erwarten, daß Sie bei der Verwirklichung Ihres Zieles all Ihre verfügbaren Ressourcen und Hilfsmittel werden aufwenden müssen. Das ist ein Akt der Selbstverwirklichung. Manche Leute (vor allem jene, welche plötzlich nicht mehr in den Genuß einiger Ihrer Ressourcen wie Zeit und Aufmerksamkeit kommen) mögen Sie als selbstsüchtig bezeichnen. Aber die Frage ist doch, was wichtiger ist - Ihr Ziel oder was andere darüber denken?

Es ist erstaunlich, wie viele Menschen - durch ihr Verhalten - sich für letzteres entscheiden.

Nur der Mensch ist wirklich frei,
der eine Einladung zum Abendessen ablehnen kann,
ohne eine Entschuldigung dafür nennen zu müssen.

Jules Renard

Man kann haben, was man will, aber man kann nicht alles haben, was man will

Wenn die Adler schweigen,
beginnen die Papageien zu plappern.
Sir Winston Churchill

Hier ist endlich das Kapitel, das wir schon so oft erwähnt haben. Die Formel »Sie können haben, was Sie wollen, aber Sie können nicht alles haben, was Sie wollen« faßt diesen ganzen Teil des Buches zusammen.

Man kann haben, was man will: Kein Traum ist zu groß, um verwirklicht werden zu können. Wenn es *ein* Mensch bereits geschafft hat, können Sie der zweite sein. Wenn es noch *kein* Mensch geschafft hat, können Sie der erste sein, dem es gelingt. Träumen Sie große Träume, lieber Leser, träumen Sie große Träume.

Aber man kann nicht alles haben, was man will: Wir leben für eine begrenzte Zeit in einer begrenzten Welt, doch unsere Phantasie kennt keine Grenzen. Sie ist unerschöpflich. Sie kann mehr Wünsche schaffen, als ein Computer beliebige Zahlen bilden kann. Wir haben aber nicht genug Zeit, um all unsere Wünsche zu verwirklichen.

Manche Menschen sagen: »Ich will alles!« Wir fragen uns, wo sie das alles verstauen würden, wenn sie es bekämen? Woher sollten sie die Zeit nehmen, um alles auch zu benutzen oder um nur zu *lernen*, wie man alles benutzt? Da fallen uns Bilder aus Orson Welles' Film »Citizen Kane« ein – Lagerhaus um Lagerhaus vollgestopft mit Kunstschätzen, die Kane zwar gekauft hat, die aber unausgepackt in ihren Kisten liegen.

Tatsächlich ist es doch so, daß wir keineswegs *alles* haben können. Wir haben einfach nicht genug Zeit. Es ist unrealistisch, sich das Ziel zu setzen, »alles haben« zu wollen. Lange bevor wir »alles« bekommen, gehen uns die Zeit, die Energie und die sonstigen Ressourcen aus. Vielleicht ist das der Grund, warum Menschen, die »alles haben wollen«, oft so erschöpft aussehen. Viel häufiger stoßen wir allerdings auf Menschen, die nicht genug wollen. Klar, sie wollen vielleicht insofern *genug*, als sie hier eine Kleinigkeit und da eine Kleinigkeit begehren, so daß ihnen der ganze angesammelte Kleinkram schließlich »genügt«. Nur sind diese Kleinigkeiten oft leider nicht das, *was die Leute wirklich haben wollen*. Sie glauben nur, daß sie sie begehren *sollten*, weil ihnen jemand gesagt hat, daß sie sie begehren sollen. Um ihren Herzenswunsch erfüllt zu bekommen, würden sie jedoch gern den größten Teil ihrer belanglosen Kleinigkeiten »opfern«.

Uns steht nur ein begrenztes Maß an Zeit, Energie und sonstigen Ressourcen zur Verfügung, und das werden wir mit Sicherheit für *irgend etwas* verbrauchen. Das Tragische am Leben der meisten Menschen ist allerdings, daß sie ihre Zeit, ihre Energie und ihre Ressourcen für *etwas anderes als für die Verwirklichung ihres Herzenswunsches verwenden*.

Uns wird auch nie mehr Zeit zur Verfügung stehen. Und die 24 Stunden, die wir alle täglich haben, brauchen wir für *irgend etwas* auf. Warum sollen wir sie also nicht verwenden, um unsere Träume zu verfolgen? Die Energie und die sonstigen Ressourcen, die für die Verwirklichung unserer Ziele benötigt werden, stellen sich dann schon ein.

Wenn wir zu viele Ziele (»Ich möchte an einem Tag Los Angeles, New York, Chicago und Denver besuchen«) oder Ziele haben, die im Widerspruch zueinander stehen (»Ich möchte von Kansas *gleichzeitig* nach New York und nach Los Angeles reisen«), werden wir mit der Tatsache konfrontiert, daß »man nicht *alles* haben kann, was man will«.

Natürlich sind wir es wert, *jede* dieser Städte zu besuchen, aber nicht *alle* auf einmal. Die meisten Leute geben dann auf und bleiben am heimischen Herd sitzen, anstatt sich für eine Stadt zu

entscheiden. »Ich bekomme einfach nicht, was ich haben will«, stöhnen sie.
Diese Leute *können* sehr wohl haben, was sie wollen, aber sie *können nicht* alles haben, was sie wollen. Das Leben hat schließlich mehr zu bieten als nur den heimischen Herd. Entscheidend ist nur, daß wir uns für das entscheiden, was wir uns am meisten wünschen (also für unseren Herzenswunsch), daß wir alle anderen Wünsche (vorerst) zurückstellen und daß wir (geistig, gefühlsmäßig und körperlich) auf unser Ziel zugehen.
Als nächstes werden wir uns damit befassen, wie man seinen Herzenswunsch auswählt, andere Wünsche zurückstellt und sein Ziel ansteuert. Und genau darauf kommt es an, wenn man seine Träume leben will.

> Die Menschen geben immer den Umständen
> die Schuld dafür, wie ihr Leben aussieht.
> Ich glaube jedoch nicht an die Umstände.
> Auf dieser Welt kommen die Menschen voran,
> die sich aufmachen und sich die Umstände suchen,
> die ihren Wünschen entsprechen,
> und die sie sich selbst schaffen,
> wenn sie sie nicht finden.
> *George Bernard Shaw*

Die größte Lüge bei der Wahl des Herzenswunsches

Wenn jemand »geht nicht« sagt,
wissen Sie,
was Sie zu tun haben.
John Cage

Die größte Lüge beim Auswählen unseres Herzenswunsches lautet: »Ich kann nicht.«
Das ist einfach nicht wahr.
Wir *können* alles, was wir wollen. Wenn wir etwas *nicht tun*, liegt das daran, daß wir unsere Zeit, unsere Energie und unsere sonstigen Ressourcen woanders gebunden haben.
Wenn Sie das nächste Mal hören, wie Sie zu jemand anderem oder auch zu sich selbst »Ich kann nicht« sagen, atmen Sie tief durch und halten folgendes dagegen: »Meine Ressourcen sind woanders gebunden.«
Denn das ist die Wahrheit.

Die vier grundlegenden Lebensbereiche

> Viele Menschen verwechseln ihren Mangel an Organisation mit Schicksal.
> *Kin Hubbard*

Wenn wir einen Traum auswählen, den es künftig zu verfolgen gilt, ist es ratsam, uns die vier grundlegenden Lebensbereiche des Menschen vor Augen zu führen. Es sind:
- Ehe/Familie
- Karriere/Berufsleben
- Politik und Soziales
- Religion und Spiritualität

Jeder Mensch wird im Lauf seines Lebens in jedem Bereich eine gewisse Zeit verbringen. Rückblickend werden die meisten jedoch erklären, daß sie den Hauptteil ihrer Zeit und Energie für eine einzige der vier Kategorien aufgewandt haben. Manchmal handelt es sich um den Bereich, in dem sie tatsächlich die meiste Zeit verbringen *wollten*. In anderen Fällen haben sie ihr Leben in einem anderen Bereich als dem verbracht, auf den ihr Herzenswunsch abzielte.

Wenn Sie *jetzt* den Bereich auswählen, zu dem Sie sich am meisten hingezogen fühlen, können Sie entweder (a) mehr Zeit in ihm verbringen, oder Sie können (b) erkennen, daß seine Anziehungskraft für Sie nicht von Ihrer eigenen, sondern von einer fremden Programmierung herrührt (»Ich möchte eigentlich dieses tun, aber ich glaube, ich *sollte* jenes tun«). Jetzt ist ein guter Zeitpunkt für Sie, um sich umzuprogrammieren, so daß Sie nur noch Ihre ureigenen Ziele verfolgen.

An dieser Stelle kommt das »Ich-will-alles«-Syndrom ins Spiel. Wir glauben aus irgendeinem Grunde, daß wir ein *Anrecht* auf ein *bedeutendes* Ziel innerhalb *jeder* der vier Kategorien haben. Und zwar auf einmal. Tut uns wirklich leid, aber etwas derartiges ist uns noch nie im Leben vorgekommen. Sie können sich für *jede* Kategorie entscheiden, die Sie wollen, aber nicht für *alle*. Sie erleichtern sich manches, wenn Sie sich dieser harten Realität des Lebens möglichst früh stellen.

Sie können natürlich in jedem der Bereiche gleich viel Zeit zubringen, aber dann dürfen Sie nicht erwarten, auch nur in einem davon sehr weit zu kommen. Sie werden eben »ein ausgeglichenes Leben« führen. Und andere Leute werden zu Ihnen sagen: »Meine Güte, was für ein ausgeglichenes Leben du doch hast.«

Möglicherweise sagt bei dieser Vorstellung etwas in Ihnen: »Ich will kein ausgeglichenes Leben führen! Ich will Rock-Star werden!« (Karriere/Berufsleben) oder »Für mich zählt nur meine Familie!« (Ehe/Familie) oder »Was habe ich von einem ausgeglichenen Leben, wenn die Luft so schmutzig ist, daß man sie nicht einatmen kann?« (soziales/politisches Engagement) oder »Diese Welt ist nur ein Schattenland; das wirkliche Leben ist im Jenseits!« (religiöses/spirituelles Engagement). In dem Fall sind Sie vielleicht gar nicht auf ein ausgeglichenes Leben aus.

Je begrenzter und klarer umrissen Ihr Ziel ist und je mehr Sie es unter Einsatz all Ihrer Zeit, Energie und sonstiger Ressourcen verfolgen, desto größere Fortschritte werden Sie machen und desto eher werden Sie es erreichen. Stellen Sie sich eine Rakete vor. Deren ganze Energie ist in eine Richtung konzentriert. So kann sie gezielt ferne Planeten ansteuern.

Der Nachteil eines Raketenflugs? Sie können nicht auch noch Ihr Haus und Ihre Familie mitnehmen *und* pünktlich im Büro sein *und* die Wale retten *und* alle Ihre religiösen und spirituellen Bücher mitnehmen *und* etc... In der Kapsel einer Rakete haben nur sehr wenige Dinge Platz. Wenn es allerdings Ihr Herzenswunsch ist, den Mond in Großaufnahme und hautnah zu sehen, müssen Sie den Preis dafür bezahlen. Und der besteht darin, alles außer eben diesen »sehr wenigen Dingen« hinzugeben.

»Also gut. Dann gebe ich mich mit *Bildern* vom Mond zufrieden«, sagen Sie jetzt vielleicht. Dafür müssen Sie viel weniger investieren. Sie können sogar einen *Videofilm* mit Aufnahmen vom Mond bekommen. In Farbe. Legen Sie in dem Fall aber ja den Traum, den Mond in Großaufnahme und hautnah zu sehen, zu den Akten. Dann setzen Sie nämlich Energie frei, die Sie für die Verwirklichung des Traums einsetzen können, *den Sie schließlich auswählen werden.*

In den nächsten vier Kapiteln werfen wir einen Blick auf jeden der vier grundlegenden Lebensbereiche. Dabei entzaubern wir einige der Mythen, die um sie herum entstanden sind. Was wir Ihnen erzählen werden, beruht auf den Erfahrungen vieler anderer Menschen. Wir nehmen an, daß Sie diese Informationen gerne hätten, anstatt sie selbst zu machen. Denn das würde so an die zwanzig Jahre in Anspruch nehmen.

Bevor wir uns mit den vier Bereichen befassen, möchten wir Sie noch mit einem Konzept bekannt machen, das wir als »Spiegel« bezeichnen.

Dieses Konzept besagt, daß das ganze Leben ein einziger Spiegel ist, und daß wir, indem wir in den Spiegel des Lebens schauen, viel über uns selbst erfahren können. Das Spiegel-Konzept besagt weiterhin: »Alles, was Sie an den Menschen und Dingen um Sie herum mögen, ist im Grunde eine Reflexion dessen, was Sie an sich mögen.« Wenn Sie zum Beispiel Menschen wegen ihrer Liebenswürdigkeit bewundern, spiegelt das in Wahrheit Ihre eigene Liebenswürdigkeit wider.

Andererseits reflektiert der Spiegel auch das, was uns nicht an uns gefällt. Wenn wir jemanden ablehnen, weil wir ihn egoistisch finden, stört uns vielleicht in Wirklichkeit, daß auch in uns eine Portion Egoismus ist.

Der Spiegel funktioniert bei Dingen genausogut wie bei Menschen. Wenn das reflektierte Objekt leblos ist, fällt es uns manchmal sogar leichter zu sehen, daß wir unsere Ansichten über uns selbst nach außen projizieren. Wenn uns die Erhabenheit des Himmels bewegt, handelt es sich dabei ganz offensichtlich um unsere Projektion. Denn der Himmel ist nichts weiter als der Himmel. Die einzige Erhabenheit, die an ihm zu finden ist, ist die, die wir ihm zuschreiben.

Mit Hilfe des Spiegel-Konzepts können wir von allem und jedem im Leben mehr über uns selbst erfahren. Jeder Bereich des Lebens verhält sich wie ein Vergrößerungsspiegel, in dem dieser oder jener Aspekt von uns zu sehen ist. Der Bereich in uns, den wir am faszinierendsten finden und den wir am liebsten erforschen möchten, ist oft der, auf den wir zustreben, wenn wir den Lebensbereich auswählen, auf den wir uns einlassen wollen.

> Die Höhen, die große Männer erklommen und hielten,
> wurden nicht in raschem Flug erreicht.
> Nein, während ihre Gefährten fest schliefen,
> mühten sie sich in tiefster Nacht nach oben.
> *Henry Wadsworth Longfellow*

> Der einzige wirkliche Dienst,
> den uns ein Freund leisten kann,
> besteht darin, uns Mut zu machen,
> indem er uns einen Spiegel vorhält,
> worin wir ein edles Abbild
> unserer selbst sehen können.
> *George Bernard Shaw*

Ehe und Familie

> Wenn Sie die Bewunderung von vielen Männern für die Kritteleien eines einzigen opfern wollen, dann sollten Sie heiraten. Nur zu!
> *Katherine Hepburn*

Die Mythen über Ehe und Familie sind in unserer Kultur allgegenwärtig. Sie werden in fast allen Filmen, Fernsehserien, Schlagern, Illustrierten, Büchern und Reklamen transportiert.

Die mythische Geschichte läuft etwa so ab: Man schlägt sich einigermaßen durch das Leben – einsam, aber man schafft es. An einem zauberhaften Abend trifft man wie aus heiterem Himmel den Mann oder die Frau seiner Träume. Einschmeichelnde Musik wird eingeblendet; die Einsamkeit wird ausgeblendet. Man schwebt in den siebten Himmel, wo man mit seinem Märchenprinzen beziehungsweise mit seinem Aschenbrödel bis in alle Ewigkeit glücklich lebt.

Das ist die populärste Version des umfassenderen, tiefer liegenden Mythos, der besagt, daß uns Menschen oder Dinge glücklich machen können. (»Du hast mich dazu gebracht, dich zu lieben, obwohl ich es gar nicht wollte...«)

In Wahrheit machen *wir* uns selbst glücklich. (»Falls Sie einsam sind, wenn Sie allein sind«, warnte Jean-Paul Sartre allerdings,»sind Sie in schlechter Gesellschaft.«) Die Freude, die wir an anderen haben, ist ein Spiegelbild unserer eigenen Freude. Es ist uns jedoch unangenehm, sie uns selbst als Verdienst anzurechnen.»Du bist wundervoll, und ich bin so glücklich, daß ich dich habe«, sagt sich viel einfacher als:»Ich bin wundervoll, und ich bin so glücklich, daß ich mich habe.« Gut, ersteres mag sich zwar einfacher *sagen*, aber es ist (a) nicht ehrlich und (b) nicht einfach durchzuhalten.

Es ist nicht einfach durchzuhalten, weil wir, wenn wir nur in Gesellschaft jenes anderen Menschen glücklich sind, ständig für seine Anwesenheit sorgen müssen, um zufrieden zu sein. Wenn die betreffende Person sich zufällig in dieselbe Illusion verirrt hat, nennt man das »verliebt sein«, und alles ist in Butter – zumindest eine Zeitlang. (Cher hat dazu bemerkt: »Manche Frauen geraten wegen einem Nichts aus dem Häuschen – und dann heiraten sie ihn.«)

Es spielt keine Rolle, wie sehr wir uns bemühen, die Fassade aufrechtzuerhalten, letzten Endes wird doch einer der Partner einen Blick dahinterwerfen und die Schattenseite sehen. Und die ist überhaupt nicht liebenswert. »Er hat mich von ganzem Herzen geliebt«, schrieb Frieda Lawrence, die Gattin von D. H. Lawrence, »und deshalb haßt er mich auch von ganzem Herzen.«

Die Schattenseite, die wir bei dem Partner entdecken, ist eigentlich etwas in uns selbst, das wir gar nicht mögen. Und wieder sind wir nicht ehrlich genug, um uns diese Tatsache einzugestehen. Wenn A die Schattenseite von B sieht, B aber nicht die Schattenseite von A, kommt es zum Bruch. »Endlich wieder frei«, jubelt A, während B ein Klagelied anstimmt. Wenn aber beide gleichzeitig die Schattenseite sehen, werden aus dem perfekten Liebespaar perfekte Feinde.

Meinen Sie, daß wir zu hart mit Liebe und Ehe umspringen? Dann sehen Sie sich einmal die Statistiken an. In den Vereinigten Staaten endet die Hälfte aller Ehen innerhalb von fünf Jahren durch Scheidung. *Die Hälfte!*

Vergessen Sie nicht! Hier ist von Paaren die Rede, die vor Gott, Freunden und Verwandten *geschworen* haben, daß sie sich lieben und ehren wollen, bis daß der Tod sie scheide. Und denken Sie auch daran, wie viele andere Paare, die dachten, ihre Liebe hielte ewig, es nie auch nur bis zum Traualtar geschafft haben. (»Mein Freund und ich haben uns getrennt«, hat Rita Rudner solche Fälle scherzhaft kommentiert. »Er wollte heiraten, aber ich war nicht damit einverstanden.«).

Damit kommen wir zu den Kindern. Kinder sind eine Verpflichtung, die man für mindestens achtzehn Jahre (und oft länger) übernimmt, und zwar rund um die Uhr. Wenn man

Kinder hat, kann man etwas sehr Wichtiges lernen – nämlich wie man aus der reinen Freude zu geben heraus gibt. Wenn Sie Kindern in der Hoffnung geben, etwas zurückzubekommen, öffnen Sie der Enttäuschung Tor und Tür. (»Vor meiner Heirat hatte ich drei Theorien über Kindererziehung«, hat John Wilmot, Earl of Rochester, geschrieben. »Jetzt habe ich drei Kinder, aber keine Theorien mehr.«)
Zu geben ist übrigens eine der wesentlichen Lektionen, die man lernt, nicht nur wenn man Kinder hat, sondern aus allen engen persönlichen Beziehungen.
Dem Mythos zufolge besteht der Zweck der Ehe darin, etwas von seinem Partner zu *bekommen*. Das stimmt aber nicht. Ihr Zweck besteht vielmehr darin zu geben. (»Bei der Ehe geht es nicht darum, die Fettucine miteinander zu teilen«, hat Calvin Trillin erklärt, »sondern auch die Plage, erst einmal einen Italiener zu finden, wo es gute Fettucine gibt.«)
Sie brauchen uns nicht blind zu glauben. Fragen Sie irgend jemanden, der seit, na ja, mindestens zwei Jahre in einer funktionierenden Beziehung lebt. Alle Befragten werden mit Sicherheit sagen, daß sie *geben*, ohne auch nur an eine Gegenleistung zu denken. Sollte man Ihnen je darüber berichten, welches Vergnügen es doch macht zu *bekommen*, dann sprechen Sie wahrscheinlich mit Zsa Zsa Gabor.
(Bei einer Fragestunde im Rundfunk wurde Zsa Zsa Gabor einmal folgende Frage gestellt: »Ich möchte mich von meinem Partner trennen, aber er ist immer so nett zu mir gewesen. Er hat mir einen Wagen, ein Diamantkollier, eine Nerzstola, wunderschöne Kleider, einen Herd und teure Parfüms geschenkt. Was soll ich nur tun?« Ohne zu zögern antwortete Zsa Zsa: »Geben Sie ihm den Herd zurück.«)
Ein anderer Mythos unserer Kultur besagt, daß wir irgendwie *unvollkommen* und *unzulänglich* sind, wenn wir uns nicht fortpflanzen. Das mag eine gewisse Richtigkeit gehabt haben, als Fruchtbarkeit und Vermehrung für das Überleben eines Volksstammes wichtig waren. Heute jedoch ist die Überbevölkerung

eines der größten Probleme dieser Welt. Mögen sich also nur die fortpflanzen, die das aufrichtig *wünschen* (und das heißt auch, über achtzehn Jahre hinweg für die Bedingungen zu sorgen, in denen die Sprößlinge zu lebenstüchtigen, kreativen und gesunden Menschen heranwachsen können). Wer sein Vermächtnis in einer anderen Form hinterlassen möchte, sollte die Freiheit haben, zu tun, was er für richtig hält.

Ein weiteres Plus bei Beziehungen besteht darin, daß wir *uns* selbst kennenlernen – das Gute und das Schlechte, das Schöne und das Häßliche. Die Ehe ist wie ein Essen, bei dem zuerst der Nachtisch serviert wird. Wenn wir uns verlieben, erfahren wir, welche Schönheit in uns ist. Danach erfahren wir alles andere. Die positiven und die negativen Aspekte einer Beziehung sind wie die zwei Seiten einer Medaille. Viele Menschen geraten aber in Panik, wenn die Schattenseite zum Vorschein kommt und sagt: »Ich stecke auch in dir. Lerne, mich als Teil von dir zu akzeptieren und zu lieben.«

»Moment mal. Davon stand nichts im Vertrag«, sagen sie dann.

»Oh, doch. In Freud und Leid, hieß es schließlich. Jetzt ist das Leid an der Reihe.«

»Das ist kein Leid, sondern ausgemachter Horror. Wo sind die Turteleien geblieben?«

»Die Turteltauben kommen vielleicht wieder, wenn du lernst, das Leid zu lieben.«

»Ich muß lernen, es zu lieben?«

»Du *mußt* lediglich lernen, es zu akzeptieren. Wenn du es liebst, fühlst du dich allerdings besser.«

Die Menschen sind selten gewillt, sich mit ihrer dunklen Seite auseinanderzusetzen. Statt dessen verfolgen sie eine (oder mehrere) der folgenden Strategien:

1. Sie leugnen, daß ihre Beziehung ein Spiegel ist, und tun so, als ob allein der Partner schuld sei. (Man muß aber aufpassen, daß man nicht zu hart auf den Spiegel einschlägt, denn es bringt bekanntlich sieben Jahre Pech, wenn man einen zerbricht.)

2. Sie geben sich *größte Mühe*, so zu tun, als ob alles in bester Ordnung sei, und machen auf »glückliche Familie«. (»Willkommen bei *Zu Haus bei Familie Strauß*, die wieder einmal geschlossen den Kopf in den Sand steckt. Hier haben wir Mutter, die Heroische Heuchlerin; Vater, den Pauschalen Abstreiter; und hier sind ihre Kinder Schöner Schein, Glänzende Fassade und Vorgetäuschte Liebe. Sehen sie nicht rundherum *glücklich* aus? Die Familie Strauß.«)
3. Sie merken, daß die vom Spiegel reflektierte Schattenseite die Wahrheit über sie selbst aussagt, und hassen sich noch mehr.
4. Sie verduften!

Wer einen intensiven Workshop für Selbsterfahrung und Sich-Selber-Annehmen und den idealen Ort sucht, um sich in der Freude des Gebens zu üben, der sollte den Lebensbereich Ehe und Familie in Erwägung ziehen.

(Falls Sie vielleicht der Ansicht sind, daß wir die »Ehefreuden« zu negativ sehen, wollen wir dieses Kapitel mit einem romantischen Gedanken von Britt Ekland beschließen: »Ich weiß, viele Leute dachten, unsere Beziehung würde nicht von Dauer sein, aber wir haben gerade unser zweimonatiges Beisammensein gefeiert.«)

> Eine Ehe entwickelt sich selten oder nie
> reibungslos und ohne Krisen
> zu einer individuellen Partnerschaft.
> Keine Geburt des Bewußtseins geht je
> ohne Schmerzen vonstatten.
>
> *C. G. Jung*

> Die Menschen sind so furchtbar weit voneinander;
> und die, welche einander liebhaben,
> sind oft am weitesten.
> Sie werfen sich all das ihrige zu und fangen es nicht,
> und es bleibt zwischen ihnen liegen irgendwo
> und türmt sich auf und hindert sie endlich,
> einander zu sehen und aufeinander zuzugehen.
>
> *Rainer Maria Rilke*

Karriere und Beruf

Ich habe gar nichts gegen Arbeit.
Ich frage mich nur, warum ich sie
jemandem wegnehmen soll,
der sie aufrichtig liebt?
Dobie Gillis

Napoleon Solo: Bist du frei?
Ilya Kuriakin: Kein Mensch, der für seinen
Lebensunterhalt arbeiten muß, ist frei.
Aber ich bin verfügbar.
Solo für O.N.K.E.L

Haben Sie auch schon einmal gehört, wie Eltern ihrem Kind drohen: »Du wirst dich noch umsehen! Dann wird man mit dir andere Saiten aufziehen.« Genau das macht der Beruf – er zieht andere Saiten mit uns auf.

Außer der Schwerkraft gibt es kaum etwas Konstanteres als die Berufs- und Geschäftswelt. Sie bringt uns zu Fall, wenn wir uns zu viele Patzer leisten, oder sie läßt unsere Karriere abgehen wie eine Mondrakete. (Die Anziehungskraft zwischen Mond und Erde lieferte bei den Mondflügen den größten Teil der Energie. Wernher von Braun fand die geschäftlichen und die administrativen Aspekte der Raumfahrt schwieriger als die technische Seite. »Mit der Schwerkraft werden wir fertig«, meinte er, »aber der Schreibkram ist manchmal überwältigend.«)

Einen *Job* hat man, um das Geld zu verdienen, mit dem man in einem anderen Lebensbereich die lebensnotwendigen Dinge kaufen möchte. Jemand, der zum Beispiel sein Hauptinteresse auf die Familie und die Ehe richtet, verläßt diesen Rahmen nur so lange, bis er mit seiner Arbeit genug Geld für den Unterhalt des trauten Heims verdient hat. Er geht aus dem Haus, weil sein Baby ein neues Paar Schuhe braucht und so. Das ist ein Job.

(Damit wollen wir nicht etwa sagen, daß es kein richtiger Job wäre, wenn man daheim bleibt und die Hausarbeit erledigt. Man könnte allerdings auch den Rat von Quentin Crisp befolgen:»Es ist absolut nicht notwendig, Hausarbeit zu machen. Nach den ersten vier Jahren ohne Putzen wird der Dreck nicht mehr schlimmer. Es kommt einzig darauf, *die Nerven* nicht zu verlieren.«)

Von *Karriere* oder *Beruf* spricht man, wenn man für das, was man am liebsten macht, auch bezahlt wird. Um es mit den Worten des Dramatikers Noel Coward zu sagen:»Arbeit macht viel mehr Spaß als Spaß.« Oder wie der Schriftsteller Richard Bach festgestellt hat:»Je stärker mein Wunsch ist, etwas Bestimmtes zu tun, desto weniger neige ich dazu, es als Arbeit zu bezeichnen.«

»Ich bin aber ein Künstler«, wird mancher vielleicht sagen. »Ich möchte nur schöpferisch tätig sein.« Wenn Sie aber für Ihre schöpferische Arbeit auch bezahlt werden wollen, müssen Sie sich darum bemühen.»Mich wird schon jemand entdecken. Und der kümmert sich dann um die geschäftliche Seite.« Na klar, und wenn Sie für den Ball nichts anzuziehen haben, wird Ihre gute Fee für die entsprechende Garderobe sorgen. Sie glauben wohl auch noch an den Weihnachtsmann?!

Die Zeiten, in denen Künstler »entdeckt« wurden, sind seit Diaghilew und Lana Turner vorbei. Heute müssen Schauspieler, Sänger, Schriftsteller, Tänzer, Musiker, Maler und so weiter ihre eigenen Förderer sein und ihre Sache selbst vertreten. Um Erfolg zu haben müssen sie Gönner und Schützling in einer Person sein. Mit anderen Worten, der kreative Mensch muß sich sein kreatives Betätigungsfeld samt Absatzmöglichkeit selbst schaffen. Und das bedeutet, daß man im Geschäftsleben tätig ist.

(Im Jahr 1988 wurde unser Buch »Lebe ohne Sorge!« von zwanzig Verlegern abgelehnt. Daraufhin haben wir es selbst herausgebracht. Das vorliegende Buch haben wir ebenfalls selbst verlegt. Uns ist nämlich klar geworden, daß zum Bücher machen und sie an den Leser bringen mehr gehört als das Schreiben.)

Das Erfolgsgeheimnis, um beruflich Karriere zu machen? Da

gilt dasselbe wie für Erfolg auf jedem anderen Gebiet. John Moores hat es so formuliert: »Arbeiten Sie sieben Tage in der Woche, dann sind Sie auf dem richtigen Weg.« Um Erfolg zu haben, muß man aber nicht nur harte Arbeit leisten, sondern harte Arbeit, die voller *Herausforderungen* ist. »Wenn Ihre Arbeit keine Schwierigkeiten mit sich bringt«, hat Malcolm Forbes angemerkt, »haben Sie keine richtige Arbeit.«
  Es reicht jedoch auch nicht, nur *hart* zu arbeiten. Man muß dazu *smart* arbeiten. So besagt eine Redensart, daß ein tüchtiger Mensch seine Arbeit *richtig* macht, während ein erfolgreicher Mensch *die richtige Arbeit* macht. »Ein durch und durch müßiger Mensch kommt nicht voran«, hat Sir Heneage Ogilvie bemerkt. »Ein unablässig beschäftigter Mensch kommt aber auch nicht viel weiter.«
  Natürlich ist eine Karriere nicht jedermanns Sache. So hat die Schauspielerin und Komikerin Lily Tomlin bemerkt: »Das Problem mit der Karriereleiter ist, daß man, selbst wenn man es bis ganz oben schafft, immer noch auf einer blödsinnigen Leiter steht.«
  Ja, zusätzlich zu den langen Stunden harter Arbeit hat jede Karriere auch noch ihre Schattenseite. »Der Preis für eine Karriere oder eine Berufung«, hat James Baldwin erklärt, »sind die Intimkenntnisse ihrer häßlichen Aspekte.«
  Wenn man den Glamour durchschaut, sieht man, was wirklich dahintersteckt, und das ist unter Umständen kein Vergnügen. Oder wie Fred Allen gesagt hat: »Wenn man durch den ganzen falschen Flitter von Hollywood dringt, findet man darunter den echten Flitter.« Und David Sarnoff hat bemerkt: »Konkurrenz macht das Beste aus Produkten und das Schlimmste aus Menschen.«
  Vielleicht erinnern Sie sich nicht gern an den Spiegel, aber das, was wir an unserer Karriere nicht mögen, mögen wir auch an uns selbst nicht. Ist sie falsch? Unehrlich? Gefühllos? Schluck. Sieh da, der Spiegel!
  Wenn man bereit ist, seine Karriere als großen und bedeu-

tungsvollen Spiegel zu sehen, kann man eine ganze Menge lernen. Dabei handelt es sich aber um Dinge, die die meisten Leute *nicht* über sich wissen möchten.

Anstatt sowohl in den Spiegel ihrer Beziehung und in den ihrer Karriere zu schauen, sehen manche Leute lieber nur in den einen hinein, bis sie sich unbehaglich fühlen, und wenden sich dann ab, um in den anderen zu schauen. So bewegen sie sich ewig hin und her.

Übrigens, der Kampf zwischen Karriere und Ehe tobt schon, seit der Höhlenmensch, der das Rad erfand, beschloß, eine Fabrik zu gründen und das Ding in Serie zu produzieren. George Jean Nathan vertritt die eine Seite in dieser Diskussion, wenn er sagt:»Die Ehe basiert auf der Theorie, daß ein Mann, der ein Bier entdeckt, das haargenau seinem Geschmack entspricht, auf der Stelle seine Arbeit hinschmeißen und eine Stelle in einer Brauerei antreten sollte.«

Als Vertreter der anderen Seite meint Bertrand Russell:»Ein Symptom eines drohenden Nervenzusammenbruchs ist der Glaube, daß die Arbeit, die man macht, von ungeheurer Wichtigkeit ist.«

»Kann ich nicht eine Karriere verfolgen und gleichzeitig eine gute Ehe führen?« wird der eine oder andere jetzt fragen. Nun, manche Leute kriegen das durchaus hin. Manche können auch mit sieben Bällen jonglieren und gleichzeitig ein Sandwich essen.

Und wie sieht das Ende einer langen, erfolgreichen Karriere aus? Sie werden angesichts all Ihrer Leistungen mit stolzgeschwellter Brust dastehen und froh sein, daß Sie der Karriere immer den Vorzug gegeben haben, nicht wahr?

Na ja...

Der Dichter und Nobelpreisträger T. S. Eliot – besser bekannt als Texter des Musicals *Cats*, hat geschrieben:»So wie die Dinge stehen und grundsätzlich immer bestehen bleiben werden, taugt die Poesie nicht für eine Karriere. Sie ist vielmehr ein Narrenspiel. Kein ehrlicher Dichter kann sich je ganz sicher sein, daß das, was er geschrieben hat, von dauerhaftem Wert ist. Unter

Umständen hat er für nichts seine Zeit vergeudet und sein Leben verpfuscht.«

Und Sir Thomas More, der englische Humanist und Staatsmann, schrieb, nachdem er fünfzehn Jahre lang Jura praktiziert hatte, in *Utopia*, seiner Sicht einer idealen Zukunft: »Es gibt keine Juristen unter ihnen, denn sie betrachten diese als Menschen, deren Beruf es ist, die Dinge zu verschleiern.«

Oder wie der Dichter Robert Frost es formuliert hat: »Wenn Sie täglich getreulich acht Stunden arbeiten, werden Sie schließlich vielleicht Chef, und dann dürfen Sie zwölf Stunden am Tag arbeiten.«

> Treib dein Geschäft voran,
> sonst wird es dich treiben.
> *Benjamin Franklin*

> Die größte Versuchung im Leben
> ist die Arbeit.
> *Pablo Picasso*

Politik und Soziales

> Oft und viel zu lachen;
> den Respekt intelligenter Menschen
> und die Zuneigung von Kindern zu gewinnen;
> sich die Anerkennung ehrlicher Kritiker zu verdienen
> und den Verrat falscher Freunde zu ertragen;
> Schönheit zu schätzen wissen;
> in anderen das Beste zu sehen;
> die Welt, wenn man aus ihr scheidet,
> ein wenig besser zurückzulassen,
> sei es durch ein gesundes Kind, einen Garten
> oder durch Behebung eines sozialen Mißstandes;
> zu wissen, daß man mit seinem Leben
> auch nur einem einzigen Menschen
> das Atmen erleichtert hat.
> Das heißt, Erfolg zu haben.
>
> *Ralph Waldo Emerson*

Vielleicht kennen Sie den Ausspruch: »Ich liebe die Menschheit; ich kann nur die Leute nicht ertragen.« Wenn er für Sie gilt, sollten Sie erwägen, Ihr Leben der politischen Betätigung und dem sozialen Wandel zu widmen.

»Damit das Böse triumphiert«, hat Edmund Burke vor zweihundert Jahren geschrieben, »bedarf es nur der Untätigkeit rechtschaffener Menschen.« Gegenwärtig gibt es weltweit eine große Anzahl rechtschaffener, anständiger Menschen, die davon träumen, die Verhältnisse zu verbessern. Das Problem dabei ist nicht etwa, daß sie *nichts* unternehmen, sondern daß sie mit *anderen Dingen* beschäftigt sind.

Menschen, die einen natürlichen Drang zu sozialer Betätigung oder zur Politik haben, stößt deren Reputation oft ab. »Neunzig Prozent der Politiker bringen die übrigen zehn Prozent in Verruf«, hat Henry Kissinger gesagt. Der *Ruf* dieses Betätigungsfeldes ist schlechter als seine *Wirklichkeit*.

»Ich habe früher immer gesagt, die Politik sei das zweitälteste Gewerbe der Welt«, hat Ronald Reagan 1979 erklärt, »und ich habe erfahren müssen, daß sie eine generelle Ähnlichkeit mit dem ältesten aufweist.« Im folgenden Jahr wurde er dann zum Präsidenten der USA gewählt.

»Es ist unmöglich, mit Richard in einem Zimmer zu schlafen«, hat Pat Nixon über ihren Mann, einen Vorläufer Reagans, verraten. »Er wacht mitten in der Nacht auf, schaltet das Licht an, spricht in sein Diktiergerät oder macht sich Notizen. Es ist ganz unmöglich.«

John Updike hatte folgende Erklärung für die Unbeständigkeit unserer Führer parat: »Ein politischer Führer ist ein Mensch, der sich – aus Wahnsinn oder aus Güte – freiwillig bereit erklärt, die Nöte der Menschen auf sich zu nehmen. So töricht sind aber nur sehr wenige Menschen. Daher rührt die schwankende Qualität der Führungsschicht dieser Welt.«

Obwohl so viel Schlechtes über sie geschrieben wird, findet mancher auch Gutes über die Kunst der Politik zu sagen.

»Wahre Führerschaft muß zum Nutzen der Gefolgschaft sein«, hat Robert Townsend geschrieben, »und darf nicht der Bereicherung der Führer dienen.« Das bezog sich zwar auf die Wirtschaft und ihr Management, aber für die Welt der Politik gilt es nicht weniger.

Wer in die Politik geht, ist allerdings nicht immer populär, oft nicht einmal im eigenen Lager. So hat Harry Truman, ein anderer amerikanischer Präsident, gefragt: »Wie weit wäre Moses wohl gekommen, wenn er eine Abstimmung über den Auszug aus Ägypten veranstaltet hätte?«

»Ein öffentliches Amt gilt als die Krönung einer Karriere, und für junge Männer ist es das vornehmste Ziel«, hat John Buchan jedoch eingewandt. »Die Politik ist immer noch das größte und ehrenvollste Abenteuer.«

»Politik«, hat Gore Vidal geschrieben, wobei er Buchans Äußerung eine reizvolle Wendung gibt, »besteht aus verbissenen Kämpfen um gute Positionen, aus unablässigen Absprachen und

aus kalkulierten Äußerungen, die nicht der Verständigung dienen sollen, sondern nur auf den Bildschirm abzielen. Politik ist ein fabelhaft aufregendes Spiel für die, die mitspielen.«
»Wenn Sie das Spiel der Politik richtig spielen wollen«, hat Barbara Jordan gewarnt, »müssen Sie alle Regeln kennen.« Die großen sozialen Anliegen hingegen, für die sich viele Männer und Frauen mit ganzem Herzen engagieren, haben nicht unbedingt etwas mit Politik zu tun. Sie verlangen allerdings Engagement, Mut, Opferbereitschaft und den Willen, selbstlos zu geben, gewissermaßen also eine Kombination aus den schwersten Anforderungen, die Ehe und Karriere an den Menschen stellen.

Dafür kommt man aber in den Genuß ideeller Werte. »Der wahre Zweck des Lebens besteht darin, es für ein Ziel einzusetzen, das überdauern wird«, hat William James in einem Satz gesagt, der ihn überdauert hat.

Daß wir uns recht verstehen: Wir sorgen für soziale Veränderungen, weil *wir uns* dadurch mit der Zeit besser fühlen. Es schmeckt uns vielleicht gar nicht, Tag für Tag gegen Windmühlen anzurennen. Aber das tun wir immer noch lieber, als mitanzusehen, wie sich ein Mißstand, von dem wir wissen, daß wir ihm abhelfen könnten, von Tag zu Tag verschlimmert.

Die Menschen glauben oft, daß sie zu klein sind, um ein großes soziales Problem anzugehen. Wir raten Ihnen, sich ans Werk zu machen, wenn Sie den Drang dazu verspüren. »Was man tun muß«, hat Eleanor Roosevelt angemerkt, »das kann man in der Regel auch schaffen.«

Belohnt wird man für sein soziales Engagement mit der Freude, die das Geben mit sich bringt, und mit der Befriedigung, seinen Herzenswunsch zu verfolgen. Und vielleicht wird man über Sie einmal dasselbe sagen wie Clare Boothe Luce über Eleanor Roosevelt: »Keine andere Frau hat sich je so der Sorgen der Geplagten angenommen – und die Sorgenfreien so geplagt.«

Religion und Spiritualität

Ich weiß, daß Gott mir keine Aufgabe gibt,
mit der ich nicht fertig werde.
Ich wünschte nur, er traute mir nicht so viel zu.
Mutter Teresa

In diesem Kapitel werden wir uns als Autoren weitgehend einer Wertung enthalten. Wir möchten Ihnen statt dessen eine Einrichtung vorstellen, in der wir alle religiösen und spirituellen Anschauungen – von Protestantismus bis Agnostizismus, von Atheismus bis Katholizismus – unterbringen können. Wir bezeichnen sie als »die Nische«.

Was Sie in Ihre Nische packen, geht nur Sie allein und sonst niemanden etwas an. Wir befassen uns in unseren Büchern nicht mit ihr, weil die von uns angebotenen Hilfsmittel unabhängig von den religiösen Überzeugungen des einzelnen funktionieren, so wie eine Anleitung zur Autoreparatur von einem Christen und einem Buddhisten gleichermaßen angewandt werden kann.

Bei der Diskussion der Lebensbereiche müssen wir jedoch auf einen zu sprechen kommen, der auf viele Menschen eine starke Anziehungskraft ausübt. Es handelt sich um den religiösen und spirituellen Bereich.

Was können wir dazu sagen? Nur soviel: Wenn Ihr Herzenswunsch in diese Richtung weist, dann folgen Sie ihm.

In unserer Kultur gibt es eine interessante Ambivalenz in Bezug auf Religion und Spiritualität. Einerseits gelten Menschen, die nicht gläubig sind, als sonderbar. Menschen, die ihr Leben Gott widmen, gelten auch als sonderbar.

Viele Menschen zögern, ähnlich wie bei der Politik, sich ausschließlich mit geistigen Dingen zu befassen, weil die Religion ... Also sagen wir so: Durch das Verhalten gewisser Leute wurde vielleicht nicht unbedingt das bestmögliche Licht auf Gott geworfen.

Zum Beispiel hat der leitende Herr eines Unternehmens, das ein *sehr* beliebtes alkoholfreies Getränk herstellt, erklärt:»Es ist sowohl eine Religion als auch ein Geschäft.« (Wissen Sie übrigens, daß der Geschmack von Cola durch die Kombination von drei bekannten Aromastoffen hergestellt wird? Um welche handelt es sich? Wenn Sie raten wollen, warten wir gern einen Moment, bevor wir es Ihnen sagen.)

Andere scheinen Gott als eine Art Lakai im Himmel zu sehen. »Bring mir dies, schick mir das, schaff das weg«, hört man von ihnen andauernd. Das ist doch wohl ein bißchen naiv. Dorothy Parker hat diese Leute parodiert, als sie schrieb:»Lieber Gott, im Namen Deines eingeborenen Sohnes Jesus Christus, mach bitte, daß mich mein Traummann *sofort* anruft.«

Das alles – und dabei haben wir die Tele-Evangelisten und ihre Maschen noch nicht einmal *erwähnt* – mag dazu geführt haben, daß die traditionelle Religion ein wenig eigenartig wirkt. Selbst in den Augen derer, die sich berufen fühlen. Unser Rat: Folgen Sie Ihrem Herzen.

Mancher würde gern weniger traditionelle Formen der Kontaktaufnahme mit dem Göttlichen sondieren, läßt es aber, weil ihm all diese Sekten und Gruppierungen auch merkwürdig vorkommen. Dazu ist zu sagen, daß alle großen Religionen irgendwann einmal als kleine Gruppen angefangen haben, die von den herrschenden Kulturen für ausgesprochen bizarr gehalten wurden. Tom Wolfe hat dazu bemerkt:»Ein Kult ist eine Religion ohne politische Macht.« Noch einmal: Folgen Sie Ihrem Herzen. Verlieren Sie dabei aber niemals den Kopf.

Es gibt Menschen, die meinen, sie *müßten* Gott ununterbrochen anbeten, weil Gott schließlich Gott ist und das doch von uns *gefordert* wird. Und obwohl sie in einem anderen Lebensbereich ein Ziel verfolgen, haben sie Schuldgefühle, weil sie nicht genug beten – als sei Gott eine überängstliche Mama, die seit einem Monat schon keinen Anruf mehr von ihrem Sprößling bekommen hat. (Wenn Sie sich allerdings ein solches Bild von Gott machen, wollen wir es Ihnen nicht ausreden.) Dürfen wir

diesen Menschen vorschlagen, die guten Taten, die sie im Bereich ihrer Wahl tun, dem Ruhme Gottes zu widmen? (Übrigens, Cola besteht aus den drei Aromastoffen Citrus [Zitrone oder Limone], Vanille und Zimt.)
Und alle, die ein überwältigendes Unwürdigkeitsgefühl plagt, die sich also für unwürdig halten, Gott zu dienen, können wir mit folgenden Gedanken von Phyllis McGinley trösten: »Das Wunderbare an den Heiligen ist, daß sie durch und durch menschlich waren. Sie hatten Wutausbrüche, schmähten Gott, waren selbstgefällig, gereizt oder ungeduldig, machten Fehler und bereuten sie. Doch obwohl sie stolperten und strauchelten, gingen sie tapfer dem Himmel entgegen.«

> Ich bin bereit, meinem Schöpfer
> gegenüberzutreten.
> Ob mein Schöpfer allerdings
> auf die schwere Prüfung
> vorbereitet ist, die es bedeutet,
> mich kennenzulernen,
> steht auf einem anderen Blatt.
> *Winston Churchill*

Spaß und Erholung
(nicht zu vergessen!)

> Ich kann mir nichts vorstellen, das weniger
> vergnüglich sein dürfte, als ein Leben, das
> ausschließlich dem Vergnügen gewidmet ist.
> *John D. Rockefeller jr.*

Spaß und Erholung sind unbedingt notwendig, wenn man ein kurzweiliges, abwechslungsreiches Leben führen will. Wenn wir von Erholung sprechen, meinen wir zweierlei: zum einen die Entspannung beim Tennis, Segeln oder bei einem Kinobesuch, und zum anderen die tiefere, seelische »Erneuerung«. Wie können wir uns erneuern? Das läßt sich mit Hilfe von Meditation, Rückzug in die Abgeschiedenheit, Gebeten, spiritueller Beschäftigung, Ruhe, langen Wanderungen, Massagen und Schweigephasen bewerkstelligen. Alle Strategien, durch die Ihre Batterien gründlich und kraftvoll wiederaufgeladen werden, können eingesetzt werden.

Wir haben Spaß und Erholung bei den anderen Lebensbereichen deshalb nicht erwähnt, weil wir davon ausgehen, daß es sich hierbei um einen eigenen Bereich handelt und daß sich jeder in ihm vergnügen will, unabhängig davon, welches Betätigungsfeld er sonst auswählt. Um das Bild von der Batterie noch einmal aufzugreifen: Während durch Spaß und Erholung unsere Batterien wieder aufgeladen werden, werden sie in den Bereichen Ehe und Familie, Karriere und Beruf, Soziales und Politik, Religion und Spiritualität verbraucht.

Wichtig ist zu erkennen, daß Spaß und Erholung als *Selbstzweck* nicht erfüllend sind. Eigentlich handelt es sich dabei sogar um eine Art Fluch. Wenn man nämlich *ständig* seinem Vergnügen nachgeht, wird es zur Arbeit, und man erledigt es wie einen Job. Wenn das Vergnügen aber ein Job ist, wo soll man dann seine Batterien für weitere Arbeit aufladen? Es gibt ja kein Vergnügen mehr. Alles ist Arbeit. Vielleicht kommt die alte Redensart, wonach man Arbeit und Vergnügen nicht mischen soll, daher.

Spaß und Erholung bilden eine solide Grundlage für die Erfüllung unserer Träume, taugen selbst aber nicht als Träume.

Zwischenmenschliche Beziehungen

> Es ist Ehrensache, daß man sich der Frau oder Freundin eines Freundes niemals mit Hintergedanken nähert. Es gibt schließlich genug andere Frauen auf der Welt, als daß solch ein unehrenhaftes Verhalten zu verantworten wäre. Es sei denn, sie ist *unglaublich* attraktiv.
>
> Bruce Jay Friedman

Sie dürfen nach der Lektüre der letzten Kapitel nicht glauben, daß Sie Einsiedler werden müssen, wenn Sie einen Traum verfolgen wollen, der nicht in den Bereich Ehe und Familie fällt. Zwischenmenschliche Beziehungen sind immer von grundlegender Bedeutung, gleich welches Ziel man anstrebt. Um es zu erreichen, ist es allerdings wichtig, daß man die verschiedenen Arten von Beziehungen kennt. Sobald Ihnen die Unterschiede klar sind, können Sie entscheiden, welche Beziehungen am besten geeignet sind, um Ihnen beim Realisieren Ihres Traumes zu helfen.

Bevor wir uns näher mit den einzelnen Typen zwischenmenschlicher Beziehungen befassen, wollen wir zwei wichtige Punkte klarstellen. Erstens unterhalten Sie alle Beziehungen zunächst mit sich selbst – und manchmal sind auch noch andere Menschen beteiligt. Zweitens ist die wichtigste Beziehung der Welt die, welche Sie mit sich selbst unterhalten. Die werden Sie, ob es Ihnen paßt oder nicht, bis zu Ihrem Tode haben.

Soviel dazu. Jetzt können wir uns die verschiedenen Arten zwischenmenschlicher Beziehungen anschauen.

Erholsame Beziehungen: Die unterhalten wir mit Menschen,

deren Gesellschaft einfach Spaß macht. *Was* wir mit diesen Menschen unternehmen, ist nicht so wichtig wie die Tatsache, *daß* wir mit ihnen zusammen sind.

Die Menschen, mit denen wir erholsame Beziehungen unterhalten, bezeichnen wir im allgemeinen als »Freunde«. Wir lieben sie, haben aber keine Besitzansprüche an sie. »Liebe ohne Bindung ist ein Kinderspiel«, hat Norman O. Brown dazu geschrieben. Wir akzeptieren Freunde als das, was sie wirklich sind. »Wir lieben nicht die Eigenschaften«, hat Jacques Maritain erklärt, »sondern wir lieben eine bestimmte Person; manchmal sowohl wegen ihrer Fehler, als auch wegen ihrer Qualitäten.«

Wie im Kapitel über die Erholung, darf auch hier nicht der Eindruck entstehen, daß erholsame Beziehungen immer »oberflächlich« sind. Es kann sich dabei um die aufbauendsten und erfreulichsten Beziehungen unseres Lebens handeln.

Unter den vielen Aktivitäten, die in einer erholsamen Beziehung ausgeübt werden *können* (wenngleich es in der Regel nicht passiert), ist der Sex. Dagegen ist nichts einzuwenden, solange keiner den anderen als »Mann oder Frau seines Lebens« betrachtet.

Liebesbeziehungen: In diesem Fall vermischen sich Sex oder sexuelle Begierde mit dem Gefühl, daß der andere Mensch der Traumpartner ist. Man kommt sich elend und wertlos vor, wenn man von ihm nicht geliebt wird. Wir brauchen das »Objekt unserer Liebe« nicht einmal zu mögen oder auch nur zu *kennen*. Manche halten Unwissenheit geradezu für eine *Voraussetzung* der romantischen Liebe. »Natürlich kann man einen Menschen lieben«, hat Charles Bukowski geschrieben, »vorausgesetzt man kennt ihn nicht allzu gut.«

Die romantische Liebe ist *die* zwischenmenschliche Beziehung, die am häufigsten thematisiert wird. Bei fast jedem Spielfilm, jeder Fernsehserie, jedem Roman und jedem Popsong geht es um romantisches Geplänkel. Man bezeichnet das als »Liebeskomponente«. Sie muß scheinbar in jede Geschichte eingearbeitet werden, egal, wie albern oder gezwungen es wirkt.

Warum ist das so? Weil die romantische Liebe einer der wichtigsten kulturellen Mythen unserer Zeit ist. George Lucas hat es Steven Spielberg so erklärt: »Wenn der Held und die Heldin des Films in der letzten Szene händchenhaltend in den Sonnenuntergang gehen, nimmt man an der Kinokasse zehn Millionen Dollar mehr ein.« (Spielberg und Lucas haben es auch *irgendwie* geschafft, die »Liebeskomponente« in alle Indiana-Jones-Filme hineinzuquetschen.)

Wir, die Autoren, bezeichnen die romantische Liebe als Mythos (der besagt: »Wenn du doch nur die große Liebe fändest, wärst du auf alle Zeiten glücklich«), weil keine andere Anstrengung, die der Mensch je unternommen hat, so oft und so jämmerlich gescheitert ist und dennoch weiterhin eine so »gute Presse« hat.

Natürlich glaubt nicht jeder, was in der Presse steht. »Ich habe Verständnis für gute Partnerschaften«, hat Gore Vidal gesagt. »Ich habe auch Verständnis für käuflichen Sex am Nachmittag. Aber was ich nicht verstehe, sind Liebesaffären.« Margaret Anderson meint zu dem Thema folgendes: »Bei der wirklichen Liebe ist man auf das Wohl des anderen Menschen bedacht. Bei der romantischen Liebe will man den anderen Menschen für sich.«

Manche Menschen »verlieben sich« lieber, anstatt sich mit den Schuldgefühlen auseinanderzusetzen, die oft in Verbindung mit Sex auftreten. »Wenn wir uns lieben, ist Sex in Ordnung«, besagt in diesem Fall die gedankliche Logik. »In der Popularmythologie ist Liebe die Droge, welche Sex schmackhaft macht«, hat Germaine Greer dazu geschrieben.

Die romantische Liebe stellt eine der wesentlichsten Ablenkungen von *jedwedem* Ziel dar, den Bereich »Ehe und Familie« eingeschlossen. Wir sollten lieber sagen, *besonders* im Bereich »Ehe und Familie«. Die Illusion, »verliebt« zu sein, kann einen blind machen gegenüber der Frage, ob sich der Partner für so eine heikle, komplizierte und bedeutsame Unternehmung wie Ehe und Nachwuchs eignet. Oder auch nur für die Ehe und eine Orchideenzucht.

155

Maurice Chevalier hat folgendes beobachtet: »Mancher Mann hat sich in ein Mädchen bei einem Licht verliebt, das so schummrig war, daß er sich dabei normalerweise nicht einmal einen Anzug gekauft hätte.« Und manch einer hat sich seinen Lebensgefährten ausgesucht, als das Licht seiner Vernunft noch viel schummriger war.

Dazu kommt, daß das *Fehlen* romantischer Liebe kaum ein ausreichender Grund ist, um einen ansonsten geeigneten Kandidaten/Kandidatin als potentiellen Ehepartner ausscheiden zu lassen. Und doch geschieht das immer wieder. Es heißt dann: »Er (oder sie) würde einen wundervollen Ehepartner abgeben, aber ich *liebe* ihn (oder sie) nicht.« Da könnte man romantische Liebe genausogut als Kriterium anführen, wenn man Geschäfte machen oder eine andere wichtige Partnerschaft eingehen will.

Die oben erwähnte Blindheit ist, neben anderen Faktoren, der wesentliche Grund für das häufige Scheitern von Ehen. Wenn Sie meinen daß es *kein* Geschäft ist, einen Haushalt zu führen und Kinder großzuziehen, dann haben Sie es noch nie versucht.

»Heiraten ist leicht, Haushalten schwer«, besagt ein Sprichwort, dem wir uns anschließen. Wir, die Autoren, glauben einfach, daß die Liebe ideal, die Ehe aber real ist und daß es unangenehme Folgen hat, wenn man Realität und Ideal durcheinander bringt.

Vertragsbeziehungen: In einer Vertragsbeziehung werden bestimmte Werte gegen andere ausgetauscht. Dabei kann es sich um alles mögliche handeln – um Waren, Dienste, Erfahrungen. Im Regelfall wird eine solche Transaktion mit Hilfe von Geld, dem in unserer Kultur akzeptierten *Symbol* für Energie, abgewickelt.

Wenn wir jemanden für eine Ware oder einen Dienst bezahlen, ist das eine Vertragsbeziehung. Wenn uns jemand für eine Ware oder einen Dienst bezahlt, ist das ebenfalls eine. Es kann sich dabei um etwas Alltägliches wie den Kauf einer Tüte Hustenbonbons in der Apotheke handeln (der, so simpel die Transaktion ist, im Grunde auch ein Vertragsabschluß ist) oder um so etwas

Kompliziertes wie eine fünfzig Jahre dauernde Partnerschaft, die Ehe eingeschlossen.

Der Sinn und Zweck einer Vertragsbeziehung ist in erster Linie der Austausch von Werten. Wir können an dem jeweiligen Partner Gefallen finden, brauchen es aber nicht zu tun. Wenn es der Fall ist, ist das ein zusätzliches Plus. Wenn nicht, schadet es nichts: die Beziehung dient schließlich einem anderen Zweck.

»Fast alle unsere Beziehungen«, hat der Dichter W. H. Auden erklärt, »beginnen als eine Form von gegenseitiger Ausbeutung, und in den meisten Fällen bleibt es auch dabei. Sie sind ein psychischer oder physischer Tauschhandel, der sein Ende findet, wenn einem der Partner oder auch beiden die Waren ausgehen.«

Gemeinschaftszielbeziehungen: In diesem Fall haben mehrere Leute ein gemeinsames Ziel, das der Grund für die Beziehung ist. Dabei handelt es sich häufig um eine Beziehung auf dem Arbeitssektor. Es mag um ein Firmenziel gehen, um ein persönliches Ziel innerhalb der Firma oder schlicht und einfach, wie Sir Noel Coward es gesagt hat, um »Ihre Lohntüte am Ende der Woche«.

Das Ziel kann auch ein gemeinnütziger Dienst sein, zum Beispiel Arbeit für das Rote Kreuz. Die Beziehung besteht dann zwischen Ihnen und den anderen freiwilligen Helfern. Es kann sich um ein religiöses oder spirituelles Ziel handeln. Dann haben Sie eine Beziehung mit den Mitgliedern der Kirchengemeinde oder mit den Leuten, die den gleichen spirituellen Traum verfolgen.

Ehen, die nur »um der Kinder willen« fortgesetzt werden, sind ebenfalls Beispiele für Gemeinschaftszielbeziehungen. Die Erziehung der Kinder ist das gemeinsame Anliegen. »Der Wert der Ehe«, laut Peter De Vries, »besteht nicht darin, daß Erwachsene Kinder hervorbringen, sondern Kinder Erwachsene.«

Alle-für-einen-Beziehungen: Dies ist eine besondere Form der Gemeinschaftszielbeziehung. Hierbei bildet eine Person (oder ein Team) die »Spitze«, der eine Gruppe von Menschen ihre gesamte Energie zuführt. Die Spitze wiederum kann so das Ziel der ganzen Gruppe erfüllen.

Ein Beispiel dafür ist ein Athlet, der für die Olympiade trainiert. Ihm fließt die Leistung von vielen anderen zu. Diese Leistung kann aus Informationen, Ermutigung, Zeit, Geld oder sonst etwas bestehen, was der Athlet benötigt, um sein Ziel zu erreichen. Ein Trainer, ein Sponsor aus der Wirtschaft, ein Masseur, ein Arzt, ein Ernährungsfachmann und viele andere kanalisieren ihre Energien (in Form von Spezialkenntnissen) so, daß sie dem Athleten zugute kommen. Sie alle haben dasselbe Ziel, nämlich den Wettkampfsieg, und sie konzentrieren ihre ganze Kraft auf einen Punkt, um dieses Ziel zu erreichen.

Stellen Sie sich die Person, auf die sich die ganze Energie richtet, als Pfeilspitze vor. Die Spitze ist der Teil des Pfeils, der in das Ziel eindringt, aber der Schaft, die Federn, der Bogen und der Schütze sind genauso wichtig.

Die Person an der Spitze braucht keine Energie an ihre Zuarbeiter zurückzuführen. Sie muß im Wettkampf, dem gemeinsamen Ziel, lediglich ihr Bestes geben. Damit wird die in sie investierte Energie »zurückbezahlt«, ob sie nun gewinnt oder nicht.

Außer im Sport kommt die Alle-für-einen-Beziehung häufig in der Politik, den Künsten, religiösen Gruppen und, allerdings weniger häufig, im Geschäftsleben und in der Ehe vor. In einer Ehe kann diese Beziehung gutgehen, solange klar ist, daß der Erfolg von Partner A sowohl dessen Ziel als auch das von Partner B ist und solange der Erfolg von Partner A auch Partner B genügt. Wenn Partner B mehr von Partner A oder dessen Erfolg haben will, handelt es sich um eine Vertrags- oder um eine Gemeinschaftszielbeziehung.

Auch in Beziehungen gibt es einen großen Verhandlungsspielraum. Wie heißt es noch so schön? »Man bekommt nicht, was man verdient, sondern was man aushandelt.«

Angenommen jemand, mit dem Sie eine Freizeitbeziehung haben, ruft Sie an und lädt Sie zum Essen ein. Obwohl Sie dazu Lust hätten, müssen Sie im Rahmen der Arbeit für Ihr Ziel noch vier Stunden Unterlagen eintüten. Anstatt die Einladung automatisch abzulehnen, sollten Sie Ihrem Freund die Situation schildern und fragen, ob ihm eine Lösung einfällt. Vielleicht bietet er an, vorbeizukommen und Ihnen zu helfen, wobei Sie miteinander plaudern können. Es dauert womöglich trotzdem vier Stunden, aber es macht mehr Spaß. Vielleicht gelingt es Ihnen aber auch, die Arbeit in zwei Stunden zu erledigen, so daß Sie plötzlich zwei Stunden frei haben. Oder er heuert jemanden für das Eintüten an, so daß Sie den ganzen Abend frei haben. Es gibt unendlich viele Lösungen. Sie zu finden, gehört mit zu der Beziehung.

Es gibt nur wenige »reine« Beziehungen. Die meisten sind Mischformen, Kombinationen aus mehreren Typen. Beziehungen ändern sich auch mit der Zeit, entwickeln sich von einem Typ zum nächsten oder brechen auseinander.

Es ist offensichtlich, daß Sie bei der Verfolgung Ihres Zieles kein »einsamer Wolf« sein werden, sondern mit vielen Menschen aus vielerlei Gründen in Beziehung stehen werden. Sie werden wahrscheinlich mit weit mehr Leuten zu tun haben als im Augenblick.

Zu wissen, welche unterschiedlichen Typen von Beziehungen Ihnen zur Verfügung stehen, hilft Ihnen, sich die auszusuchen, die für die Verwirklichung Ihres Traumes am günstigsten ist.

> Die meisten Menschen wünschen
> sich nichts sehnlicher als
> ihr Leben
> in die Hände eines anderen zu geben.
> Ich würde diese Art der Suche
> nach Glück als unreif bezeichnen.
> Charakterliche Entwicklung hat einzig
> die Unabhängigkeit zum Ziel.
> *Quentin Crisp*

> Meine Frau war eigentlich unreif.
> Wenn ich in der Badewanne saß,
> kam sie angerauscht und versenkte
> einfach meine Schiffchen.
> *Woody Allen*

Was haben Sie bisher erreicht?

Seit meinem vierundzwanzigsten Lebensjahr
gab es für mich bei all meinen Plänen
keinen Zweifel mehr darüber,
welche Arbeit Gott für mich vorgesehen hatte.
Florence Nightingale

Ist der Pfeil spitz
und fliegt auch schnell,
durchdringt er den Dreck,
egal wie dick.
Bob Dylan

Wir haben bei der Arbeit an diesem Buch schon Tausende und Abertausende von Wörtern geschrieben. Jetzt ist die Reihe an Ihnen.

In den nächsten beiden Kapiteln werden wir Sie bitten, sich zu erinnern, zu beobachten und zu schreiben. Wenn Sie das Buch im Augenblick nur lesen, um sich zu informieren, und vorhaben, die darin anfallende »Arbeit« später zu erledigen, dann fangen Sie bitte mit dem Kapitel »Was ist Ihr Lebenszweck?« an und fahren anschließend mit diesem fort.

Sie sollten für diese Übung Karteikarten benutzen. Die sind zweckmäßiger als Schreibpapier. Sie werden eine ganze Menge Karteikarten brauchen, wahrscheinlich zwei- bis dreihundert. Falls Ihr Vorrat zur Neige geht und Sie weniger als dreihundert haben, dann heben Sie sie bitte lieber für die Übung im Kapitel »Was wollen Sie haben?« auf und nehmen sich einen Stapel Blätter.

Was haben Sie also bisher erreicht? Sobald Ihnen Errungenschaften oder Leistungen einfallen, legen Sie das Buch zur Seite und schreiben Sie sie auf (eine pro Karteikarte). Wir werden noch die eine oder andere Bemerkung machen, um Ihr Gedächtnis auf Trab zu bringen, aber sobald das geschehen ist, sollten Sie eine

Weile schreiben. Dann greifen Sie wieder zum Buch, damit wir Ihr Gedächtnis wieder auf Trab bringen können.

Was haben Sie bisher in Ihrem Leben erreicht? Was haben Sie geleistet? Was haben Sie sich gewünscht, und was haben Sie sich davon tatsächlich verschafft? Diese Dinge mögen inzwischen einen festen Platz in Ihrem Leben haben, aber vielleicht gibt es sie auch schon längst nicht mehr. Wie auch immer, schreiben Sie sie auf.

Autos? Jobs? Wohnungen? Stereoanlagen? Möbel? Sie brauchen nicht jedes Hemd und jede Dose Ravioli aufzuführen, die Sie in Ihrem Leben gekauft haben, aber wenn Sie sich an ein besonderes Stück erinnern, das Sie erstanden haben, oder an ein außergewöhnliches Essen, schreiben Sie es auf.

Und nun zu Ihrer Schulbildung. Haben Sie den Hauptschulabschluß, die mittlere Reife oder Abitur? Haben Sie ein Diplom, eine Berufsausbildung, ein Examen gemacht? Vielleicht sind Sie ja auch stolzer auf die Abschlüsse, die Sie *nicht* gemacht haben. Haben Sie die Abendschule oder die Volkshochschule besucht, an Workshops, Seminaren oder anderen Fortbildungen teilgenommen? Haben Sie eine Sprache erlernt? Oder haben Sie gelernt, wie man Öl wechselt (beim Auto oder in der Küche)? Wie man kocht? Wie man Ball spielt (oder Bälle besucht)? Können Sie tanzen? Singen? Welche Hobbies haben Sie? Haben Sie Reisen unternommen? Wohin? Welche Bücher haben Sie gelesen? Welche Theaterstücke haben Sie gesehen? Bei welchen Seifenopern haben Sie mitgelitten?

Wie steht's mit den Menschen in Ihrem Leben? Wen haben sie sich zum Freund, Geliebten, Chef, Angestellten, Lehrer, Schüler, Mitbewohner, Ehepartner etc. gewünscht und bekommen? Auch wenn die Beziehung nicht auf Ihre Initiative entstanden ist, so mußten Sie doch *irgend etwas* dafür tun, und wenn Sie einfach nur *nicht* nein gesagt haben.

Falls eine Beziehung, ein Job oder was auch immer ein schlechtes *Ende* genommen hat, heißt das nicht, daß Sie sie nicht aufschreiben sollten. Was zählt, ist, daß Sie sich etwas gewünscht und verschafft haben. Unser inneres Wachstum wird zum großen Teil dadurch bewirkt, daß wir etwas bekommen, was wir wollten, und dann merken, daß wir es eigentlich doch nicht wollen. Auch wenn der Partner zu dem Entschluß gekommen ist, daß die Beziehung mit Ihnen nicht ideal war, listen Sie sie auf. Sie bestand eine gewisse Zeit, und der einzige Unterschied zwischen einem Happy end und einem, das nicht happy ist, besteht darin, wann man den Abspann anfangen läßt. Nehmen Sie die Phase, während der Sie glücklich waren, als Errungenschaft oder Gewinn an, und schreiben Sie die Beziehung auf.

Haben Sie soziale oder politische Ziele verfolgt? Hat Ihr Kandidat gewonnen? Ist der Gesetzesvorschlag, den Sie unterstützt haben, verabschiedet worden? Selbst wenn Sie nur Ihre *Stimme* abgegeben haben, haben Sie damit mehr getan als die Millionen von Menschen, die regelmäßig nicht zur Wahl gehen. Welche Spenden haben Sie – direkt oder durch Organisationen – geleistet?

Ja, da gibt es viel zu erinnern und zu schreiben. Und genau das ist ja auch der Zweck dieser Übung. Die Menschen vergessen leicht, was sie erreicht haben. Sie vergessen leicht, was sie alles geleistet haben. Sie vergessen leicht, wie stark sie sind.

Und nun zu Ihrer Familie? Haben Sie Kinder gezeugt? Was haben Sie für die Mitglieder Ihrer Familie getan? Auch eine Trennung von der Familie kann eine bedeutende Leistung sein.

Wie steht es mit Ihrer Gesundheit? Welche Krankheiten haben Sie erfolgreich überstanden? Haben Sie Veränderungen an Ihrer äußeren Erscheinung vorgenommen? Wieviel Gewicht haben Sie verloren? (Es gibt Menschen, die haben in ihrem Leben schon Tausende von Pfunden ab- und wieder zugenommen. Auch dann war jedes Pfund, das sie abgenommen haben, eine Leistung.) Machen Sie Gymnastik? Treiben Sie Sport? Haben Sie je Sport getrieben? Nehmen Sie Vitamine ein? Haben Sie schon mal irgend etwas für Ihren Körper getan? Welche schlechten Angewohnheiten haben Sie abgelegt (und wenn auch nur vorübergehend?) Haben Sie sich schon einmal einer Therapie unterzogen? Auch wenn nichts dabei herausgekommen sein sollte, die Tatsache, daß Sie Hilfe gesucht haben, ist eine Leistung. Wie halten Sie es mit der Religion? Gehen Sie in die Kirche? Besuchen Sie vielleicht einen buddhistischen Tempel? Meditieren Sie? Beten Sie? Es spielt keine Rolle, wie Ihre Beziehung zum Allmächtigen aussieht, aber sie ist auf jeden Fall ein Plus auf *Ihrem* Konto. (Denn wenn der einzelne gar nichts dafür zu tun brauchte, glaubte *jeder*, einen Draht zu Gott zu haben, und das ist keineswegs der Fall.) Vielleicht besteht Ihre Leistung darin, daß Sie den einen religiösen oder spirituellen Weg verlassen und dafür einen anderen eingeschlagen haben, der Ihnen mehr liegt.

Schreiben Sie weiter. Ihre geistige Zapfsäule läuft auf vollen Touren. Jetzt ist ein günstiger Zeitpunkt, um das Buch zur Seite zu legen und sich eine Weile zu erinnern und zu schreiben. Da der Katalog Ihrer Errungenschaften nahezu unendliche Ausmaße hat, wird er nie vollständig sein, aber früher oder später werden Sie an die Grenzen Ihrer Errinnerungsfähigkeit stoßen. Wenn Ihnen also nichts mehr einfällt, nehmen Sie das Buch wieder zur Hand und lesen weiter.

So, und jetzt lesen Sie sich durch, was Sie notiert haben. Sie haben eine brauchbare, noch nicht vollständige Sammlung von Errungenschaften, die Sie aufbewahren sollten. Sie zeigt Ihnen, wieviel Sie schon geleistet und erreicht *haben* und wie viele Möglichkeiten Sie in Zukunft noch haben werden.

Stellen Sie sich jetzt – ohne Bedauern – vor, was Sie hätten erreichen können, wenn Sie all Ihre Anstrengungen auf einen *einzigen* Punkt gerichtet hätten – wenn Sie diese enorme Menge wirkungsvoller, kreativer Energie der Erfüllung Ihres Herzenswunsches gewidmet hätten.

Um es noch einmal zu sagen: Sie sollen kein Bedauern empfinden. Sie dürfen sich keinesfalls Ihre Vergangenheit ansehen und stöhnen: »Welche Vergeudung.« Oder wie Katherine Mansfield es formuliert hat: »Machen Sie es sich zur Lebensregel, niemals zurückzublicken und niemals vergangene Dinge zu bedauern.

Reue ist eine schreckliche Zeitverschwendung; auf ihr kann man nicht bauen; in ihr kann man sich nur suhlen.«

Anstatt Reue zu empfinden, nutzen Sie die Energie, um sich auf Ihre Zukunft zu *freuen*. Wenn Sie, sagen wir, dreißig sind, dürfen Sie unter keinen Umständen denken: »Jetzt habe ich dreißig Jahre vergeudet.« Die meisten Menschen fangen sowieso nicht vor dem achtzehnten, zwanzigsten Lebensjahr an, ihre eigenen Entscheidungen zu treffen.

Einigen wir uns auf folgendes: »Das Leben beginnt, wenn man sein Elternhaus verläßt.« (Vielleicht werden Sie auch sagen: »Mein Leben hat angefangen, als ich meine erste richtige Arbeitsstelle angetreten habe.« Und wenn Sie einer vom Kaliber von Prinz Charles sind und nicht vorhaben, *je* von Zuhause wegzugehen, werden Sie einwenden: »Mein Leben hat angefangen, als ich geheiratet habe.«)

Beginnen Sie an dem Punkt zu zählen, an dem Ihr Leben als Erwachsener begonnen hat. Während der ersten zwanzig Lebensjahre etwa sind wir nämlich im Grunde von anderen Leuten abhängig. Wenn Sie also dreißig sind und Ihr Elternhaus mit zwanzig verlassen haben, brauchen Sie tatsächlich nur *zehn* Jahre Ihres Lebens unter die Lupe zu nehmen.

Sehen Sie sich an, was Sie in jenen Jahren geleistet haben. Stellen Sie sich vor, wieviel Sie im Verlauf der nächsten, genauso langen Phase erreichen werden. Da haben Sie allen Grund, aufgeregt zu sein und sich zu freuen.

In Kürze werden wir Ihnen noch mehr Techniken liefern, mit deren Hilfe Sie sich auf Ihre Ziele konzentrieren können, lernen, Ihre kreativen Energien in deren Richtung zu kanalisieren, über Ihre Behaglichkeitszone hinauszugehen, um endlich in den Bereich vorzustoßen, in dem Sie Ihre Träume leben können.

> Kein Mensch wird kriechen,
> wenn er den Impuls verspürt,
> sich in die Höhe emporzuschwingen.
> *Helen Keller*

Was haben Sie alles zu bieten?

> Die Welt bewegt sich heutzutage so schnell,
> daß einer, der behauptet,
> es sei etwas nicht zu machen,
> meist von jemandem unterbrochen wird,
> der es in die Tat umsetzt.
>
> *Harry Emerson Fosdick*

Bei der folgenden Aufstellung handelt es sich um eine Ergänzung zu dem Katalog, den Sie im vorhergehenden Kapitel erstellt haben, in der aufgelistet wird, worüber Sie *in diesem Moment* froh sind, daß Sie es haben.

Diese Übung soll uns helfen, die Werte zu würdigen, die wir allzuleicht als gegeben ansehen. Sie soll uns auch helfen, *dankbar* zu sein.

Beginnen Sie jeden Punkt dieser Bestandsaufnahme mit einer Formulierung wie »Ich bin dankbar für . . .« oder »Ich bin heilfroh, daß . . .«.

Die Liste wird dann etwa so aussehen:
Ich bin dankbar für meine Gesundheit.
Ich bin dankbar für mein Haus.
Ich bin dankbar für meine Beziehung mit ⎯⎯⎯⎯.
Und so weiter.

Wenn Sie für die letzte Übung Karteikarten verwendet haben, können Sie sie durchgehen und die in Frage kommenden herausziehen. Schreiben Sie über jede notierte Errungenschaft »Ich bin dankbar für . . .« oder fügen Sie, falls oben kein Platz ist, ». . . wofür ich dankbar bin« hinzu.

Falls Sie keine Karteikarten verwendet haben, gehen Sie Ihre Liste durch und übertragen die relevanten Dinge auf ein neues Blatt. Setzen Sie dabei vor jede Errungenschaft die Wendung »Ich bin dankbar für . . .« oder »Ich bin heilfroh, daß . . .«.

Wenn Sie die Formulierung »Ich bin dankbar für . . .« nur ein einziges Mal oben auf die Seite schreiben, ist das nicht so wirkungsvoll, als wenn Sie sie vor jedem Punkt auf Ihrer Liste eintragen. Bitte tun Sie letzteres unbedingt. Es ist enorm wichtig, den Schreibvorgang ständig zu wiederholen. Und falls Sie diese Aufgabe auf einem Computer erledigen, programmieren Sie ihn ja nicht so, daß er diese Formel automatisch einträgt!

(Wenn wir, wie im vorletzten Absatz, von »Dingen« reden, meinen wir damit alle Werte: von Menschen über Autos, physische und psychische Eigenschaften bis hin zu Gott. Das soll keine Herabwürdigung sein. Wir fanden einfach nur, daß das Wort »Dinge« am geeignetsten ist, um die vielen unterschiedlichen Punkte zu umfassen.)

Wenn Sie alle Dinge von Ihrer Errungenschaftsliste übertragen haben, werfen Sie einen Blick auf Ihr derzeitiges Leben. Was haben Sie vergessen? Was haben Sie als so gegeben angesehen, daß Sie es auf der Liste mit Ihren Leistungen nicht eingetragen haben? Was würden Sie vermissen, wenn man es Ihnen wegnähme? Listen Sie auch diese Dinge auf.

Für welche physische Eigenschaft können Sie dankbar sein? Was ist mit den anderen, mit denen Sie nicht so zufrieden sind? Seien Sie auch für diese dankbar und setzen Sie sie auf die Liste.

Wie steht es mit Ihren Fähigkeiten? Über welche Talente oder Kenntnisse freuen Sie sich? Vergessen Sie auch nicht die Qualifikationen, mit denen Sie derzeit Ihr Geld verdienen, oder diejenigen, mit denen Sie *künftig* Ihr Geld verdienen wollen. Und vergessen Sie auch nicht die Eigenschaften, die Ihre Freunde so an Ihnen schätzen. (Sehen Sie sich noch einmal die Liste Ihrer Eigenschaften an, die Sie erstellt haben, als Sie nach Ihrem Lebenszweck geforscht haben.)

Da wir gerade von Freunden sprechen, was ist mit Ihren Mitmenschen? Gibt es Freunde, Geliebte, Bekannte, Gatten, Kinder, Verwandte, Mitarbeiter, Mitsucher etc., über deren Vorhandensein in Ihrem Leben Sie froh sind?

Oder auch Sachwerte? Was von dem, was Sie besitzen (oder wozu Sie Zugang haben), gefällt Ihnen? Sehen Sie sich um. Ihr

Versicherungsvertreter hat Ihnen bestimmt schon vor Jahren empfohlen, eine derartige Liste zu erstellen. Jetzt ist der richtige Zeitpunkt, um das endlich zu erledigen. Und Ihre Hobbies? Der Sport? Die Aussicht aus Ihrem Fenster? Der Staat, das Bundesland, die Stadt, der Stadtteil, in dem Sie leben? Welche Freiheiten haben Sie, die Sie sehr ungern aufgeben würden? Und wie steht es mit Gott? Was ist – über die Dankbarkeit ihm gegenüber hinaus – mit den Organisationen, Büchern und Menschen, die Ihnen die religiöse oder spirituelle Unterweisung vermitteln, an der Ihnen gelegen ist? Diese Liste zu erstellen, dauert wiederum seine Zeit. Sie ist jedoch begrenzt und sollte, wenn man sich ihr lange genug widmet, vollständig sein. Die Zeit, die Sie für sie aufbringen, ist gut angelegt.

> Wenn ich gewußt hätte,
> daß mein Sohn eines Tages
> Präsident von Bolivien werden würde,
> hätte ich ihm Lesen und Schreiben
> beigebracht.
> *Die Mutter von Enrique Penaranda*

> Wir erleben immer dann
> den größten Erfolg und das größte Glück,
> wenn wir unsere natürlichen Fähigkeiten
> mit maximalem Effekt einsetzen.
> *Dr. Smiley Blanton*

Die Wahl und die Konsequenzen

> Zögern ist Angst vor dem Erfolg.
> Die Menschen zögern,
> weil sie den Erfolg fürchten,
> der sie erwartet,
> wenn sie augenblicklich handeln.
> Da Erfolg schwerwiegt
> und Verantwortung mit sich bringt,
> ist es einfacher, zu zögern
> und nach der Philosophie zu leben,
> daß man »eines Tages«
> den entscheidenden Schritt tun wird.
> *Denis Waitley*

Wir haben schon erwähnt, daß das Leben wie eine Spielshow sein kann. Nun, das Leben hat aber auch Aspekte von »Sag die Wahrheit«. Und wenn man sich die *Wahrheit* über sein Leben sagt, ist man besser darauf vorbereitet, die *Konsequenzen* zu tragen.

Vielen Menschen gelingt es jedoch nicht, sich selbst über eine getroffene Wahl die Wahrheit zu sagen. Viele *tun so*, als hätten Sie Möglichkeit A gewählt, aber ihre Handlungsweisen, ihr Verhalten und die eingeschlagene Richtung zeigen deutlich, daß Sie sich an Entscheidung B orientieren. Wenn Sie B erreichen, besteht ihre Reaktion aus ehrlicher Überraschung (oft gepaart mit Enttäuschung und bzw. oder Entrüstung): »Wieso B? Was soll der Quatsch? Ich habe mich doch für A entschieden!«

Oft sagen wir *anderen*, daß wir Ziel A ansteuern, obwohl wir genau wissen, daß wir auf Ziel B zugehen; das bezeichnet man als Taktik. Aber wenn wir *uns selbst* sagen, daß wir A ansteuern, obwohl wir schnurgerade auf B zugehen, ist das etwas anderes. Dieses Verhalten führt nur zu Verwirrung und Frustration. »Wieso führt ein netter Mensch wie ich bloß so ein Leben«, fragt man sich dann ratlos.

Wir kommen zum Ziel, indem wir – im weitesten Sinne – aktiv werden und handeln. Wenn wir all unsere geistigen, emotionalen und physischen Aktivitäten auf einen Punkt konzentrieren, erreichen wir unser Ziel. Die Menschen reden sich jedoch oft ein, daß sie einen bestimmten Wunsch haben, aber dann richten sie ihre Gedanken, Empfindungen und Aktivitäten auf einen ganz anderen.
Und warum?
Aus Angst vor den Konsequenzen.
Die Menschen sind im Gegensatz zu, sagen wir, Amöben, recht klug. Sie können logisch und ziemlich genau vorausplanen. Wir wissen zum Beispiel, daß es im Kiosk an der Ecke Eis am Stiel gibt. Wir wissen, daß wir gegen einen gewissen Betrag so ein Eis bekommen können. Wir wissen, daß es im Munde kalt ist und süß schmeckt. Schlagen wir diesen Weg ein, werden wir mit großer Wahrscheinlichkeit zu genau dem beschriebenen Ergebnis kommen.

Genauso können wir die Schattenseite der Zukunft vorhersagen, das heißt die möglichen negativen Konsequenzen unserer Handlungsweise: sie wird Geld und Zeit kosten, wir werden zusätzliche Kalorien aufnehmen, das Eis verdirbt uns vielleicht den Appetit und so weiter.

Wenn wir daran denken, unseren Herzenswunsch zu verwirklichen, kalkuliert etwas in uns automatisch die möglichen Konsequenzen – besonders die negativen. Für die Behaglichkeitszone sind diese negativen Konsequenzen ein gefundenes Fressen. Sie argumentiert, daß die negativen Konsequenzen aus unseren Aktivitäten herrühren, und gibt uns folgende entmutigende Empfehlung: Unternimm nichts!

Die Behaglichkeitszone verhält sich relativ ruhig, solange wir nicht ernsthaft erwägen, aktiv zu werden. Wir können uns unseren Traum so sehr und so oft *wünschen* wie wir wollen; wir können uns gerne vorstellen, daß wir *ihn eines schönen Tages wahrmachen* werden; wir können Gott und der Welt bei jeder Gelegenheit *erzählen, daß wir sicher sind, ihn eines Tages* zu verwirklichen. Wir

können uns sogar *verpflichten, ihn wahrzumachen, ohne diese Verpflichtung tatsächlich halten zu wollen.* Das einzige, was wir nicht können, ist, einfach ranzugehen und es zu tun. Wenn wir doch rangehen, schaltet unsere Behaglichkeitszone sofort den Schnellgang ein und bringt uns wieder auf Kurs. Darunter versteht sie das, was wir immer schon gemacht haben. Das bedeutet, daß wir wieder auf B zugehen, obwohl sich all unsere Träume auf A richten.
Warum sind uns die Konsequenzen des Handelns so unangenehm? Sehen wir sie uns einmal an:
1. *Wenn wir wählen und uns für eine Möglichkeit entscheiden, müssen wir die anderen aufgeben.* Wenn wir gerade genug Geld für ein einziges Eis am Stiel haben und uns für Kirsche entscheiden, fallen Traube, Orange, Mandarine, Banane, Piña Colada, Wassermelone, Tutti-Frutti und Passionsfrucht weg. Natürlich möchten wir keineswegs auf Traube, Orange, Mandarine, Banane, Piña Colada, Wassermelone, Tutti-Frutti und Passionsfrucht verzichten. Welch ein Verlust! Wir fühlen uns hundeelend. Wir hätten lieber zu Hause bleiben sollen, sagen wir uns. Nein, der Kioskbesitzer erlaubt uns nicht, von jeder Geschmacksrichtung nur einen Happen zu nehmen. Nein, er gibt uns auch nichts auf Pump. Wir nehmen ein Eis nach dem anderen in die Hand, legen es wieder zurück, bis unsere Finger halb erfroren sind.

Wenn wir unsere große Entscheidung treffen und an unseren großen Traum rangehen, bedeutet das, daß wir alle anderen großen Träume aufgeben müssen, obwohl sie nicht weniger reizvoll sein mögen. Uns schmeckt diese Wahrheit genauso wenig wie Ihnen, aber wenn wir Sie nicht darauf hinweisen, wird das Leben es tun. (Wahrscheinlich hat es das sowieso schon getan.)

Wenn wir *keine Wahl treffen*, stehen wir letzten Endes mit *gar nichts* da. (Tatsächlich stehen wir aber mit dem da, was uns zufällig in die Hände fällt und auch »gar nicht so übel« ist. Im Vergleich zu irgendeinem unserer großen Träume ist es jedoch so gut wie nichts. Dazu kommt, daß wir dafür genauso bezahlen müssen, als handele es sich um einen großen Traum.)

2. *Wenn wir wählen und uns für eine Möglichkeit entscheiden, riskieren wir, daß wir eine Niederlage erleiden.* Wenn wir zum Kiosk gehen und frech ein Kirscheis verlangen, kann es sein, daß der Kioskbesitzer sagt: »Ich habe keins mehr da.« Vielleicht sagt er aber auch, und das wäre noch schlimmer: »Ich habe das letzte vor fünf Minuten verkauft. Sie haben Ihre Chance *um ein Haar* verpaßt.« (Warum sagen die Leute nur immer solche Sachen? Warum müssen sie unbedingt noch Salz in die Wunde streuen? Wir wissen es nicht, aber sie tun es.)
Es kann sein, daß aus dem großen Traum, dem wir uns verschreiben, nichts wird. Möglicherweise verlieren wir. Und das werden dann nicht nur *wir selbst*, sondern auch *alle anderen* wissen. Dann haben wir ihn am Hals, den unerträglichen Schmerz der Niederlage. Furchtbar! Doch wenn wir uns nie wirklich entscheiden und uns zu nichts verpflichten, dann können wir uns, wenn aus dem Traum nichts wird, in Sicherheit wiegen und sagen: »Ach, ich habe das sowieso nicht gewollt.«
3. *Wenn wir wählen und uns für eine Möglichkeit entscheiden, riskieren wir, daß wir Erfolg haben.* Wir treten forsch an den Kiosk heran! Wir reichen unser Geld hin! Wir bekommen das Kirscheis! Wir nehmen es! Wir halten es in der Hand! Es gehört uns! Der Kioskbesitzer sagt: »Herzlichen Glückwunsch!« Und nun? Tja, was nun? Das ist die große Frage, die vielen Leuten mehr Angst macht als der unerträgliche Schmerz der Niederlage. Niederlagen sind bei den meisten Menschen nämlich ein fester Bestandteil der Behaglichkeitszone. Aber den Sieg davonzutragen? »Was soll ich jetzt tun? Wie geht es mit mir weiter? Wie werde ich damit fertig?« heißt es. Das nennt man Angst vor dem Erfolg.
Um erfolgreich zu sein, müssen wir nicht nur selbst Änderungen vornehmen, sondern der Erfolg bringt noch zusätzliche Veränderungen mit sich. Je größer der Erfolg, desto größer die Veränderungen. Stellen Sie sich vor, Sie wären sehr erfolgreich. Würden Sie dann noch wohnen, wo Sie jetzt wohnen? Tun, was Sie jetzt tun, dieselben Lokale besuchen, die Sie jetzt besuchen,

die Kleidung tragen, die Sie jetzt tragen? Hätten Sie dann noch dieselben Freunde wie jetzt? Wäre überhaupt noch *irgendein* Teil Ihres Lebens so wie jetzt?

Noch einschneidender als die äußeren Veränderungen sind jene, die der Erfolg in unserem Inneren bewirkt. Was fangen wir mit der Vorstellung an, der zufolge wir des Erfolgs nicht *würdig* sind? Was ist mit der Programmierung, die unsere Kultur den meisten von uns mitgegeben hat und die besagt, daß wir »ganz durchschnittliche Leute« sind? Wie ist es möglich, daß ein Durchschnittsmensch zu *über*durchschnittlichen Erfolgen fähig ist? An diesem Bild ist doch etwas faul! Aber was?

Ein noch tiefergehender Grund für die Angst vor Erfolg besteht darin, daß wir unsere eigene Stärke fürchten. Wir haben viel mehr Kraft, als wir uns selbst eingestehen. Wenn wir wüßten, wie stark wir sind, machten uns die »Fallstricke des Schicksals« ungefähr soviel zu schaffen wie der Angriff eines Knirpses, der gerade im Trotzalter ist.

Das Bewußtsein der eigenen Kraft ist nicht unbedingt bequem. Viel einfacher ist es, unsere kulturelle Konditionierung zu akzeptieren, der zufolge sich äußere Ereignisse zwangsläufig in unserem Innenleben niederschlagen, das, was mit uns geschieht, untrennbar an unser Empfinden gekoppelt ist, Träume niemals wahr werden, es unser Los im Leben ist, ausschließlich Nieten zu ziehen und man sich besser daran gewöhnen sollte.

Und was kann man nun dagegen tun? Hier einige Tips:
1. Seien Sie sich der Probleme bewußt. Seien Sie sich darüber im klaren, was passiert, wenn Sie wählen und sich entscheiden. Seien Sie auf die Konsequenzen vorbereitet. *Gehen Sie davon aus*, daß die Behaglichkeitszone aufmuckt. Das ist nun einmal ihr Job.
2. Bereiten Sie sich darauf vor, daß Sie von Traube, Orange, Mandarine, Banane, Piña Colada, Wassermelone, Tutti-Frutti und Passionsfrucht *vorerst* ablassen müssen. Sagen Sie sich: »Heute Kirsche, morgen Tutti-Frutti!« Erfolg auf einem Gebiet macht oft

den Weg für den Durchbruch auf anderen – sowohl inneren als auch äußeren frei – frei. Wenn Sie sich *jetzt* am sehnlichsten ein Kirscheis wünschen, dann holen Sie es sich. Später können Sie sich wieder umschauen und noch einmal wählen.

3. Wenn wir wählen, *kann es sein*, daß wir verlieren, aber wenn wir uns nicht entscheiden, unterliegen wir *mit ziemlicher Sicherheit*. Das heißt, wenn wir es als Niederlage definieren, nicht das zu bekommen, was wir haben wollen. Manche Menschen sagen sich: »Wenn ich nicht mitspiele, kann ich auch nicht verlieren.« Und solange sie nicht verlieren, meinen sie, sei alles in bester Ordnung. Das Problem bei dem System ist nur, daß man auch nie gewinnen kann. Machen Sie sich klar, daß zum Gewinn das Risiko gehört zu verlieren, daß nie zu verlieren aber bedeutet, niemals das zu bekommen, was man im Grunde haben will.

4. Akzeptieren Sie den Umstand, daß Siegen nicht alles hält, was es verspricht, *aber daß es nun einmal keine echte Alternative gibt*. Was ist Ihnen lieber? Im Kiosk zu stehen, Ihr Eis zu essen und festzustellen, daß der Kirschgeschmack nicht so toll ist, wie Sie erwartet hatten, oder auf der Straße zu stehen, sich Ihre Nase an der Scheibe platt zu drücken und davon zu träumen, wie wundervoll es wohl wäre, wenn Sie sich so einen Genuß leisten könnten?

5. Machen Sie sich klar, daß Sie etwas wert sind. (Wir sind alle unseres Traumes wert.) Jawohl, Sie *sind* etwas Besonderes. (Wir haben alle einen besonderen Traum, dessen Realisierung uns in den Augen sehr vieler Menschen zu etwas Besonderem macht.)

6. Sie sind stark. Es tut uns ja sehr leid, daß wir Ihnen diese schlechte Nachricht überbringen müssen. Aber es ist nun einmal nicht von der Hand zu weisen. Sie können weiterhin mit sich selbst einen Wettbewerb im Armdrücken veranstalten, oder Sie können sich ein Herz fassen und unter Einsatz beider Arme und Ihrer ganzen Kraft um Größe ringen.

Sie haben die Wahl.

Es ist besser, Großes zu wagen
und prächtige Triumphe zu sammeln,
auch wenn man auf dem Weg dahin
manche Niederlagen einstecken muß,
als sich unter die armen Teufel einzureihen,
die weder von Freude noch Leid wissen,
weil sie in dem grauen Zwielicht leben,
das weder Sieg noch Niederlage kennt.
Theodore Roosevelt

Hören Sie immer auf die Experten.
Sie sagen Ihnen,
was nicht zu machen ist und warum nicht.
Und dann tun Sie es einfach.
Robert Heinlein.

Der Mythos von Geld, Ruhm und Macht

Was ist schon Geld?
Ein Mann ist erfolgreich,
wenn er morgens aufsteht
und abends zu Bett geht
und zwischendurch das tut,
was er will.

Bob Dylan

Geld, Ruhm und Macht um ihrer selbst willen stehen nur für eines: *Glamour*. Glamour ist eine der gefährlichsten Fallen, die uns das Leben stellt. Er ist ein verlockender, aber klebriger Hinterhalt, so wie die Blätter einer Venusfliegenfalle. »Komm zu mir«, lockt er uns, »bei mir findest du alles Glück dieser Welt.« Was man dort in Wirklichkeit findet, sind Lügen. Die Existenz des Glamours beruht auch auf dem schon erwähnten Mythos, nach dem uns etwas oder jemand außerhalb von uns selbst glücklich machen kann; nach dem wir ohne bestimmte Äußerlichkeiten unvollkommen sind; und nach dem wir, wenn wir nur eine ausreichende Menge gewisser Äußerlichkeiten besitzen, nie wieder unglücklich sein werden.

»Sie scheinen nicht zu begreifen, daß ein armer, unglücklicher Mensch in einer besseren Position ist als ein reicher, unglücklicher Mensch«, hat Jean Kerr erklärt. »Der Arme hat nämlich Hoffnung. Er glaubt, daß ihm Geld helfen könnte.«

Sich Geld, Ruhm und Macht zum Ziel zu machen, ist geradezu tödlich. Die Leute verfolgen es, erreichen es, werden damit aber nicht glücklich (sondern sind in der Regel noch unglücklicher als zuvor). Sie kommen also zu dem Schluß, daß sie wahrscheinlich noch nicht genug davon angehäuft haben, und sagen sich: »Ich brauche noch mehr, *dann* werde ich glücklich sein.« Sie schrauben ihre Ansprüche höher, holen sich noch mehr von dem Zeug, das sie bisher nicht glücklich gemacht hat, und werden prompt noch unglücklicher.

Mittlerweile sind sie von Geld, Ruhm und Macht abhängig wie von einer suchterzeugenden Droge. Das Leben entwickelt sich zu einer schonungslosen Jagd nach mehr. Mehr! *Mehr!* Ob wir damit sagen wollen, daß Geld, Ruhm und Macht an sich schlecht sind? Nein. Sie haben durchaus ihren Wert. Aber sie sind Werkzeuge, *Methoden*, um andere Ziele zu erreichen. Als Ziele an sich taugen sie jedoch gar nicht. Sie sind bestenfalls Zerstreuungen und im schlimmsten Fall Süchte.

Nehmen Sie zum Beispiel das Geld. Angenommen wir haben Hunger, sind aber abgebrannt. Wir denken: »Wenn ich doch nur Geld hätte, dann könnte ich etwas essen. Ich möchte Geld haben. Ich habe Hunger, und deshalb möchte ich Geld.« Gut, nun erklärt sich irgend jemand bereit, uns so viel Geld zu geben, wie wir haben wollen, und schließt uns mit einer Million Dollar in einem Zimmer ein. Was nun? Haben wir immer noch Hunger? Ja. Haben wir einen Haufen Geld? Ja. Vielleicht kann sich eine niedrige Lebensform, die auch bei einer Diät aus Papier und Druckfarbe gedeiht, davon ernähren, aber wir selbst tauschten den ganzen Haufen Geld wahrscheinlich nur allzugern bald gegen einen Hamburger ein.

So sieht es aus, wenn man auf Geld um des Geldes willen aus ist. Was täten Sie, wenn Sie an das Geld herankämen? »Ich würde auf Weltreise gehen«, sagen Sie vielleicht. Dann machen Sie es sich doch zum Ziel, die Welt zu sehen. Wenn Geld das notwendige Mittel ist, um das zu tun, prima. Es wird sich schon finden. Es könnte allerdings auch andere Methoden geben, um Ihr Ziel zu erreichen. Sie könnten zum Beispiel jemanden kennenlernen, der einen Reisegefährten einstellen möchte, und so dafür bezahlt werden, daß Sie die Welt sehen.

»Ich hatte ein aufregendes Leben«, hat Rose Kennedy geschrieben. »Ich habe aus Liebe geheiratet, und ich habe obendrein noch ein wenig Geld bekommen.« Das ist auch eine Methode. Sie

sollten natürlich aus Liebe heiraten. Denken Sie an die alte Redensart:»Wer des Geldes wegen heiratet, verdient es auch.«
»Mit Geld kann man sich kein Glück kaufen«, hat Bill Vaughan gesagt,»aber man kann damit einen riesigen Forschungsstab bezahlen, der sich mit der Erforschung dieses Problems befaßt.«
Manche Menschen, die vielleicht ein Buch schreiben wollen, fragen sich, wie sie an das Geld für einen Textverarbeiter herankommen können. Wenn wir sie daran erinnern, daß schon vor der Entwicklung des Computers ausgezeichnete Bücher geschrieben wurden, sehen sie uns mißbilligend an und sagen:»Davon versteht ihr nichts.«
Wir verstehen sehr wohl etwas davon. Wir haben schon Bücher erfaßt, als der *billigste* Computer noch eine Million Dollar kostete. Haben *wir* mit dem Schreiben abgewartet, bis uns die Summe zur Verfügung stand? Nein. Wir haben mit dem»Textverarbeiter« geschrieben, den wir zur Hand hatten – mit einem Kugelschreiber. Shakespeare hatte nicht einmal den. Er hat mit einem *Federkiel* geschrieben.
Viele Menschen nehmen Geld als *Vorwand*, um etwas, was sie eigentlich tun wollen, doch nicht zu tun. Es klingt *so vernünftig*, wenn man sagt:»Sobald ich das notwendige Geld habe, um _____, werde ich meinen Traum wahr machen.« Wer das hört, glaubt diese Ausrede, weil jeder selbst eine Sammlung von vernünftig klingenden Lügen auf Lager hat. Es ist wie eine Verschwörung:»Ich werde nicht an deiner vernünftig klingenden Lüge kratzen, wenn du nicht an meiner kratzt.«
»Wenn man tut, was man liebt, kommt Geld ins Haus«, lautet eine Redensart, die Sie wahrscheinlich auch schon gehört haben. Sie stimmt, ist aber unvollständig.
Vollständig lautet sie so:»Wenn man tut, was man liebt, kommt das *notwendige* Geld ins Haus.« Das Geld, das man benötigt, um seinen Traum zu realisieren, wird sich genau zum richtigen Zeitpunkt einstellen, das heißt, sowie man sich als wert erweist (und das heißt wiederum, sobald man die richtigen Schritte zum Erreichen des Ziels macht). Ein hübsches Sümmchen, das es einem

ermöglichte, genau dann, wann es einem gefällt problemlos das zu tun, was man liebt, wird sich allerdings nicht einstellen.

Wenn Sie ein Buch schreiben wollen, wird Ihnen für den Anfang genug Geld für Stift und Heft zur Verfügung stehen, und dazu fünfzehn Minuten freie Zeit jeden Tag. Wenn Sie diese Viertelstunde regelmäßig zum Schreiben benutzen, werden Sie, sobald Ihr Notizbuch voll ist, über genug Geld verfügen, um sich ein neues zu kaufen. Außerdem bekommen Sie täglich dreißig Minuten Zeit. So geht das immer weiter. Und irgendwann halten Sie dann Ihr Buch fertig in den Händen. Was aber haben jene Zeitgenossen, die auf einen Computer warten, bevor sie zu schreiben anfangen? Jede Menge Wartezeit.

Wir können den oben genannten Leitsatz über das notwendige Geld weiter präzisieren, indem wir sagen: »Wenn man tut, was man liebt, stellen sich die notwendigen *Hilfsmittel* ein.«

In manchen Fällen mag es sich dabei um Geld, in anderen jedoch um Zeit handeln. Die Hilfsmittel können aber auch nützliche Informationen, gute Kontakte oder günstige Gelegenheiten sein. Die Liste der Möglichkeiten ist schier endlos. Ein anderes Wort für *Hilfsmittel* ist selbstverständlich *Methode*.

Mit dem Ruhm ist genauso. Wenn es sich dabei um das natürliche Ergebnis der Tätigkeit handelt, die Sie lieben, ist gegen ihn überhaupt nichts zu sagen. Viele berühmte Menschen betrachten ihn allerdings als Last, obwohl es albern ist, von der »schweren Bürde des Ruhms« zu sprechen, wie es so oft getan wird. »Ein Prominenter ist ein Mensch, der sein Leben lang schwer arbeitet, um bekannt zu werden«, hat Fred Allen dazu gesagt, »und dann eine dunkle Brille trägt, um nicht erkannt zu werden.«

Aber Spaß beiseite. Stellen Sie sich vor, wie es wäre, wenn Sie absolut *nirgendwohin* gehen könnten, ohne daß eine Traube von Menschen über Sie herfiele. Das klingt ja vielleicht ganz lustig und mag auch eine Weile recht amüsant sein, aber irgendwann würde es Ihnen wie Lewis Grizzard gehen: »Zeitungskolumnist zu sein, ist so, als sei man mit einer Nymphomanin verheiratet. Die ersten zwei Wochen sind eine Wucht.«

»Wenn ich berühmt wäre«, sagen einige, die nicht zur Prominenz zählen, »würde ich im Fernsehen auftreten und Geld sammeln, um damit Obdachlose zu versorgen.« Diese Leute lassen sich gleich von einer doppelten Portion Glamour blenden. Sie wollen ihren *Ruhm* einsetzen, um *Geld* zu bekommen, um damit einem guten Zweck zu dienen. Allen, die solche Reden schwingen, raten wir: Wenn es Ihre Berufung ist, Obdachlosen zu helfen, dann gehen Sie *jetzt gleich los* und geben Sie *einem* dieser bedauernswerten Menschen zu essen. Und morgen helfen Sie dann zweien. Setzen Sie das fort. Vielleicht erlangen Sie damit Berühmtheit. Sollte das der Fall sein, setzen Sie sie als Werkzeug ein. Werden Sie nicht berühmt, haben Sie sich zumindest Ihren Traum erfüllt. Oder wie Mutter Teresa gesagt hat: »Wir können keine großen Dinge vollbringen – nur kleine, die aber mit viel Liebe.«

Sie sehen, daß es sich mit der Macht und dem Glamour genauso verhält. Was für einen Sinn hat denn die Macht, wenn man sie nicht für irgend etwas einsetzt? Gar keinen. Was würden Sie also tun, wenn Sie Macht hätten? Aha. Nun gut, dann tun Sie es jetzt gleich. »Handeln Sie, und die Macht wächst Ihnen zu«, hat Emerson erklärt.

Nein, was Sie tun, mag vielleicht nicht so imposant, mitreißend und hochdramatisch sein, wie es Ihnen Ihre Phantasie weismacht. Aber wenn es Sie nicht befriedigt, es auf einem niedrigen Niveau zu tun, dann werden Sie auch nicht mehr Befriedigung erlangen, wenn Sie es auf globaler Ebene tun. Nichts mal fünf Millionen ist immer noch nichts.

> Vergnügen ist ein Schatten,
> Reichtum eine Nichtigkeit,
> Macht nur Pomp;
> Wissen jedoch ist
> eine ekstatische Freude
> ohne Unterbrechung,
> ohne räumliche Grenzen
> und ohne Ende.
> *DeWitt Clinton*

Der Mythos von der Vierzig-Stunden-Woche

Über dem Verdienen des Lebensunterhaltes
vergessen die Menschen zu leben.
Margaret Fuller

Die meisten Leute glauben, daß sie vierzig Stunden in der Woche arbeiten »müssen«. Für manche stimmt das wohl. Andere arbeiten aber sechzig Stunden wöchentlich. Wieder andere achtzig. (Fragen Sie eine Ehefrau, deren »Job« es ist, den Haushalt zu versorgen, einen Kreativen, der an einem Projekt arbeitet, einen Mönch in seinem Kloster oder einen engagierten Menschen, der sich für soziale Reformen einsetzt.) Einige mögen dagegen vielleicht nur fünf oder zehn Stunden arbeiten.

Genau wie sich die Arbeit ausdehnt und die zur Verfügung stehende Zeit ausfüllt, dehnen sich die Bedürfnisse aus und verzehren das verfügbare Geld. (»Die Ausgaben steigen entsprechend dem Einkommen,« hat C. Northcote Parkinson gesagt.) Wenn wir den Verdienst von vierzig Stunden Arbeit nach Hause bringen, geben wir ihn auch aus. Der Dramatiker John Guare stellte fest: »Die Reichen leben auch von der Hand in den Mund – nur auf einem höheren Niveau.« Egal ob sich der Verdienst aus vierzig Arbeitsstunden auf 150, 1500, 15 000, 150 000 oder 1 500 000 Dollar beläuft, er wird auf jeden Fall ausgegeben.

Viele Menschen sitzen in der Falle des Mythos von der Vierzig-Stunden-Woche gefangen.

Wenn wir »Job« als etwas definieren, was wir eigentlich gar nicht tun wollen, aber tun, um Geld zu verdienen, um das zu tun, was wir tatsächlich tun wollen (lesen Sie sich das ein paarmal durch; der Gedankengang stimmt), dann hängt die Zahl unserer Arbeitsstunden davon ab, (a) was es kostet, das zu tun, was wir tun wollen, und (b) welchen Stundenlohn wir bekommen.

Was ist mit unseren Grundbedürfnissen? Gute Frage! Grundbedürfnisse werden oft von dem diktiert, was wir tun wollen. Wenn jemand zum Beispiel den ganzen Tag beten und Gott dienen möchte, kann er das vielleicht mit einem Klosterleben kombinieren. Dann braucht er nicht einmal eine *einzige* Stunde pro Woche im Hamburgerrestaurant an der Ecke zu jobben.

Wer die Welt verändern möchte, könnte, wenn er in den Entwicklungsdienst einträte, sein Ziel erfüllen und dabei noch Geld verdienen. Wer im Lande bleiben möchte, könnte sich von einer Hilfsorganisation anstellen lassen, die auf nationaler Ebene arbeitet. Die Beispiele lassen sich unendlich fortsetzen.

Wir sollten unsere Grundbedürfnisse an unserem Herzenswunsch orientieren, aber nicht am gerade herrschenden Lebensstil oder an der vermeintlichen Notwendigkeit, die wenige »Freizeit«, die uns unser gehaßter Job läßt, möglich intensiv zu füllen.

Wenn man seinen Lebensstandard beträchtlich steigern will, ist es manchmal nötig, ihn für eine Weile beträchtlich zu senken. Wenn Sie zum Beispiel ein Buch schreiben wollen, brauchen Sie Ihre Luxuslimousine für 25 000 Dollar und Ihre Wohnung, die im Monat 2000 Dollar Miete kostet, nicht, um Ihr Ziel zu erreichen. Ein Wagen für 5000 Dollar (oder auch ein Moped für 500 Dollar) und eine Wohnung, die 500 Dollar im Monat kostet, reichen vollkommen aus.

»Ja, aber...«

Hören wir da etwa, wie sich die Behaglichkeitszone bemerkbar macht?

Leute, die »es« schaffen wollen, sollten am besten davon ausgehen, daß sie Opfer bringen müssen. Und die beginnen beim leiblichen Wohl. Opfer zu bringen, kann bedeuten, daß man sich eine kleinere Wohnung nehmen, einen Mitbewohner suchen oder aber seinen Wohnraum in ein Büro umwandeln muß. Wie auch immer – es ist Unbequemlichkeit in Sicht! Das kann heißen, daß man sich weniger Essen mit Freunden, weniger Reisen, weniger Kleidung, weniger CDs, keine sündhaft teuren Weine, kein nobles französisches Mineralwasser (sondern nur noch

181

Sprudel), kein kaltgepreßtes Olivenöl, keinen erlesenen Essig und schon gar keine Hausangestellten leisten kann.

»Brauch alles auf, trag Altes auf, bescheide dich oder verzichte,« besagt eine alte Lebensregel aus New England. Wissen Sie, worauf wir automatisch verzichten, wenn wir uns nicht bescheiden? Ach, nur auf unsere Träume.

Mit am schwierigsten ist es, die Vorstellung aufzugeben, daß man es ständig behaglich haben *sollte*. Wir haben lediglich gesagt, daß Sie Befriedigung finden werden, wenn Sie Ihren Traum verfolgen, aber von Bequemlichkeit war nicht die Rede.

Wenn wir alle leiblichen Genüsse haben wollen, die auch die Familie von nebenan hat, bezahlen wir diese mit unserer *Zeit* – Zeit, die wir mit dem Verdienen von Geld zubringen, das uns möglicherweise davon abhält, unsere Träume auszuleben. Zeit ist wertvoll. Zeit ist das eine Ding, was jeder Mensch in gleichem Maße mitbekommt. Was wir mit dieser Zeit anfangen, ist entscheidend für das, was wir in unserem Leben erreichen.

Wir möchten eine Faustregel aufstellen: ZEIT = TRÄUME.

Verabschieden Sie sich auch von dem Mythos, demzufolge wir im Leben nur eine Karriere, einen Beruf, eine Ehe, einen religiösen Glauben etc. haben können. Unendlich viele Menschen (und Sie mögen einer davon sein) haben gezeigt, daß das einfach nicht wahr ist. Vergessen Sie auch den Mythos, daß man nur in einem bestimmten Alter auf einem dieser Gebiete anfangen kann.

Es geht hier um Ihr *Leben* – nicht um irgendeinen Mythos. Lassen Sie Ihr Leben anderen Menschen eine Inspiration zu neuer Mythenbildung sein, anstatt es zum Sklaven von Mythen der Vergangenheit zu machen.

> Versuchen Sie nie, mit der Familie
> von nebenan mitzuhalten.
> Ziehen Sie sie auf ihr Niveau hinunter.
> Das ist weniger kostspielig.
> *Quentin Crisp*

Was wollen Sie haben?

Die Nachmittage brachten Gertrude Stein
und ich damit zu, in den Geschäften der Stadt
nach Antiquitäten zu jagen.
Dabei fragte ich sie einmal,
ob ich Schriftsteller werden sollte.
Auf ihre rätselhafte Art, die uns alle so entzückte,
sagte sie nur: »Nein.«
Ich deutete ihre Antwort als »Ja«
und dampfte gleich am nächsten Tag
nach Italien ab.
Woody Allen

Man muß wissen, was man haben will.
Gertrude Stein

Hier ist es endlich, das Kapitel, dem Sie schon einige Zeit erwartungsvoll entgegengesehen haben. Mit freudiger Ungeduld oder besorgter Unruhe oder mit beidem. In ihm werden Sie entdecken, was *Sie* wollen. Und Sie werden Gelegenheit haben, sich zu entscheiden, welche Wünsche Sie verfolgen, auf welche Sie verzichten und welche Sie zurückstellen wollen.
   Die diesem Kapitel zugrundeliegende Frage hat Dr. Robert Schuller am besten formuliert: »Welches Ziel würden Sie anstreben, wenn Sie wüßten, daß Sie nicht scheitern können?«
   Um diese Frage zu beantworten, ist ein gewisses Maß an Reflexion nötig. Wir gebrauchen das Wort »Reflexion« anstelle von »Nachdenken«, weil wir glauben, daß William James recht hatte, als er sagte: »Viele Menschen denken, daß sie denken, obwohl sie in Wirklichkeit nur ihre Vorurteile neu ordnen.«
   Wir alle haben Vorurteile. Wir meinen, nicht zu wissen, was wir wollen, und diese Meinung entwickelt sich zu einem Vorurteil. Oder aber wir meinen, *genau* zu wissen, was wir wollen, und diese Meinung entwickelt sich auch zu einem Vorurteil. Wir

meinen, daß wir irgendwann schon noch entdecken werden, was wir wollen, nur nicht gerade jetzt, und das entwickelt sich genauso zu einem Vorurteil.

Machen Sie reinen Tisch. Fangen Sie ganz von vorn an. Wenn der Traum, den Sie träumen, wirklich Ihr ureigener ist, wird er auch die Fragen überstehen, die wir Ihnen gleich stellen. Falls die Zeit noch nicht reif sein sollte, um über Ihren Traum Gewißheit zu bekommen, wird nichts, wonach wir Sie fragen können, das Geheimnis lüften. Sie und Ihr Traum sind jedenfalls in Sicherheit. Wie gut Sie Ihren Traum im Verlauf dieses Kapitels kennenlernen werden, hängt ausschließlich von Ihnen selbst ab.

Falls Sie zufällig ein paar Karteikarten im Haus haben (ha, erwischt!), holen Sie sie. Dazu einen Kuli oder Bleistift. Sollten Sie keine Karteikarten verwenden, holen Sie sich ein paar Lagen Schreibpapier und legen Sie Listen an. Ohne Karteikarten werden Sie einfach etwas mehr abschreiben müssen.

Zu Beginn machen wir der Zufluchtsstätte wieder einmal einen Besuch. Schließen Sie zu diesem Zweck die Augen.

Stellen Sie sich vor, daß Sie vor dem Eingang stehen. Er öffnet sich. Sie treten ein und baden in dem reinen, weißen Licht, das sich gleich hinter dem Eingang über Sie ergießt. Sie wissen jetzt, daß alles, was sich in Ihrer Zufluchtsstätte und im Verlauf des folgenden Prozesses ereignet, voll und ganz Ihrem größten Nutzen dient.

Legen Sie auf diesen »größten Nutzen«, von dem schon Cicero gesprochen hat, äußersten Wert. Es ist nämlich oft so, daß glamoursüchtige Seiten in uns bestimmte Dinge nicht etwa deshalb begehren, weil *wir* sie wollen, sondern weil es Eindruck machen würde, sie zu haben. Sie zu bekommen, bereitet jedoch nur Kummer. So hat die Hl. Theresa von Avila gesagt: »Es werden mehr Tränen über erhörte Gebete vergossen als über nichterhörte.« Oder um Oscar Wilde zu zitieren: »Wenn die Götter uns strafen wollen, erhören sie unsere Gebete.«

Indem wir um den größten Nutzen für alle Beteiligten bitten, ermöglichen wir unseren wahren Träumen, an die Oberfläche zu kommen. So werden unsere Gebete, wenn sie schließlich erhört werden, nur Freudentränen hervorrufen.

Ihre Augen sind geschlossen. Gehen Sie zum Beförderungsmittel und laden Sie Ihren Meisterlehrer ein. Sehen Sie, wie er aus dem weißen Licht des Beförderungsmittels heraustritt. Heißen Sie Ihren Meisterlehrer willkommen. Plaudern Sie mit ihm eine Weile über den Prozeß, den Sie in Kürze durchlaufen werden.

Die Benutzung Ihrer Zufluchtsstätte ist ein ganz besonderer Vorgang. Sie können jederzeit Ihre Augen öffnen, sich Notizen machen oder andere Dinge tun. Wenn Sie Ihre Augen schließen, befinden Sie sich sofort wieder in der Zufluchtsstätte, und zwar genau an der Stelle, an der Sie waren, als Sie die Augen geöffnet haben. Tatsächlich findet dieser ganze Prozeß *in* der Zufluchtsstätte statt. Nur erleben Sie manche Dinge mit geöffneten, andere mit geschlossenen Augen.

Öffnen Sie Ihre Augen. Sie werden gleich drei Kartenstapel einrichten (oder drei Listen erstellen). Auf jeder Karteikarte wird jeweils nur ein Punkt stehen. Sobald Sie sich den jeweiligen Punkt notiert haben, ordnen Sie die Karte im richtigen Stapel ein.

Beschriften Sie zunächst je eine Karte, um die Stapel auseinanderhalten zu können. Auf dem ersten steht »WÜNSCHE«, auf dem zweiten »EIGENSCHAFTEN und FÄHIGKEITEN« und auf dem dritten »BESCHRÄNKUNGEN«.

Und jetzt beginnen Sie mit dem Ausfüllen der Karteikarten. Geben Sie sich der freien Gedankenassoziation hin. Ein WUNSCH (»nach New York ziehen«) kann Sie zum Beispiel an einige Ihrer EIGENSCHAFTEN oder FÄHIGKEITEN erinnern (»abenteuerlustig«, »flexibel«, »kultiviert«) oder auch an ein paar BESCHRÄNKUNGEN (»Geldmangel«, »Angst«, »Verlust der Freunde«).

Eine FÄHIGKEIT (»talentiert«) mag das Stichwort für einen WUNSCH geben (»Opernsänger werden«). Der WUNSCH wiederum kann bewirken, daß sich eine BESCHRÄNKUNG zu Wort meldet (»zu mühsam«).

Sobald ein bestimmter Punkt auf einer Karteikarte erfaßt ist, braucht er nicht noch einmal notiert zu werden. Eine Karte mit dem Eintrag »Angst« reicht vollkommen. (Warum diese Karte nicht sofort anlegen? Dann wäre der Fall erledigt.) Sie brauchen die Karten nicht nach Wichtigkeit oder auch anders zu sortieren. Wenn Sie sich eine *Mousse au chocolat* wünschen, tragen Sie es einfach ein. Und falls Ihnen nun doch Geld, Ruhm und Macht einfallen, sollten Sie diese Begriffe unbedingt auf je einer Karteikarte eintragen.

Der Sänger Tiny Tim hat einmal folgenden Wunsch geäußert: »Ich möchte gern erleben, daß Jesus Christus auf die Erde zurückkehrt, den Haß ausrottet und die Menschen dazu bringt, die Waffen endgültig niederzulegen. Außerdem hätte ich gern noch einen Hit, nur noch einen einzigen.« So scheint es sich mit unseren Wünschen zu verhalten: manche sind grandios und von kosmischen Ausmaßen, andere sind persönlicher Natur und eher klein.

Wenn man im Zuge der Entscheidungsfindung *alle* Punkte schriftlich auf Karteikarten festhält, entsteht eine regelrechte »Datenhalde«. Laden Sie darauf also alle Ihre Daten ab und ordnen Sie sie vorerst nur nach den Kategorien WÜNSCHE, EIGENSCHAFTEN und FÄHIGKEITEN oder BESCHRÄNKUNGEN.

Denken Sie beim Schreiben daran, daß Sie mit dem Eintragen der Punkte noch keine Verpflichtung eingehen. Sie werden in einem späteren Kapitel noch Gelegenheit bekommen, sich einem Ziel zu verschreiben. Zunächst genügt es vollkommen, wenn Sie alles nur als »gute Ideen« ansehen.

Und vergessen Sie auch nicht, Spaß an diesem Prozeß zu haben. Ja, Sie haben Ihr Leben vor sich und denken darüber nach, was Sie damit anfangen wollen, aber das bedeutet nicht, daß Sie den Vorgang allzu ernst nehmen müssen. Was wir tun, um die Zeit zwischen unserem ersten Schrei und unserem letzten Seufzer zu füllen, ist sowieso nur ein einziges Spiel. Erstellen Sie die Liste mit derselben Ernsthaftigkeit, mit der Sie überlegen, was Sie am nächsten Samstagnachmittag tun wollen. Wollen Sie Fußball oder Basketball spielen oder lieber ein Ballett aufführen?

Füllen Sie jetzt eine Weile Karten aus. Wenn Ihnen die Ideen ausgehen, schließen Sie die Augen und kehren Sie in die Zufluchtsstätte zurück. Bitten Sie Ihren Meisterlehrer um ein paar Anregungen. Lassen Sie sich Zeit mit diesem Prozeß. Tragen Sie alle Ihre WÜNSCHE, EIGENSCHAFTEN und FÄHIGKEITEN und die BESCHRÄNKUNGEN auf Karteikarten ein. Investieren Sie dafür mindestens eine Stunde, wenn Sie Lust haben, auch mehr. Wenn Ihre Kartenstapel oder Listen vollständig sind, kehren Sie zu dieser Stelle des Buches zurück.

Gut gemacht. Ausgezeichnet. Herzlichen Glückwunsch.
Gehen Sie jetzt die Karten (oder die Listen) durch, die Sie im Verlauf des Kapitels »Was ist Ihr Lebenszweck?« ausgefüllt haben. Schreiben Sie Ihren Lebenszweck auf eine Karte und legen Sie sie an eine gut sichtbare Stelle. Erinnert sie Sie an weitere WÜNSCHE, EIGENSCHAFTEN und FÄHIGKEITEN oder BESCHRÄNKUNGEN? Als Sie Ihren Lebenszweck entdeckten, haben Sie eine Liste mit Ihren Eigenschaften aufgestellt und auch eine mit den Tätigkeiten, die Ihnen Spaß machen. Diese Punkte können ebenfalls den Stapeln mit den EIGENSCHAFTEN, FÄHIGKEITEN und WÜNSCHEN zugeordnet werden.

Jetzt wenden Sie sich den Listen mit den Dingen zu, für die Sie dankbar sind. Diejenigen, die auch in Ihrer Zukunft einen Platz haben sollen, setzen Sie auf Ihre Wunschliste. Stimmt, Sie haben diese Dinge ja schon, aber es wird sicher einige Zeit in Anspruch nehmen, sie zu pflegen.

Fast *alles* muß auf irgendeine Art gepflegt oder instand gehalten werden, abgesehen von den Muscheln vielleicht, die Sie als Souvenir aus der Karibik mitgebracht haben. Die *Instandhaltung* ihrer derzeitigen Habe muß als ein zukünftiges Ziel in Betracht gezogen werden. Legen Sie auf den Stapel mit Ihren Wünschen diese und ähnlichlautende Karten: »Haus instand halten«, »Autopflege«, »Kontakt halten mit Soundso.« Falls Sie dabei auf irgendwelche FÄHIGKEITEN, EIGENSCHAFTEN oder BESCHRÄNKUNGEN stoßen, legen Sie für diese ebenfalls Karteikarten an.

Jetzt wollen wir uns dem Stapel mit den WÜNSCHEN zuwenden. Ordnen Sie jeden Wunsch einer der folgenden Kategorien zu: Ehe/Familie, Karriere/Beruf, Soziales und Politik, Religion und Spiritualität, Erholung und Spaß. Wir gehen von der Annahme aus, daß sich *jeder*, unabhängig davon, welchem Lebensbereich er sich vornehmlich widmet, *ein gewisses Maß* an Spaß und/oder Erholung wünscht. Es scheint uns nämlich, daß es auch dem ernsthaftesten, zielorientiertesten Menschen, gleich welchen Weg er verfolgen mag, nach Erholung im Sinne von Erneuerung verlangt. Aus diesem Grunde richten wir als Ergänzung zu dem jeweiligen Lebensbereich, in dem Sie ein Ziel verfolgen wollen, diese zusätzliche Kategorie ein.

Wenn Sie für jeden Ihrer WÜNSCHE die richtige der obengenannten Kategorien auswählen, denken Sie an das, was Shakespeare im »Hamlet« geschrieben hat: »Dies über alles, sei dir selber treu«. Möglicherweise bietet sich ja für irgendeinen Wunsch ein Bereich *offensichtlich* an, während ihn Ihre persönlichen *Motive* einem ganz anderen zuordnen.

Angenommen, einer Ihrer WÜNSCHE ist, Pfarrer zu werden. Haben Sie diesen Wunsch, weil Sie eine engere Verbindung mit Gott suchen (Religion und Spiritualität), weil Sie diese Tätigkeit als guten Ausgangspunkt für soziale Veränderungen ansehen (Soziales und Politik), weil Sie das für einen lohnenswerten Beruf halten (Karriere und Beruf) oder weil Sie Ihre Beziehung mit einer Dame intensivieren wollen, die eine starke Vorliebe für Herren aus dem geistlichen Stand hat (Ehe und Familie)?

Wir müssen unseren Motiven genau auf den Grund gehen. Oder wie Madonna gesagt hat: »Der Verlust meiner Jungfräulichkeit war ein Karriereschritt.«

So könnte es zum Beispiel sein, daß Sie den WUNSCH »Heirat« in der Kategorie »Karriere und Beruf« einordnen, weil ein geordnetes Eheleben der von Ihnen angestrebten Laufbahn förderlich ist, oder vielleicht sind die Gründe für Ihre Heiratspläne getreu dem Gebot des Paulus auch religiöser bzw. spiritueller Natur: »Denn es ist besser zu heiraten, als sich in Begierde zu verzehren.« Es könnte auch sein, daß Sie hauptsächlich aus sozialen oder gesellschaftlichen Erwägungen heiraten wollen. »Jeder junge Mann, der mit einundzwanzig noch unverheiratet ist,« hat Brigham Young, ein ehemaliges Mormonenoberhaupt, gesagt, »stellt eine Gefahr für die Allgemeinheit dar.« Oder aber Sie wollen schlicht heiraten, um zu heiraten. Somit fällt der WUNSCH in die Kategorie Ehe und Familie.

Natürlich wird es zu Überschneidungen kommen. Ordnen Sie die Karteikarte mit dem jeweiligen Wunsch also in die Kategorie ein, die Ihren Motiven *am ehesten* entspricht.

Wenn das erledigt ist, sehen Sie sich die Karten in den vier Kategorien »Ehe und Familie«, »Beruf und Karriere«, »Soziales und Politik«, »Religion und Spiritualität« noch einmal genau an. (»Mit Erholung und Spaß« beschäftigen wir uns später.)

Jetzt wollen wir einen Blick in die Zukunft werfen, sagen wir, fünf Jahre voraus.

Nehmen Sie sich jede Wunschkategorie einzeln vor, lesen Sie sie durch, und schließen Sie dann Ihre Augen. Stellen Sie sich vor, wie Ihr Leben in den nächsten fünf Jahren aussähe, wenn sich ein Gutteil dieser Wünsche erfüllte.

Sondieren Sie sowohl die guten *als auch* die schlechten Aspekte, die Sonnen- *und* die Schattenseiten. Seien Sie dabei weder zu romantisch noch zu zynisch. Seien Sie einfach offen.

Setzen Sie für die Erforschung Ihres zukünftigen Lebens in der jeweiligen Kategorie alle Elemente Ihrer Zufluchtsstätte ein. Mit dem Beförderungsmittel können Sie Experten auf dem Gebiet einladen, um mit ihnen das Für und Wider zu erörtern. Mit Hilfe der Informationszentrale können Sie nützliche Fakten und Daten sammeln. Auf dem Videoschirm können Sie sich selbst in Ihrem zukünftigen Leben sehen. Schlüpfen Sie für jeden der Wünsche in ein Rollenkostüm, und vollziehen Sie auf dem Übungsgelände nach, wie es sich damit lebt. Gehen Sie in Ihr Gesundheitszentrum und erforschen Sie die Gesundheitsrisiken und Vorteile jedes Wunsches. Denken Sie im Inneren Bereich über jede Kategorie nach, und sorgen Sie während des ganzen

Prozesses dafür, daß Sie Ihren Meisterlehrer dabeihaben, um mit ihm alle Ihre Reaktionen zu besprechen.

Und fragen Sie sich in jedem Fall: »Würde dieses Leben meinen Lebenszweck erfüllen?«

Wenn Sie sich in Ihrer Zufluchtsstätte eine Zeitlang mit jedem Ihrer Lebensbereiche beschäftigt haben, fragen Sie sich folgendes: »Welche Kategorie beinhaltet meinen Herzenswunsch, der mich während der nächsten fünf Jahre am meisten befriedigen würde?«

Falls Sie keine Antwort darauf finden, kehren Sie mit Ihrem Meisterlehrer in die Zufluchtsstätte zurück und forschen Sie weiter. Müssen Sie vielleicht zwischen zwei Kategorien wählen? Dann sondieren Sie abwechselnd beide. Welche entspricht Ihrem Lebenszweck am meisten? Welche begeistert Ihr Herz am meisten?

Wenn Sie sich für eine Kategorie entschieden haben, gehen Sie alle WÜNSCHE in ihr durch, und wählen Sie den stärksten aus. Setzen Sie auch in diesem Fall wieder alle Hilfsmittel der Zufluchtsstätte ein, um das Für und Wider jedes WUNSCHES zu erkunden, und entscheiden Sie sich dann für den ganz großen Wunsch, für das, was Sie am meisten begehren.

Warum sollen Sie zuerst eine Kategorie auswählen und dann das Ziel in ihr? Weil bei der Entscheidung für das große Ziel innerhalb einer Kategorie meist auch viele der kleineren Ziele in ihr erfüllt werden; nicht alle, aber doch viele. Wenn Sie zunächst den *Lebensbereich* auswählen, werden Sie ihn, während der Verfolgung eines großen Traums darin, um so gründlicher ausschöpfen können und mehr von dem bekommen, was Sie haben wollen.

Es steht Ihnen selbstverständlich frei, sich einen großen Traum *außerhalb* des Lebensbereiches auszuwählen, zu dem Sie sich am meisten hingezogen fühlen. Wir haben jedoch die Feststellung gemacht, daß die meisten Menschen glücklicher und erfüllter sind, wenn Sie in dem bevorzugten Lebensbereich mehrere Ziele erreichen, anstatt nur ein großes Ziel in einem

Bereich, den sie weniger schätzen. Aber das ist nur eine Beobachtung unsererseits. Treffen Sie selbst Ihre Wahl für den großen Traum. Ihr Meisterlehrer wird Sie bestimmt nicht in die Irre führen.

Eine Methode für die Entscheidung zwischen zwei großen Träumen, die beide gleich attraktiv zu sein *scheinen*, besteht darin, eine Liste der Punkte anzulegen, die für oder gegen sie sprechen. Wenn Sie die durchgehen, kristallisiert sich gewöhnlich ein Favorit heraus.

Haben Sie ihn? Haben Sie Ihren Traum? Ihren großen Traum? Wenn ja, lesen Sie weiter. Wenn nicht, setzen Sie Ihr Auswahlverfahren fort und suchen Sie weiter.

Wenn Sie sich für einen Traum entschieden haben, müssen Sie ihn *quantitativ* bestimmen. Das heißt, daß Sie ihn als ein Ziel mit *spezifischen Ergebnissen* definieren sollen. Wenn Sie die erreicht haben, werden Sie sicher wissen, daß Sie am Ziel sind.

Es kann schwer sein, den Traum zu definieren. Die Menschen neigen nämlich dazu, ihre Träume nur vage zu umreißen. »Ich möchte eine Familie haben«, sagt sich leichter als: »Ich möchte eine Frau, zwei Kinder und einen Rottweiler.« Aber wie Sie sehen, ist letzteres erreichbar, ersteres nicht.

Wenn Sie »Ich möchte eine Familie haben« sagen, läßt sich das nicht erreichen, weil bei der Formulierung des Ziels nicht definiert wird, was eine Familie ist. In diesem Fall wäre das Ziel schon erfüllt, wenn Sie eine Mäusefamilie in der Küche hätten. »So meine ich das nicht«, werden Sie einwenden. Gut, Sie könnten auch achtzehn Kinder Ihr eigen nennen und *immer noch nicht* Ihr Ziel erreicht haben, weil es auch Familien mit neunzehn Kindern gibt. »Das meine ich auch nicht«, sagen Sie darauf.

Was meinen Sie *denn*?

Definieren Sie Ihr Ziel über einen berechenbaren, meßbaren Wert, damit Sie genau *wissen*, wann Sie es erreicht haben. Dann werden Sie an diesem Ziel auch nicht ewig laborieren, und wenn Sie es erreicht haben, können Sie sich ein größeres setzen. Vorerst ist jedoch nur wichtig, daß Sie Ihr Ziel kennen und wissen, wann Sie es erreicht haben. Und vergessen Sie nicht: Sie haben sich noch zu nichts verpflichtet.

An dieser Stelle kommt oft das Geld ins Spiel. Obwohl es an *sich* kein besonders taugliches Ziel ist, kann es ein ausgezeichneter Anzeiger sein, der einem sagt, ob man ein Ziel erreicht hat oder nicht. Oder wie es die Leute ausdrücken, die etwas vom Geld verstehen: »Geld ist nur eine Punktliste, um den Wettkampfstand festzuhalten.«

Sagen Sie also nicht: »Ich möchte Sänger werden.« Sagen Sie lieber: »Ich möchte ein Sänger sein, der mit seiner Kunst 50 000 (oder 100 000 oder 1 000 000) Dollar im Jahr verdient.« Legen Sie Ihr Ziel groß genug an, um als Traum zu taugen (denn wenn Sie schon 40 000 Dollar verdienen, sind 42 000 Dollar kaum ein großer Traum). Aber sehen Sie auch zu, daß er klein genug ist, um wenigstens halbwegs glaubhaft zu sein (denn wenn Sie irgendwo für einen Apfel und ein Ei arbeiten, ist der Sprung zu einem Jahresverdienst von hundert Millionen Dollar vermutlich ein bißchen zu riesig, als daß Ihnen Ihr Traum auch nur ansatzweise glaubhaft erscheinen könnte.)

Manche Ziele sind durch Zeit meßbar, so wenn man beispielsweise sagt: »Ich möchte sechs Monate im Jahr reisen.« Andere durch Mengenangaben, zum Beispiel: »Ich möchte 70 Kilo wiegen.« Wieder andere durch Examen oder Diplome. zum Beispiel: »Ich möchte als Chiropraktiker zugelassen werden.«

Bei der Zielsetzung macht es sicher Spaß, wenn Sie an den Spielfilm »Mephisto 68« denken. In dieser Bearbeitung des Faust-Motivs spielt Peter Cook den Teufel, dem Dudley Moore als Koch in einem Schnellrestaurant seine Seele vermacht. Moore will das Herz einer Kellnerin erringen, der er jedoch völlig gleichgültig ist. Der Teufel spielt mit, findet jedoch immer Hintertürchen, und der Koch tappt ihm prompt in die Falle. So möchte Moore die Dame seines Herzens heiraten und als reicher Mann mit ihr auf dem Land leben. Der Wunsch wird ihm erfüllt. Sie liebt allerdings einen anderen. Moore bittet den Teufel um eine weitere Chance. Dieses Mal möchte er auf dem Land leben, und dazu wünscht er sich, daß die Angebetete seine Liebe erwidert. Der Teufel findet ein Hintertürchen: Er macht die beiden zu Nonnen und schafft sie in ein Kloster. Und so geht das immer weiter.

Hüten Sie sich vor Fallen. Wenn Sie Zweifel haben, hängen Sie die Formulierung »zum größten Nutzen« an das Ziel an.

Notieren Sie sich Ihr Ziel, Ihren großen Traum.

Und jetzt eine kleine Nebenbemerkung. Wissen Sie, wie viele Minuten eine Woche hat? 10 080. Das sind 168 Stunden. Das ist also Ihr Vermögen an Zeit. Es liegt bei Ihnen, wofür Sie es ausgeben. Ganz gleich jedoch, wofür Sie es investieren, Sie werden nie mehr als 10 080 Minuten (oder 168 Stunden) pro Woche zur Verfügung haben.

Nehmen Sie sich ein frisches Blatt Papier (oder einen neuen Stapel Karteikarten) und schreiben Sie »168 Stunden« obenan. Und jetzt wollen wir das nächste Jahr planen.

Fangen wir mit dem elementaren Zeitaufwand an. Wie viele Stunden schlafen Sie pro Nacht? Multiplizieren Sie die Zahl mit sieben und ziehen Sie das Ergebnis von der Wochenstundenzahl ab. Wenn Sie also jede Nacht acht Stunden schlafen, macht das 56 Wochenstunden. Wenn Sie die von den 168 Stunden abziehen, bleiben Ihnen pro Woche noch 112 Stunden.

Und wie viele Stunden wenden Sie für Baden, Rasieren, Schminken, Ankleiden und anderweitige Körperpflege auf? Eine Stunde täglich? Multiplizieren Sie die Zahl mit sieben und ziehen Sie sie von 112 ab. Es bleiben also noch 105 Stunden.

Und jetzt die Mahlzeiten. Brauchen Sie dafür eine Stunde pro Tag? Mehr? Weniger? Stellen Sie sich eine durchschnittliche Woche vor und kalkulieren Sie, wieviel Zeit die Zubereitung der Mahlzeiten, ihr Verzehr und das anschließende Spülen und Aufräumen in Anspruch nehmen. Sagen wir, das alles kostet Sie eine Stunde pro Tag oder sieben Stunden pro Woche. Wenn wir die von 105 abziehen, bleiben noch 98 Stunden.

Gibt es in Ihrem Privatleben weitere Aufgaben, die Sie unbedingt erledigen müssen? (Führen Sie sie aber nur dann auf, wenn

Sie sie auch tatsächlich regelmäßig tun.) Putzen und Saubermachen (das Auto und die Wäsche eingeschlossen)? Einkaufen (Lebensmittel eingeschlossen)? Sportliche Aktivitäten? Arzttermine? Kirchgang? Meditation? Und so weiter. Berechnen Sie, wieviel Zeit Sie dafür pro Woche brauchen, und vergessen Sie dabei ja nicht, die Hin- und Rückwege miteinzukalkulieren. Ziehen Sie diese Stunden von der Wochenstundenzahl ab.

Nehmen wir an, Sie kommen auf 18 Stunden pro Woche. Dann bleiben Ihnen noch 80 Stunden. Allein die elementaren Dinge des Alltags verschlingen also schon die *halbe* Woche – und an die *Arbeit* haben wir noch nicht einmal gedacht!

Übrigens stehen wir gerade vor einem Problem, dem die meisten Menschen nur mit *größten* Schwierigkeiten ins Auge sehen: Zeit. Ja, das *Konzept*, daß es »nur eine begrenzte Zeit« gibt, ist leicht zu akzeptieren, aber wenn man *in seinem eigenen Leben* mit der Realität der Zeit und ihrer beschränkten Verfügbarkeit konfrontiert wird, ist das ein harter Schlag.

Genau darum bitten wir Sie jedoch. Stellen Sie sich der Zeit. Wir wissen, daß die Behaglichkeitszone an diesem Punkt ein riesiges Spektakel macht, aber kneifen Sie bitte nicht. Es mag unangenehm sein, aber nicht so unangenehm, wie nach Ablauf des in Planung befindlichen Jahres zurückzublicken und zu sagen: »Ich hatte doch vor, diese Sache zu erledigen, aber die Zeit ist mir davongelaufen.

Und jetzt gehen Sie die Karteikarten mit den Dingen durch, die Sie bereits haben und auch künftig behalten möchten. Kalkulieren Sie, wieviel Zeit Sie wöchentlich zur Instandhaltung benötigen. Tragen Sie die Stundenzahl auf der jeweiligen Karte ein. Verfahren Sie so mit allem, was Sie für die verschiedenen Kategorien notiert haben, und halten Sie die Karten weiterhin getrennt, das heißt die Familie-und-Ehe-Karteikarten im Familie-und-Ehe-Stapel etc.

Für die Instandhaltung mancher Dinge oder auch Beziehungen müssen Sie überhaupt keine Zeit aufwenden, zum Beispiel für die Muscheln aus der Karibik. Für andere wiederum eine ganze Menge, zum Beispiel für Kinder, Ehegatten, die Karriere und größere Projekte. Und denken Sie daran: dies sind die Dinge, die sie schon *haben.*

Vergessen Sie auch nicht jene Dinge, für deren Erhalt Geld bezahlt werden muß, seien es Hypotheken- oder Mietkosten, Ratenzahlungen für den Wagen etc. Kalkulieren Sie die Stundenzahl, die Sie bei Ihrem derzeitigen Einkommen wöchentlich arbeiten müssen, um dafür aufzukommen. Wenn Sie zum Beispiel zehn Dollar pro Stunde verdienen und die Ratenzahlungen für den Wagen sowie Benzin und laufende Kosten 320 Dollar im Monat betragen, dann macht das 80 Dollar oder acht Arbeitsstunden pro Woche.

Und jetzt kommen wir zu den wirklich schweren Entscheidungen.

Wenn Sie alle diese Stunden kalkuliert haben, gehen Sie die Karten mit den Dingen durch, die Sie haben und behalten möchten, und setzen sie zu dem großen Traum Ihrer Wahl in Beziehung. Fragen Sie sich bei jedem einzelnen Punkt: »Was ist wichtiger?«

Wenn Ihnen das, was Sie behalten möchten, wichtiger als Ihr Traum ist, legen Sie die Karte zur Seite. Ziehen Sie die Stundenzahl, die die Instandhaltung Sie wöchentlich kostet, von Ihrem verbliebenen Stundenkonto ab. Wenn Ihnen aber Ihr großer Traum mehr bedeutet, dann legen Sie die Karte mit dem Ding, das Sie gern behalten wollten, in den Stapel des Lebensbereiches zurück, aus dem es stammte. Für Aktivitäten im Rahmen der Kategorie »Spaß und Erholung« können Sie auch eine gewisse Anzahl von Stunden pro Woche bereitstellen. Ziehen Sie die ebenfalls von den verbliebenen Stunden ab.

Verwirrt Sie das? Wundern Sie sich nicht. Es handelt sich hierbei um schwierige Entscheidungen, wobei sich Verwirrung, Zorn, Angst, Schuld- und Minderwertigkeitsgefühle, verletzte Gefühle, Entmutigung und all die anderen Bewohner der Behaglichkeitszone zu einer Band zusammenschließen und einen regelrechten Karnevalsumzug machen. »Du brauchst diese Entscheidungen nicht zu treffen«, posaunen sie einem ins Ohr. Oder sie behaupten: »Diese Entscheidungen fallen von ganz allein« oder »Da brauchst du erst noch mehr Informationen«.

Wir möchten Ihnen jedoch raten weiterzumachen. Schließen Sie die Augen. Holen Sie sich bei Ihrem Meisterlehrer Zuspruch und Ermutigung.

Berechnen Sie jetzt die Kosten für Grundbedürfnisse wie Lebensmittel und Miete, die durch die Dinge, die Sie haben und behalten möchten, nicht abgedeckt sind. Wie viele Arbeitsstunden wöchentlich sind nötig, um diese Summe zu verdienen? Ziehen Sie die Zahl von Ihrem Stundenkonto ab.

Wie viele Stunden bleiben Ihnen noch? Genügen sie Ihnen, um Ihren großen Traum zu verwirklichen? Wenn Sie nicht *mindestens* vierzehn Stunden pro Woche (oder zwei Stunden täglich) für das Erreichen Ihres Zieles aufbringen können, ist es wahrscheinlich nicht genug. Falls Ihr Traum mit einem *geringeren* Zeitaufwand realisiert werden kann, handelt es sich dabei wohl doch eher um einen kleinen großen Traum.

Sie können für Ihren großen Traum natürlich auch *mehr* als vierzehn Stunden bereitstellen. Je mehr Zeit Sie aufwenden, desto schneller wird er wahr.

Jetzt aber kommen wir zum angenehmen Teil. Nehmen Sie Ihren großen Traum und überprüfen Sie, wie viele WÜNSCHE durch seine Verwirklichung *automatisch* (oder fast automatisch) erfüllt würden. Wenn Sie beispielsweise davon träumen, Hollywoodstar zu werden, ergäben sich daraus die kleineren Wünsche »in Los Angeles leben«, »berühmt werden«, »1 Million Dollar verdienen« und »Brooke Shields kennenlernen« von selbst. Das heißt, durch die Realisierung ihres großen Traumes würden auch diese kleineren fast mühelos wahr.

Greifen Sie in einen *beliebigen* Kartenstapel und suchen Sie die Träume heraus, die mit dem großen Traum korrespondieren. Seien wir ehrlich. Mit ein paar Verrenkungen findet so gut wie *jeder* kleine Traum in einem – großzügig bemessenen – großen Traum Platz. Dazu zwei Beispiele: »Ich möchte Pilot werden; wenn ich mir nun auch noch gern neue Filme ansehe, so könnte ich dann den Passagieren erklären, wovon der an Bord gezeigte Streifen handelt.« Oder: »Ich möchte einen Roman über das Leben der Reichen schreiben und werde deshalb mein ganzes Geld in einen Rolls-Royce investieren, damit ich in Stimmung komme.« So kann man die Träume etwas dehnen und weiten.

Und nun zurück zum schwierigen Teil der Übung. Schließen Sie alle Wünsche aus, die in direktem Gegensatz zu Ihrem großen Traum stehen. »In New York City leben« und »Die Freuden des Kleinstadtlebens auskosten« lassen sich nun einmal nicht mit ein und demselben Traum vereinbaren. Einer der beiden Wünsche muß gestrichen werden.

Sie müssen dabei knallhart und konsequent sein. Sie können nicht sagen: »Oh, ich kann auch in Kansas bleiben und ein großer Filmstar werden.« Tut uns leid, aber da läuft gar nichts.

Denken Sie bitte immer daran, daß es schwierig ist, große Träume aus zwei verschiedenen Kategorien simultan zu verfolgen. Falls es sich bei Ihrem hauptsächlichen Lebensbereich zum Beispiel *nicht* um »Ehe und Familie« handelt, merken Sie sich bitte folgendes: Wenn die Liebesbeziehung, auf die Sie es *zusätzlich* zu Ihrem großen Traum abgesehen haben mögen, Ihnen nicht *mehr Zeit* für den Traum gibt, werden entweder er oder die Beziehung darunter leiden. In der Regel aber beide. Uns gefällt diese harte Wahrheit genausowenig wie Ihnen. Aber es scheint, daß daran nun einmal nicht zu rütteln ist.

Falls Ihnen im Verlauf der Woche noch Zeit bleibt (was zweifelhaft ist), können Sie sich *unter der Voraussetzung* weitere Wünsche erfüllen, daß diese nicht im Widerspruch zu Ihrem großen Traum stehen. Sie sollten klugerweise Ziele auswählen, die ihn zusätzlich unterstützen oder fördern. Machen Sie aber Schluß, sobald Ihnen die Zeit ausgeht.

Sie können jetzt die Kartenstapel »Der große Traum und alles, was damit zusammenhängt« und »Schon erreichte Dinge, die beibehalten werden sollen« zusammenlegen. Überprüfen Sie noch einmal Ihre Entscheidungen. Fassen Sie das nächste Jahr (und wahrscheinlich noch einige Zeit darüber hinaus) ins Auge. Nehmen Sie den neuen Stapel und schreiben Sie oben auf jede Karte folgendes: »Ich werde....« Und damit handelt es sich nicht mehr um simple Wünsche, sondern um Anweisungen, feste Vorhaben, Verbindlichkeiten.

Verwahren Sie die verbleibenden WÜNSCHE, die von dem Stapel mit der Aufschrift »Ich werde...« ausgeschlossen wurden. Zu denen kommen wir im nächsten Kapitel noch.

Sehen Sie sich jetzt erst einmal den Stapel mit den BESCHRÄNKUNGEN an. Fragen Sie sich bei jeder, wie Sie sie in einen *Vorteil* verwandeln können. Wie kann eine persönliche Beschränkung zu einem *Verbündeten* bei der Verwirklichung Ihres großen Traumes werden? Wir haben schon gesehen, wie sich Angst in die Energie verwandelt, die uns in einer neuen Situation unser Bestes geben läßt; wie Schuldgefühle zu der Energie werden, mit deren Hilfe man sich selbst ändert; wie Minderwertigkeitsgefühle uns auf Kurs halten; wie verletzte Gefühle uns daran erinnern, wieviel Liebe in uns ist; wie sich Zorn in die Energie verwandelt, mit der man Veränderungen herbeiführt; und wie die Entmutigung uns an unseren Mut erinnert.

Versuchen Sie für alles, was auf Ihrer Liste steht, *eine positive Verwendungsmöglichkeit* zu finden. Ungeduld? Steuern Sie den Erfolg mit Ungeduld an. Eigensinnigkeit? Verwandeln Sie sie in Entschlossenheit. Ein großes Ego? Spannen Sie es für Ihr Ziel ein. Faulheit? Werden Sie faul, wenn es um Dinge geht, die *nicht* mithelfen, Ihren Traum zu erfüllen. Und so weiter.

Tragen Sie die positiven Eigenschaften einer jeden ehemaligen Beschränkung in großen Lettern auf der vorgesehenen Karteikarte ein. Wenn Sie spüren, wie eine Beschränkung von Ihnen Besitz zu ergreifen droht, können Sie dann nachlesen, wie Sie sie zu Ihrem Vorteil einsetzen können. Vergessen Sie nie, daß all diese Energie *Ihnen* gehört. Richten Sie sie auf Ihr Ziel aus. Setzen Sie dabei all Ihre Kreativität ein. Falls es den Anschein hat, als ob irgendwelche Beschränkungen nicht auf der Habenseite verbucht werden könnten, sortieren Sie sie vorerst aus.

Wenden Sie sich nun dem Stapel mit den EIGENSCHAFTEN und FÄHIGKEITEN zu. Beschäftigen Sie sich mit jeder. Stellen Sie sich vor, wie sie zur Verwirklichung Ihres großen Traums eingesetzt werden könnten.

Sehen Sie sich noch einmal die BESCHRÄNKUNGEN an, für die Sie bisher noch keine positive Verwendungsmöglichkeit gefunden haben. Welche EIGENSCHAFTEN und FÄHIGKEITEN wären am besten geeignet, um bei der Überwindung der einzelnen Beschränkungen mitzuhelfen? Mobilisieren Sie Eigenschaften und Fähigkeiten zu Ihren Gunsten. Immerhin geht es hier um Ihr Spiel.

Überprüfen Sie noch einmal den Kartenstapel mit der Überschrift »Ich werde ...« - also Ihren großen Traum und seine Freunde. Vergleichen Sie jeden Traum in dem Packen mit Ihrem Lebenszweck. Achten Sie darauf, daß letzterer auch wirklich von jedem Traum mustergültig erfüllt wird.

Schließen Sie die Augen, finden Sie sich in Ihrer Zufluchtsstätte ein, bedanken Sie sich bei Ihrem Meisterlehrer, und beobachten Sie, wie er im weißen Licht des Beförderungsmittels verschwindet. Beim Verlassen der Zufluchtsstätte entdecken Sie an der Wand einen neuen Schriftzug. Er verkündet Ihren großen Traum. Allerdings steht dort nicht, wie auf Ihren Karteikarten, »Ich werde ...« geschrieben.

An der Wand Ihrer Zufluchtsstätte wird Ihr großer Traum mit einer ganz schlichten Einleitung verkündet, und die lautet: »Ich bin ...«

Lesen Sie die Schrift, erfreuen Sie sich an ihr, werden Sie eins mit ihr. Gehen Sie zu dem weißen Licht am Eingang. Baden Sie darin, atmen Sie es ein. Verlassen Sie Ihre Zufluchtsstätte und kehren Sie in den Alltag zurück, um Ihren Traum wahr zu machen.

Wir leben in einer Welt,
in der die Menschen nicht wissen,
was sie wollen, aber bereit sind,
durch die Hölle zu gehen,
um es zu bekommen.

Don Marquis

Menschen mit Unternehmungsgeist
gehen nach folgender Methode vor:
Sie entwerfen kühne Pläne und setzen sie
mit Energie in die Tat um;
zuerst skizzieren sie
eine Landkarte der Möglichkeiten
und behandeln diese dann
wie Wahrscheinlichkeiten.

Bovee

Abschluß

> Gewinnen ist im Grunde überhaupt keine große Sache, vorausgesetzt, man ist mit einem scharfen Auge, einem beweglichen Verstand und absoluter Skrupellosigkeit gesegnet.
> *Alfred Hitchcock*

> Man sollte immer fair spielen, wenn man ein unschlagbares Blatt auf der Hand hat.
> *Oscar Wilde*

Mittlerweile müßten Sie ein entschieden süßsaures Gefühl haben. Gewiß, Sie haben Ihren großen Traum, Ihren Herzenswunsch entdeckt und erwählt. Aber was ist los? Kein Jubel? Keine Feier?
Es ist noch nicht ganz so weit.
Um Sie verstreut liegen nämlich »die Trümmer« all der anderen Herzenswünsche, die Reste jener Träume, die nicht sofort und vielleicht sogar nie Wirklichkeit werden.
Seufz.
Willkommen im Land des Erfolgs.
Bedenken Sie, daß Ihre Traurigkeit Sie daran erinnert, wieviel Liebe Sie empfinden. Und diese Liebe gehört *Ihnen*. Sie kann voll und ganz dem großen Traum zugute kommen, den Sie verfolgen wollen.
Es ist äußerst wichtig, daß Sie vorher jeden Traum abschließen, den Sie - vorerst - nicht verfolgen werden. »Abschließen« bedeutet nicht, daß Sie ihn verwirklichen, sondern Sie ihn für erledigt erklären sollen. »Erledigt« wiederum heißt nicht, daß er vollendet sein muß, daß *Sie* aber mit ihm, so wie er ist, ein vollendeter Mensch sind und daß Sie vorerst alle Tätigkeiten abgeschlossen haben, die im Zusammenhang mit ihm stehen.
Die traurige Seite daran ist, daß Sie sich von einem Traum

verabschieden müssen – vielleicht ein für allemal. (Wenn wir auf Wiedersehen sagen, wissen wir ja nie, für wie lange es sein wird.) Die erfreuliche Seite aber ist, daß bei Aufgabe eines Ziels all die geistigen, gefühlsmäßigen und körperlichen Energien freigesetzt werden, die wir für seine Verwirklichung aufgespart haben. Und dabei kann es sich um eine erhebliche Menge von Energie handeln.

Nehmen Sie sich alle Karten mit den WÜNSCHEN vor, die es nicht geschafft haben, auf die »Ich werde . . .«-Liste zu kommen, und auch die mit den Dingen, die Sie derzeit bereits haben, aber nicht behalten wollen. Lesen Sie sich jeden einzelnen Punkt durch, machen Sie ihn sich bewußt, und dann sagen Sie laut: »Dieser Punkt ist vorerst abgeschlossen.« Verabschieden Sie sich von ihm und legen Sie die Karte mit der Vorderseite nach unten ab. Verfahren Sie mit allen anderen Karteikarten genauso.

Nehmen Sie sich Zeit dafür. Es kann sein, daß Sie dabei traurig werden, aber vielleicht spüren Sie auch, wie Energie freigesetzt wird. Es kann passieren, daß Sie gleichzeitig lachen und weinen. Seien Sie sich Ihres großen Traumes aber immer bewußt, so daß Sie die freigesetzte Energie auf ihn konzentrieren können.

Angesichts der Energie, die Ihnen frisch zuwächst, wird sich bei Ihnen vielleicht das Gefühl einstellen, daß Sie diesen oder jenen anderen Traum doch noch in den Griff bekommen können. Sie werden eben einfach weniger schlafen, sagen Sie sich. Was sich da zu Wort meldet, ist die eben freigesetzte Energie (oder vielleicht auch die Behaglichkeitszone). Halten Sie sich aber an Ihren Plan. Erklären Sie ihn für abgeschlossen. Konzentrieren Sie die Energie auf Ihren großen Traum und gehen Sie ran.

Wenn noch andere Menschen an den Träumen beteiligt sind, die Sie jetzt abschließen, dann müssen Sie sie davon unterrichten, daß Sie für das gemeinsame Ziel künftig keine Anstrengungen mehr unternehmen werden. Das ist nur fair. Die wichtigste Person, der Sie es sagen müssen, sind jedoch Sie selbst. Auch das ist nur fair.

Manchmal ist die »zusätzliche Energie« auch in Sachwerten gespeichert. Falls Sie sich entscheiden, bestimmte materielle Besitztümer nicht zu behalten, dann sollten Sie sie verkaufen. Oder spenden Sie sie. Setzen Sie die Kraft, die in einer solchen Mission des guten Willens liegt, für Ihren Traum ein. Warten Sie nicht, bis die Dinge, die Sie nicht behalten wollen, verrotten. Machen Sie sie zu Geld. Verwandeln Sie sie in Energie und konzentrieren Sie die auf Ihren Traum.

Die Energiemenge, die frei wird, wenn Sie erklären, daß Sie keine Kraft mehr für diese oder jene Tätigkeit aufwenden, kann ganz beachtlich sein. Seien Sie also auf einen Energiezuwachs vorbereitet. Seien Sie ebenfalls darauf vorbereitet, die freigesetzte Energie auf Ihren Traum zu konzentrieren.

Das tun Sie, indem Sie sich *festlegen* und eine *Verpflichtung* eingehen.

> Wenn man nicht weiß, wohin man geht,
> muß man sehr vorsichtig sein,
> weil man sonst vielleicht nicht hinkommt.
> *Yogi Bär*

Wie Sie sich Ihrem Traum verpflichten

Falls Sie nicht genug Zeit haben,
um eine Arbeit abzuschließen,
betrachten Sie sie als beendet,
sobald Sie damit begonnen haben.
John Cage

Ich war schon auf Kalendern,
aber ich war noch nie pünktlich.
Marilyn Monroe

Vielleicht haben Sie bemerkt, daß wir Sie noch nicht aufgefordert haben, sich Ihrem Traum zu verpflichten. Der Grund dafür ist, daß, wenn wir eine Verpflichtung eingehen und *es ernst damit meinen*, die Post so richtig abgeht.

Bevor wir Sie auffordern, sich festzulegen, möchten wir sichergehen, daß Sie den Vorgang auch verstehen. Wir möchten Ihnen Hinweise geben, wie Sie, um im Bild zu bleiben, die Post richtig frankieren, damit sie ihr Ziel erreicht und nicht irgendwo liegenbleibt.

Da die meisten Menschen Vereinbarungen oft nicht einhalten, wissen sie auch nicht sehr viel über besagten Vorgang.

Die meisten Menschen hängen, wenn Sie sich zu etwas verpflichten, ganz unbewußt folgende stillschweigende Formulierung an: »... solange keine Unannehmlichkeiten eintreten.«

Die meisten Menschen sind sich leider nicht darüber im klaren, daß gerade Unannehmlichkeiten oft den *Wert* von Verpflichtungen ausmachen. Deshalb geht man überhaupt Verpflichtungen ein.

Wir verfügen über eine innere Zielerreichungsautomatik. Wenn wir uns zu irgend etwas verpflichten, sagen wir ihr: »Ich will dieses oder jenes haben.« Darauf antwortet die Zielerreichungs-

automatik: »Prima. Ich werde dafür sorgen, daß du es bekommst.« Und das tut sie auch. Sie setzt dazu unter anderem – einzeln oder kollektiv – folgende Strategien ein:
• Sie bringt in Erfahrung, welche Lektionen wir lernen müssen, um unser Ziel zu erreichen, und verschafft sie uns. Manchmal kommen diese Lektionen in angenehmer Form daher, zum Beispiel als Illustriertenartikel über das entsprechende Thema; als informatives Gespräch mit einem Freund; oder auch, wenn wir im Radio ein Lied hören, in dem uns eine Zeile irgend etwas Wichtiges sagt. In anderen Fällen sind die Lektionen eher unangenehm: Jemand, ein Vorgesetzter vielleicht, sagt uns »klipp und klar«, was Sache ist; oder wir werden krank, und ein Arzt erklärt uns, was wir zu tun haben, »denn sonst stehen die Chancen schlecht«.
• Die Zielerreichungsautomatik erkennt, welche Hindernisse zwischen uns und unserem Traum liegen, und beseitigt sie. Auch in diesem Fall kann das manchmal angenehm sein, zum Beispiel wenn ein neuer Wagen unser Ziel ist und uns jemand einen tollen Preis für unseren alten bietet. Es kann genausogut unangenehm sein, wenn uns, sagen wir, unser Wagen gestohlen oder zu Schrott gefahren wird oder er sonst irgendwie den Geist aufgibt.

Wenn wir etwas Neues haben wollen, müssen wir unsere Behaglichkeitszone ausdehnen, um es aufnehmen zu können. Je größer die Errungenschaft ist, die wir anstreben, desto weiter muß die Zone logischerweise ausgedehnt werden. *Und Behaglichkeitszonen werden in den allermeisten Fällen durch Unannehmlichkeiten ausgedehnt.*

Wenn Menschen nicht verstehen, daß das Gefühl des Unbehagens Bestandteil des Prozesses ist, benutzen Sie die Unannehmlichkeiten als Vorwand, um nichts zu tun. Dann bekommen sie aber auch nicht, was sie haben möchten. Deshalb müssen wir, wenn wir wachsen wollen, lernen, Schwierigkeiten zu akzeptieren.

Dieser Wachstumsprozeß ist mit dem Betrieb einer alten Mühle vergleichbar. Dort muß man dem Weizen, bevor er gemahlen wird, Kies beimischen. Die kleinen Steine zerreiben das Getreide, wenn der Mühlstein über sie hinweggeht, und durch die Reibung wird der Weizen zu Mehl zermahlen. Ohne den Kies würde er lediglich zerquetscht werden. Um Getreide fein genug zu mahlen, damit daraus Mehl wird, sind also die Steine nötig. Nach dem Mahlen werden die Steine ausgesiebt, so daß das reine Mehl übrigbleibt.

Sobald wir uns zu etwas verpflichten, wirft unsere Zielerreichungsautomatik Steine in unsere Mühle. Sie haben den Zweck, uns unserem Ziel näher zu bringen.

Verstehen wir das Wesen dieses Vorgangs jedoch nicht, machen wir ein großes Geschrei: »Warum wirfst du Kies in meinen Weizen? Laß das sein!« Also verwendet der gehorsame Müller, das heißt die Zielerreichungsautomatik, keine Steine, und prompt stehen wir mit zerquetschtem Weizen da. Wieder beschweren wir uns: »Das ist nicht das, was ich haben wollte. Ich wollte *Mehl*!«

Wenn Sie Mehl verlangen, müssen Sie sich auch mit den Steinchen in Ihrer Mühle abfinden. Sie müssen ein »begieriger Lernwilliger« werden. Was auch *immer* Ihnen widerfährt, suchen Sie die Lektion, die darin verborgen ist. *Unterstellen* Sie, daß alles zu Ihrem Besten geschieht, gleich, wie unangenehm es Ihnen zu sein scheint.

Nein, Sie sollen nicht aufspringen und dem Unheil Tür und Tor öffnen, genausowenig wie es nötig ist, selbst Kies in die Mühle zu werfen. Die notwendigen Erfahrungen werden sich schon von selbst einstellen. Es ist nicht unsere Aufgabe, sie zu *suchen*, sondern aus denen zu *lernen*, die sich uns stellen.

Maxwell Maltz erklärt den Vorgang, wie man ein Ziel erreicht, so: »Ihr automatischer Kreativitätsmechanismus ist auf das Erreichen von Zielen und Resultaten programmiert. Sobald Sie ihm ein klar umrissenes Ziel vorgeben, wird Sie sein automatisches Leitsystem schneller hinbringen, als Sie es je mit Hilfe bewußter Überlegungen vermöchten. Sie liefern das Ziel, indem Sie sich ein klares Endresultat überlegen. Ihre Automatik sorgt dann für die Mittel und Wege, mit denen es zu erreichen ist.«

Woher wissen wir, daß Kies in unserer Mühle ist? Immer dann, wenn die Behaglichkeitszone aufmuckt. Wenn wir uns der Steine entledigen (das heißt, den Befehlen der Behaglichkeitszone gehorchen), erhalten wir zerquetschten Weizen. Wenn wir die Steine benutzen, um die anstehende Lektion zu lernen (das heißt, wenn wir den Weg, zu dem wir uns verpflichtet haben, trotz der Proteste der Behaglichkeitszone weiter verfolgen), bekommen wir erlesenes Mehl.

Abmachungen mit anderen Menschen einzuhalten, ist natürlich eine ausgezeichnete Methode, um das zu bekommen, was wir von ihnen haben wollen. Wenn wir uns an unsere Abmachungen halten, lernen die Leute, uns zu vertrauen. Brechen wir sie aber, mißtraut man uns. Jemandem, dem man kein Vertrauen entgegenbringt, wird man auch nichts Wertvolles geben.

Wenn man sich entschuldigt, mögen die Leute zwar sagen: »Ach, es ist schon gut.« In Wirklichkeit empfinden sie aber selten so. »Wer einen Termin nicht einhält oder zu einer Verabredung nicht erscheint, begeht eindeutig eine unredliche Handlung«, hat Horace Mann dazu vor 150 Jahren klargestellt. »Sich jemandes Zeit zu leihen ist genauso, als liehe man sich Geld von ihm.«

Obwohl das Einhalten von Abmachungen eine gute Methode ist, um ein Vertrauensverhältnis mit anderen Menschen aufzubauen, besteht sein wahrer Zweck darin, Vertrauen zu uns *selbst* herzustellen.

Wenn wir Abmachungen – mit uns selbst oder mit anderen – häufig brechen, gewöhnen wir uns daran, von unserem eigenen Wort keine Notiz zu nehmen. Das bedeutet, das es gar nichts bedeutet, wenn man sich zu irgend etwas verpflichtet. Verpflichten wir uns also dazu, einen großen Traum wahrzumachen, so ist das genauso bedeutsam, als erklärten wir, daß wir lernen wollen, aus eigener Kraft zu fliegen. Es klingt gut, es wäre sicher auch amüsant, aber es kann einfach nichts daraus werden.

Die Verpflichtung, einen Traum zu realisieren, ist keine einmalige Angelegenheit. Man muß sich täglich, stündlich, ständig festlegen. Wir müssen uns immer wieder dafür *entscheiden*, uns unserer *Entscheidung* zu verpflichten.

Der große Test für die Verpflichtung ist die *Tat, die aktive Ausführung*. Nehmen wir an, Sie erklären: »Ich verpflichte mich dazu, ein großer Tänzer zu werden.« Wenn Sie dann nicht trainieren, sind Sie keine Verpflichtung eingegangen, sondern Sie haben nur große Reden geschwungen. Umgekehrt brauchen wir uns, wenn wir täglich proben, nicht ständig zu versichern, wie engagiert wir sind. Unser Tun demonstriert unser Engagement.

Wenn wir uns verpflichten und entsprechend handeln, werden wir mit der Behaglichkeitszone konfrontiert. Sie führt uns in Versuchung, das Handtuch zu werfen. Wenn wir uns aber gegen sie durchsetzen und weitermachen, erweitern wir die Behaglichkeitszone, lernen eine wichtige Lektion, und unsere Verpflichtung wird stärker. Dadurch sind wir in der Lage, uns beim nächsten Mal wieder der Behaglichkeitszone zu erwehren, und so geht das immer weiter.

Hier sind einige Tips dafür, wie man Verpflichtungen eingeht und einhält:

1. Gehen Sie keine Verpflichtungen ein, die Sie gar nicht einzuhalten gedenken. Manche Menschen treffen ihre Vereinbarungen ausgesprochen beiläufig. »Ich melde mich morgen bei Ihnen« oder »Wir müssen uns nächste Woche unbedingt sehen«, sagen sie. Eines der Versprechen, die uns Autoren immer wieder entzücken, ist folgendes: »Ich sorge dafür, daß er Sie zurückruft.« Tun Sie das *wirklich*? Was ist, wenn derjenige, um den es geht, gar nicht mit uns sprechen möchte?

Die meisten Menschen tun so, als zählten diese »beiläufig« eingegangenen Verpflichtungen nicht. Dem ist aber nicht so. Jede Zusage, die wir machen, zählt. Die meisten Menschen geben viel zu oft ihr Wort. Unser Wort ist aber ein wertvoller Vermögensgegenstand, und es sollte als solcher behandelt werden.

Stellen Sie sich eine Verpflichtung als ein kostbares Juwel vor. Verpflichtet man sich einem anderen Menschen, übergibt man ihm damit das Juwel. Wenn Sie die Verpflichtung einhalten, bekommen Sie das Juwel wieder zurück. Falls Sie sie aber brechen, ist der Edelstein verloren. (Und das gilt genauso für die Vereinbarungen, die wir mit uns selbst treffen.)

Wenn wir uns jedes Mal, wenn wir unser Wort geben, an den Vergleich mit dem Juwel erinnern, werden wir vorsichtiger sein. Dieser Vergleich ist aber mehr als eine Metapher, er ist Realität. Unser Wort ist tatsächlich ein kostbares Juwel, und jedes Mal, wenn wir es geben, riskieren wir, es zu verlieren. Dieses Risiko sollten Sie nicht eingehen, es sei denn, Sie wollen unbedingt »Verluste machen«.

2. Lernen Sie, nein zu sagen. Wenn wir uns einem Traum verpflichten, besteht einer der großen Tests für unsere Ernsthaftigkeit darin, ob wir zu Ablenkungen nein sagen, die sich auf dem Weg zum Ziel ergeben. Wenn wir uns zum Beispiel dazu verpflichten, in eine andere Stadt zu ziehen, kann es sein, daß der Ort, den wir noch nicht verlassen haben, plötzlich mit verführerischen Angeboten aufwartet: Wir bekommen eine Gehaltserhöhung und werden befördert; uns wird eine größere, bessere und billigere Wohnung in Aussicht gestellt; ein Feinschmeckerrestaurant wird in unserer Nähe eröffnet; und wir treffen einen Supertypen oder eine Superfrau.

Wenn wir uns *wirklich* zum Umzug in eine andere Stadt verpflichtet haben, können wir zu all diesen Angeboten nur eins sagen: »Nein!« Wir haben schon erwähnt, was für einen Zirkus die Behaglichkeitszone machen kann! Aber warten Sie nur, was los ist, wenn diese Traumperson anruft und Sie einlädt, mit ihr auszugehen (oder noch schlimmer, zu ihr nach Hause zu kommen). Und das ausgerechnet an dem Abend, an dem Sie sich mit dem Stadtplan Ihres zukünftigen Wohnortes vertraut machen wollten. Aua!

Darüber hinaus fühlen wir uns unwohl, wenn wir zu Menschen, die wir kennen, nein sagen. Gleichzeitig sind wir programmiert, zu allen Fremden automatisch nein zu sagen. Diese Doppelprogrammierung führt dazu, daß wir einen kleinen Kreis von

Freunden haben, mit denen wir Dinge unternehmen, die wir nicht einmal unbedingt mögen. Wenn wir einen großen Traum verfolgen wollen, müssen wir lernen, zu beiden Programmierungen nein zu sagen.

3. Treffen Sie eingeschränkte Vereinbarungen. Ärzte lernen, in ihrem Beruf ganz selbstverständlich zu sagen: »Ich werde den Termin einhalten, es sei denn, daß ich ins Krankenhaus gerufen werde.« Das können Sie genausogut tun. Falls *eventuell* ein Ereignis eintreten kann, das wichtiger als die geplante Verabredung ist, müssen Sie das Ihrem Gegenüber mitteilen: »Ich werde sehr gern mit Ihnen zu Mittag essen, es sei denn, daß ich einen Termin zum Vorspielen bekomme.« Hier ist ein anderes Beispiel: »Das kann ich einrichten, es sei denn, daß Greenpeace anruft.« Und noch eins: »Ja, das werde ich machen, vorausgesetzt daß ich einen Babysitter für die Kinder bekomme.« Benutzen Sie solche Bedingungen aber auf keinen Fall, um sich einer Vereinbarung zu entledigen. Das verwandelt ihren großen Traum nämlich in eine große Ausrede und raubt Ihnen einen Teil ihrer Kraft. Knüpfen Sie Bedingungen nur an Vereinbarungen, die Sie auch halten wollen.

4. Halten Sie sich an die Verpflichtungen, die Sie eingehen. Halten Sie zur Übung *alle* Vereinbarungen ein, die Sie getroffen haben – ohne Rücksicht darauf, wie schwierig oder kostspielig das ist. Das bewirkt zweierlei. Zum einen werden dadurch Ihre Kraft, Ihr Charakter und Ihr Selbstvertrauen aufgebaut. Zum anderen werden Sie sich danach die Tips unter 1, 2 und 3 noch einmal durchlesen und künftig sorgfältiger befolgen.

5. Halten Sie Verpflichtungen schriftlich fest. Führen Sie eine Art Kalender, in den Sie alle Vereinbarungen eintragen – *auch jene, die Sie mit sich selbst treffen.* Sagen Sie nicht nur: »Morgen früh werde ich trainieren.« Halten Sie es auch schriftlich fest. Räumen Sie dieser Abmachung genau dieselbe Bedeutung ein, die Sie auch einer Abmachung mit einer anderen Person beimessen.

Vielleicht sollten Sie sich folgendes auf einem Blatt Papier notieren: »Alle Vereinbarungen, die ich mit mir selbst treffe, müssen schriftlich festgehalten werden. Bei allem anderen handelt es sich lediglich um gute, aber unverbindliche Ideen.« Dann legen Sie das Blatt an einen Platz, wo Ihnen diese Sätze oft unter die Augen kommen. Lesen Sie sie oft durch. Es wird sich schließlich ein deutlicher Unterschied zwischen den Vereinbarungen herauskristallisieren, die Sie mit sich selbst treffen, und den Dingen, die nett und nützlich wären, aber sowieso nicht eintreten werden.

6. Handeln Sie Vereinbarungen, die Sie nicht einhalten können, so früh wie möglich neu aus. Sobald Sie Probleme haben, eine Vereinbarung einzuhalten, müssen Sie sich mit der Person in Verbindung setzen, mit der Sie die Vereinbarung getroffen haben. Wenn an die ursprüngliche Abmachung keine Bedingungen geknüpft waren, ist *die Art und Weise* wichtig, mit der Sie sie neu aushandeln.

»Es ist etwas eingetreten, was wichtiger als meine Vereinbarung mit Ihnen ist«, ist keine ideale Formulierung. Auf diese Art brechen Sie die Abmachung praktisch im voraus. Sagen Sie statt dessen lieber: »Ich weiß, daß ich eine Abmachung mit Ihnen habe, und ich habe auch vor, sie einzuhalten, aber soeben ist etwas Wichtiges eingetreten, und ich frage mich, ob wir unseren Plan unter Umständen ändern können.« Damit bitten Sie um Erlaubnis. Wird Sie Ihnen gewährt, bekommen Sie erneut die Chance, sich Ihr Juwel zurückzuholen. Wird Sie *nicht* gewährt, halten Sie sich an Tip Nr. 4.

Und nun sind Sie in der Lage, sich Ihrem Ziel, Ihrem Traum voll und ganz zu verschreiben.

Es ist dabei von großer Bedeutung, daß Sie sich zum Erreichen des Ziels verpflichten, und nicht nur dazu, für seine Verfolgung ein gewisses Maß an Zeit aufzuwenden. Manchmal klingt es so, wenn Menschen Verpflichtungen eingehen: »Ich werde dieses Ziel während der nächsten zwei Jahre verfolgen und einfach mal sehen, was passiert.«

Wenn wir uns dazu verpflichten, etwas zu *verfolgen*, dann ist das *Streben* unser Ziel, und dem werden wir *nachgehen*. Das, was wir verfolgen, werden wir nicht *bekommen*, weil es nicht unser Ziel ist, etwas zu bekommen. Die Bemühung, das Streben und Trachten ist unser Ziel.

Es ist durchaus statthaft, seinem Traum einen zeitlichen Rahmen zu geben. Als wir in einem früheren Kapitel beispielhaft einen Traum ausgewählt und uns seine Verwirklichung zum Ziel gesetzt haben, haben wir fünf Jahre und dann noch ein weiteres Jahr in die Zukunft geplant. Sie können sich aber für jeden beliebigen Zeitraum entscheiden. So könnten Sie auch sagen: »Ich werde dieses Ziel innerhalb von zwei Jahren erreichen.«

Damit wächst selbstverständlich die Herausforderung. Da wir unser Ziel (eine zu verdienende Summe oder ein Diplom) exakt definieren, wissen wir genau, wann wir gewonnen haben. Der zeitliche Rahmen, den wir unserem Ziel geben, sagt uns allerdings auch unmißverständlich, wann wir *gescheitert* sind.

Folgendes ist wichtig. Wenn wir erklären, daß wir dieses oder jenes bis zu einem bestimmten Zeitpunkt erreicht haben wollen, sagt uns das, was wir *heute*, ja, *jetzt gleich* tun müssen, um dieses Ziel zu erreichen. Der Zeitrahmen bringt uns auf Trab. Wenn wir ihn nicht einhalten, haben wir immer noch Gelegenheit zurückzublicken, zu analysieren, was in Zukunft anders gemacht werden muß, unseren Kurs zu korrigieren, eine neue Verpflichtung einzugehen und weiterzumachen.

Geben Sie Ihrem Traum also auch noch einen Zeitrahmen, und dann verpflichten Sie sich, wenn Sie wollen.

Jetzt ist für Sie der Zeitpunkt gekommen, um Ihre Verpflichtung einzugehen.

Und jetzt.
Und jetzt.
Und jetzt.
Und jetzt.
Und jetzt.
Und jetzt ...

Man hält sein Wort am besten,
indem man es gar nicht erst gibt.
Napoleon Bonaparte

Lösen Sie immer ein,
was Sie in betrunkenem Zustand versprochen haben.
Das wird Sie lehren, den Mund zu halten.
Ernest Hemingway

Halten Sie Ihre Ziele vor den Giftzwergen geheim

Die Leute hassen mich, weil ich
ein vielseitiges, talentiertes, reiches
und international bekanntes Genie bin.
Jerry Lewis

Es gibt eine Krebsart, die nicht zu fangen ist. Sie ist flink und klug genug, um aus jeder Krebsreuse zu entwischen. Und dennoch werden diese Tiere jeden Tag zu Tausenden gefangen, und zwar aufgrund eines besonders menschlichen Zuges, der ihnen eigen ist.

Bei der Reuse, in der sie schließlich doch gefangen werden, handelt es sich um einen Drahtkäfig, der an seiner Oberseite eine Öffnung hat. Man steckt den Köder hinein und läßt sie ins Wasser hinab. Ein Krebs kommt, geht in den Käfig und macht sich über den Köder her. Ein zweiter Krebs gesellt sich zu ihm. Dann ein dritter. Die Krebse futtern, was das Zeug hält. Hmm, lecker. Schließlich ist der Köder alle.

Die Krebse könnten ohne weiteres an der Seite des Käfigs hinauf- und durch die Öffnung hindurchklettern, tun das aber nicht. Sie bleiben im Drahtkäfig. Lange nachdem der Köder vertilgt wurde, gesellen sich noch weitere Krebse dazu. Und immer mehr Krebse.

Sollte einer der Krebse merken, daß es keinen Grund gibt, noch länger in der Reuse zu bleiben, und den Versuch machen, sie zu verlassen, stürzen sich die anderen geschlossen auf ihn und verhindern das. Sie ziehen ihn immer wieder von der Käfigwand herunter. Falls er nicht lockerläßt, reißen ihm seine Artgenossen die Scheren vom Leib, um ihn am Hinaufklettern zu hindern. Wenn er dann immer noch nicht nachgibt, töten sie ihn.

Kraft der Mehrheitsentscheidung bleiben die Krebse zusammen in dem Käfig. Der wird schließlich hochgezogen, und dann ist am Pier Essenszeit.

Der wesentliche Unterschied zwischen diesen Krebsen und den Menschen besteht darin, daß erstere im Wasser und letztere auf dem Land leben.

Jeder, der einen Traum hat – einen, der ihn möglicherweise aus Lebensumständen befreit, die er als Käfig ansieht –, sollte sich unbedingt vor seinen Mitbewohnern in diesem Käfig in acht nehmen.

Die menschlichen Krebse, die wir als Giftzwerge bezeichnen wollen, wenden in der Regel keine physische Gewalt an. Sie sind darüber keineswegs erhaben, kommen im Normalfall jedoch ohne sie aus. Sie haben wirksamere Methoden bei der Hand und im Mund: boshafte Anspielungen, Zweifel, Spott, Hohn, Tratsch, üble Nachrede, Bissigkeiten, Sarkasmen, Schmähungen, geringschätziges Lächeln, Herabwürdigungen, Demütigungen, Sticheleien, Anzüglichkeiten, Lügen und noch viele andere, die in unserem Wortschatz nicht auftauchen.

Mit solchen Leuten wird man genauso fertig, wie Jonathan Joffrey Crab es am Beispiel seines Clans vorgeführt hat. (Kennen Sie das Buch über den Krebs Jonathan, der nicht damit zufrieden war, nur in der Gegend herumzulaufen, sondern Wasserballett lernen wollte?) Jonathan wußte, wie gefährlich jeder Versuch ist, sich vom Käfig zu entfernen, und deshalb sagte er: »Hey! Ist das ein Spaß! So viele Krebse auf einem Haufen! Ich gehe und hole noch ein paar her!« Und dann tanzte er in die Freiheit davon.

Unser Vorschlag: Halten Sie Ihre Ziele vor den Giftzwergen geheim.

Die Leute sehen es nun einmal nicht gern, wenn andere versuchen, ihre Träume zu verwirklichen. Das erinnert sie nämlich daran, wie weit sie selbst davon entfernt sind, ihre Träume auszuleben. Indem sie Ihnen Ihre Träume ausreden, manövrieren sie sich nur noch tiefer in ihre eigene Behaglichkeitszone hinein. Sie werden Ihnen alle vernünftig klingende Lügen und Ausreden einflüstern, die sie sich auch immer weisgemacht haben. Und wenn Sie ihnen nicht mit derselben Ergebenheit glauben, die sie selbst aufbringen, dann müssen Sie sich auf eine Mißbilligungskampagne im großen Stil gefaßt machen.

Warum sollten Sie sich damit herumschlagen? Betrachten Sie Ihren Traum als zartes Pflänzchen. Er ist jetzt noch klein und bedarf umsichtiger Pflege und Fürsorge. Aber letzten Endes wird er dann groß und stark sein – stärker als die Fallstricke und Pfeile jener unerhört beschränkten Leute.

Erzählen Sie den Giftzwergen von Ihrem Ziel *erst*, wenn Sie es erreicht haben. Obwohl sie die unwiderlegbaren Beweise dann vor sich sehen, wird die häufigste Antwort, die Sie von ihnen zu hören bekommen, so lauten: »Das glaube ich einfach nicht!« Stellen Sie sich nur vor, wie schwierig es für sie wäre, an Ihren Traum zu glauben, wenn es ihnen schon so schwerfällt, an die Realität zu glauben.

Obiges gilt natürlich nicht für enge Freunde und Förderer, die immer schon an Sie geglaubt haben und Sie nur ermutigen. Wenn Sie bei irgendwelchen Leuten im Zweifel sind, erzählen Sie ihnen von einem Freund, der einen ähnlichen Traum hat. Ist ihre Reaktion positiv, sind Sie in guten Händen. Bezeichnen sie den Traum aber als töricht, wäre es in der Tat töricht von Ihnen, sie in Ihre Ziele einzuweihen.

Falls jemand von Ihrem Traum hören sollte und Ihnen dann mit lauter Gründen kommt, warum er unmöglich zu realisieren ist, können Sie (a) weggehen oder (b) freundlich zuhören, wie die betreffende Person Ihnen die Grenzen ihrer eigenen Behaglichkeitszone beschreibt. Und die wird sie unter Umständen so lange im Drahtkäfig festhalten, bis der an Land gehievt wird.

Dies sind die Käfige der Seele.
Dies sind die Käfige der Seele.
Schwimm ans Licht.

Sting

VIERTER TEIL

Verfolgen Sie Ihren Traum mit Leidenschaft

> Sie können haben, was Sie wollen,
> vorausgesetzt daß Sie es
> sich heftig genug wünschen.
> Sie müssen es
> mit einer Inbrunst begehren,
> die durch die Haut hervorbricht
> und eins wird mit der Energie,
> die die Welt erschaffen hat.
> *Sheila Graham*

Wir werden jetzt schneller vorangehen. Da Sie sich nun für Ihren Traum entschieden und sich ihm verpflichtet haben, empfinden Sie wahrscheinlich eine Art göttliche Ungeduld. Etwas in Ihnen sagt: »Jetzt aber nichts wie rangegangen!« Und genau das werden wir tun.

Nachdem wir uns mit verstandesmäßigen Zusammenhängen – also mit der Welt der Entdeckungen und Entscheidungen, der Ziele und der Verpflichtung – beschäftigt haben, gehen wir nun zum emotionalen Sektor über.

Obwohl der Verstand den Körper hier und da auf Trab bringen kann, sind für eine andauernde Aktivität *Emotionen* unverzichtbar. In diesem Teil des Buches beschäftigen wir uns deshalb mit Techniken, mit denen man die emotionale Energie zum Zweck stetiger, andauernder Tätigkeit entwickeln und kanalisieren kann.

Es gibt viele verschiedene Worte für diese emotionale Energie: *Enthusiasmus* (was vom griechischen *en theos* kommt und »eins sein mit der göttlichen Energie« bedeutet), *Begehren* und sogar *Obsession*, also *Besessenheit*. Das Wort, das uns am zutreffendsten erscheint, ist *Leidenschaft*.

Die Emotionen werden jedoch vom Verstand kontrolliert. Unser *Denken* bestimmt unser *Fühlen*. Und deshalb werden wir uns, obwohl es uns darauf ankommt, leidenschaftliche Gefühle hervorzurufen, einen Großteil der Zeit damit beschäftigen, wie man seinen Verstand benutzt.

Um einen Traum zu verwirklichen, besonders aber einen großen Traum, brauchen wir einen Verbündeten. Wir bedürfen eines Gegengewichts zu den beschränkenden Emotionen, welche die Behaglichkeitszone so hervorragend auszuteilen versteht. Und dieses Gegengewicht ist unsere Leidenschaft. Wir müssen unseren Traum lieben und begehren, ja, geradezu versessen lieben und begehren, damit er wahr werden kann.

Um es frei nach Mark Twain zu sagen: »Legen Sie alle Ihre Eier in einen Korb und LIEBEN SIE DEN KORB!«

Oder wie Elbert Hubbard es gesagt hat: »Wenn Sie Ihre Arbeit mit ganzem Herzen tun, werden Sie Erfolg haben. Es gibt ja so wenig Konkurrenz.«

> Denken Sie immer daran,
> daß Ihr ureigener Entschluß,
> Erfolg haben zu wollen,
> wichtiger ist als alles andere.
> *Abraham Lincoln*

Veranschaulichung

> Verlierer veranschaulichen sich
> die Strafen des Mißerfolgs.
> Siegertypen veranschaulichen sich
> den Lohn des Erfolgs.
>
> *Rob Gilbert*

Veranschaulichung bedeutet, etwas deutlich zu sehen, was in dem Moment gar nicht da ist. Man kann auch sagen, daß man, wenn man etwas veranschaulicht, ein Bild von etwas projiziert. Ja, Veranschaulichungen sind einge*bildete* Bilder.
Und eingebildete Bilder haben die Eigenart, Wirklichkeit zu werden.

Wir haben in einem früheren Kapitel schon darauf hingewiesen, daß Sie das »Schauen« im Wort Veranschaulichung nicht ganz so eng fassen sollen. Uns geht es hier um die Kraft der Phantasie oder Vorstellungskraft. Manche Menschen *sehen* in der Phantasie hauptsächlich, während andere *fühlen*. Wieder andere *hören* im wesentlichen. Wie auch immer, Sie können mit jedem Ihrer Sinne Einstieg in Ihre Phantasie finden. Alle sind einsetzbar.

Sie werden vielleicht fragen, wie man veranschaulicht? Wie es aussieht, sich anfühlt oder -hört, wenn man das tut? Nun, Ihre Phantasie wirkt sinnlich genauso wie Ihre Erinnerung. Welche Form hat ein Apfel? Welche Farbe hat eine Möhre? (»Warum ist die Möhre orangenfarbener als die Orange?« hat die Rock-Band The Amboy Dukes in einem ihrer Songs gefragt. Das war damals in den Sechzigern. Die mußte man einfach erlebt haben.) Wie sieht das Waschbecken in Ihrem Bad aus? Wie sauber ist Ihr Wagen? So wie Sie diese Bilder, die wir hervorgerufen haben, gesehen, gehört oder gespürt haben, können Sie sich in Ihrer Phantasie auch ein anschauliches Bild von der Zukunft machen.

Aber das wissen Sie ja alles. Sie haben sich schließlich im

Reich Ihrer Phantasie schon eine Zufluchtsstätte gebaut und wahrscheinlich auch ein paar Würstchen- und Kebab-Buden. Da Sie, unsere Leser, derartig fortgeschritten sind, wird es wohl langsam Zeit für ein kleines Quiz! (Atmen Sie jetzt tief durch.) Quiz: Obwoh das Gehirn nur 2 % des Körpergewichtes ausmacht, entfallen darauf 25 % des Sauerstoffs, den der Körper verbraucht. Was bedeutet das?
(A) Bei Kurzatmigkeit muß man sofort zu denken aufhören.
(B) Menschen ohne Gehirn brauchen 25 % weniger Sauerstoff.
(C) Unsere Gehirne müßten größer sein.
(D) Der Körper hält das Denken für eine wichtige Tätigkeit.
(E) Wir sollten 75 % unserer Zeit mit etwas anderem als denken zubringen.
(F) Man sollte nicht gleichzeitig gehen, denken und Kaugummi kauen.
(G) Man sollte weiteratmen.
Wir werden zu dem, was wir in unserer Phantasie sehen. Was wir bis zum gegenwärtigen Zeitpunkt gesehen haben, hat uns zu dem gemacht, was wir sind, und es hat uns das gebracht, was wir *haben*. Wenn wir etwas anderes, etwas Größeres haben wollen, müssen eben wir anspruchsvollere Gedanken denken.
Wir sind nicht für jeden Gedanken verantwortlich, der uns durch den Kopf schießt. Wir sind jedoch für die verantwortlich, die wir im Kopf *behalten*. Und wir sind ganz *besonders* für die Gedanken verantwortlich, die wir in unser Gehirn *eingeben*.
Es ist jetzt an der Zeit, die Saat für eine Traumernte positiver Visionen auszusäen. Es ist an der Zeit, uns auf positive Dinge zu konzentrieren; ein Bild von dem zu erstellen, was wir begehren; und uns unseren Traum vorzuführen, ihn anzuschauen und durchzuspielen, liebe Spielkameraden.
Oder um es für unsere eher negativ denkenden Freunde zu formulieren: Konzentrieren Sie sich nicht auf das, was Sie nicht haben wollen.
Denken Sie *ständig* an Ihren Traum, ganz egal, was Sie sonst

gerade tun. Leben Sie Ihren Traum in Ihrer Phantasie. Lassen Sie ihn von sich Besitz ergreifen. Lieben Sie ihn. Bringen Sie ihm leidenschaftliche Gefühle entgegen.

Um es frei nach Churchill zu sagen: Sie dürfen sich in Ihrer Phantasie niemals geschlagen geben. Niemals. Niemals. Niemals. Niemals.

Sie haben *Ihren* Traum. Und *Ihre* Phantasie. Warum um alles auf der Welt sollten Sie da verlieren? Wenn Sie feststellen, daß Sie im Begriff sind zu verlieren, reißen Sie das Steuer herum. Lassen Sie die Kavallerie zum Angriff übergehen. Rufen Sie Ihre gute Fee. Mobilisieren Sie alle verfügbaren Kräfte.

Sorgen Sie dafür, daß Sie immer gewinnen, daß Sie immer an der Spitze sind, daß Sie aus allem als Sieger hervorgehen.

Geben Sie sich niemals geschlagen.
Niemals. Niemals. Niemals. Niemals.
Winston Churchill

Bekräftigungen

Früher habe ich
in einer Creperie gearbeitet.
Das war mein Traum
und ich habe ihn wahr gemacht.
Paula Poundstone

Wenn wir einen Sachverhalt be*kräft*igen, heißt das, daß wir ihn mit *Kraft* unterstreichen. Eine Bekräftigung ist eine verbindliche Aussage, der man Kraft verleiht, indem man sie wiederholt. Bekräftigungen werden immer in der Gegenwart gemacht. Deshalb verwendet man dafür auch ausschließlich das Präsens. »Ich *bin* ein erfolgreicher Dirigent und verdiene in dieser Funktion 100 000 Dollar im Jahr«, wäre der richtige Wortlaut für eine Bekräftigung. Dagegen wäre es falsch zu sagen: »Ich *werde* ein erfolgreicher Dirigent sein.« Genauso unrichtig sind folgende Formulierungen: »Eigentlich möchte ich ein erfolgreicher Dirigent sein« oder »Wenn es nicht zu viele Umstände macht, wäre ich gerne ein erfolgreicher Dirigent.«
Schreiben Sie jetzt Bekräftigungen nieder für:
- Ihren Lebenszweck
- Ihren großen Traum
- Alle Ziele, die auf dem Weg zur Realisierung Ihres großen Traumes liegen.

Lesen Sie sich jede Bekräftigung *mindestens* tausendmal laut vor. Investieren Sie für Ihren Lebenszweck und Ihren großen Traum dabei je eine Stunde und für alle anderen Ziele je dreißig Minuten. Bevor Sie beginnen, bitten Sie das weiße Licht, Sie zu Ihrem größten Nutzen zu umhüllen.
Die Bekräftigungen werden alle Hindernisse, die zwischen Ihnen und der Erfüllung des jeweiligen Traumes stehen, zutage fördern, mit anderen Worten, den ganzen Plunder Ihrer Behaglichkeitszone. Sie können davon ausgehen, daß Angst, Schuld-

und Minderwertigkeitsgefühle, verletzte Gefühle, Groll und Entmutigung das ihrige tun werden, um Sie zum Aufhören zu veranlassen.

Bleiben Sie trotzdem am Ball.

Um die Beschränkungen schneller zutage zu fördern, sollten Sie sich im Spiegel betrachten, während Sie die Bekräftigungen laut wiederholen.

Sie können Ihre Bekräftigungen auch auf Endloskassette sprechen (auf eine von denen, die bei Anrufbeantwortern für Ansagen verwendet werden) und diese leise im Hintergrund abspielen, während Sie etwas anderes tun.

Sie können sich die Kassette überall auf einem Walkman anhören. Das nennen wir ein tragbares Paradies.

Sie können Ihre Bekräftigungen auch auf die Wände Ihrer Zufluchtsstätte malen, so daß Ihr Blick sofort auf sie fällt, wenn Sie eintreten.

Manche Leute fertigen sich gern eine Schatzkarte an. Sie besteht aus einem großen Bogen Papier – oder auch aus einem schwarzen Brett –, auf dem der Weg zu Ihren inneren und äußeren Schätzen verzeichnet ist. Schneiden Sie aus Zeitungen oder Illustrierten usw. Dinge aus, die für Teile Ihres großen Traumes stehen – Sätze, ganze Absätze, Bilder, Fotos von Personen, was auch immer.

Kleben oder heften Sie diese Ausschnitte auf Ihre Schatzkarte. (Manche Leute verwenden Pinnwände, so daß sie, wenn ein Teil ihres Traumes verwirklicht ist, den betreffenden Ausschnitt abnehmen und durch einen anderen ersetzen können, der für eine neue Phase des Traumes steht.) Es entsteht eine bunte Collage. Hängen Sie diese so auf, daß Sie sie möglichst oft sehen können (aber bloß nicht an einer Stelle, wo sich die Giftzwerge herumtreiben). Die Schatzkarte ist eine visuelle Bekräftigung.

Üben Sie, alle *negativen* Bekräftigungen, die die Behaglichkeitszone von sich gibt, sofort in positive zu verwandeln. Jedes Mal, wenn Sie sich dabei erwischen, wie Sie sich selbst negative Dinge sagen, müssen Sie sich den gefährdeten Gedanken greifen und ihn retten. Verkehren Sie ihn einfach in sein Gegenteil. Verwandeln Sie einen extrem negativen Gedanken mir nichts, dir nichts in einen extrem positiven. Sehen Sie es wie eine Übung in einem Kurs für kreatives Schreiben oder wie ein neues Fernsehquiz an – der große Preis, den es zu gewinnen gilt, ist Ihr Traum. Falls es Ihnen nicht gelingt, können Sie an den negativen Unsinn, den Ihnen die Behaglichkeitszone an den Kopf wirft, immer folgende Formulierung anhängen: »... das war bis jetzt so, aber die Situation wird besser werden.«

Bekräftigungen helfen Ihnen, an Ihren Traum zu glauben. Und der Glaube an ihn ist von grundlegender Bedeutung, weil Ihr Traum schließlich wirklicher werden muß als Ihre Zweifel. Eine Bekräftigung ist – wie das Gewichtheben – ein mechanischer Prozeß, der Ihnen hilft, Kraft für Ihren Traum und den Glauben an ihn aufzubauen.

»Ein Mensch, der an eine Sache glaubt«, schrieb John Stewart Mill vor mehr als hundert Jahren, »wiegt die Kraft von neunundneunzig auf, die nur ein Interesse an ihr haben.«

> Das, woran Sie fest glauben,
> tritt immer ein;
> der Glaube daran läßt es
> Wirklichkeit werden.
> *Frank Lloyd Wright*

Ein Ort, an dem man Erfolg trainieren kann

Wenn Sie gern eine bestimmte Eigenschaft besäßen,
sollten Sie so tun,
als ob Sie sie schon hätten.
Versuchen Sie es mit der »Als-ob«-Methode.

William James

Wir halten jede Wette, daß Sie schon wissen, welchen Ort wir Ihnen dafür ans Herz legen wollen. Genau: den Billardsalon an der Ecke. Unsinn, nein. Ihre *Zufluchtsstätte* natürlich.

Alle Hilfsmittel Ihrer Zufluchtsstätte – also das weiße Licht am Eingang, der Hauptraum, das Beförderungsmittel, das Informationszentrum, der Videoschirm, die Rollenkostüme, das Übungsgelände, das Gesundheitszentrum, das Spielzimmer, der Innere Bereich und der Meisterlehrer – sind von unschätzbarem Wert für die Veranschaulichung und Bekräftigung Ihres Traumes.

Denken Sie nur an all die Experten aus Vergangenheit, Gegenwart und Zukunft, die Sie über das Beförderungsmittel einladen können. (So können Sie Ihre Freunde verblüffen, wenn Sie Ihnen erklären: »Mark Twain hat mir heute gesagt: ›Mut ist nicht das Fehlen von Angst, sondern ihre Beherrschung.‹«)

Stellen Sie sich nur vor, wie köstlich Sie sich amüsieren können, wenn Sie im Rollenkostüm Ihres Traumes auf das Übungsgelände gehen. Falls Ihnen der Trubel dort zuviel wird, können Sie es sich bequem machen und sich auf dem Videoschirm *anschauen*, wie Sie ein erfolgreiches Leben führen. Und wenn Sie das Gefühl haben, über dieses oder jenes mehr wissen zu wollen, ist die Informationszentrale die ideale Adresse.

Und dann gibt es natürlich noch den Meisterlehrer. Was für ein guter Freund, Berater, Unterstützer, Reisegefährte, Fürsprecher und *bon vivant* er doch ist.

Um all das – und noch viel mehr – in Anspruch zu nehmen, müssen Sie lediglich Ihre Augen schließen. Tun Sie es. Benutzen Sie die Zufluchtsstätte. Und zwar oft.

> Willst du dich selber erkennen, so sieh, wie die andern es treiben.
> Willst du die andern verstehn, blick in dein eigenes Herz.
> *Johann Wolfgang von Goethe*

Suchen Sie sich einen Helden

Habe ich dir je gesagt, daß du mein Held bist?
Du bist genauso, wie ich gern sein möchte.
Ich kann mich höher emporschwingen als ein Adler.
Du bist der Wind unter meinen Flügeln.

Larry Henley und Jeff Silbar

Wir alle brauchen einen Helden oder ein Vorbild – jemanden, der einen ebenso großen Traum wie wir hatte und ihn verwirklicht hat. Ihr Held kann unter den Lebenden weilen oder er kann genausogut schon »der Geschichte« angehören. Wie auch immer, er (oder sie) kann auf jeden Fall in Ihrem Herzen wohnen.

Als der Schauspieler Kevin Kline seinen Helden Sir John Gielgud kennenlernte, war er voller Ehrfurcht. »Mr. Gielgud«, fragte er den großen alten Mimen, »können Sie einem jungen Schauspieler, der in London seinen ersten Film dreht, einen guten Rat geben?«

Gielgud hielt inne und ließ sich die Frage eine Zeitlang durch den Kopf gehen. Endlich sagte er: »Die wirklich guten Restaurants sind in Chelsea und Umgebung. Die Restaurants in den großen Hotels sollten Sie unbedingt meiden.«

Der Pianist Vladimir Horowitz bat den großen Dirigenten Arturo Toscanini einmal um Rat. »Wenn Sie den Kritikern gefallen wollen«, antwortete der, »dürfen Sie nicht zu laut, zu leise, zu schnell und zu langsam spielen.«

»Grüßen Sie die Sonne jeden Morgen so, als sei sie ein potentieller Wähler«, riet Henry Cabot Lodge dem Wahlkampfneuling Dwight D. Eisenhower. Einige Jahre später lernte Eisenhower, der es unterdessen zum Präsidenten gebracht hatte, einen anderen seiner Helden kennen, den Golfspieler Sam Snead. Er bat ihn um Rat, wie er seinen Schlag verbessern könne. Snead gab ihm folgenden Tip: »Indem Sie die Kraft Ihres Allerwertesten in den Ball wuchten, Mr. President!«

»Ike« Eisenhower selbst wurde ebenfalls für Millionen zum Helden.»In der Nacht vor der Landung der alliierten Truppen in der Normandie muß sich Eisenhower auch wie ein Held gefühlt haben«, hat Larry Appleton einmal Balki Bartoukomous erklärt.»Die Soldaten um ihn herum schliefen alle, aber für Ike kam das nicht in Frage! Er wußte, daß ein einziger Fehler den Lauf der Weltgeschichte entscheidend würde verändern können.« Balki hatte darauf nur eine Frage:»War das, bevor Ike Tina Turner kennengelernt hat oder nachher?«

Auf der Suche nach einer Stelle als Pianist sucht der junge George Gershwin den schon berühmten Irving Berlin auf. Der hört sich Kostproben von Gershwins Musik an und weigert sich daraufhin, den jungen Komponisten einzustellen.»Warum zum Teufel wollen Sie bloß für jemand anderen arbeiten«, fragte Berlin,»arbeiten Sie für sich selbst.«

Ein Dramatiker fragte seinen großen Helden George Bernard Shaw einmal, ob er weiterhin Theaterstücke verfassen sollte.»Schreiben Sie nur, mein Junge«, ermutigte Shaw ihn.»Eines schönen Tages wird einer jener Londoner Theaterproduzenten ins Büro kommen und seine Sekretärin fragen: ›War heute Morgen ein Stück von Shaw in der Post?‹ Wenn sie verneint, wird er sagen: ›Dann müssen wir uns eben den Schrott vornehmen.‹ Und das wird Ihre große Chance sein, mein Junge.«

Helden müssen nicht unbedingt aus Fleisch und Blut sein. Mancher findet fiktionale Charaktere anregender als Helden aus dem wirklichen Leben. Bis heute schreiben Tausende von Menschen regelmäßig Briefe an Sherlock Holmes in der 221-B Baker Street. Zur Zeit befindet sich an jener Adresse eine Bank, die jeden einzelnen Brief pflichtschuldigst beantwortet:»Mr. Holmes bedankt sich herzlich für Ihren Brief. Er lebt jetzt im Ruhestand in Sussex und züchtet Bienen.«

Mit das schönste an Helden ist, daß Sie *auch nur Menschen* sind. Es gibt kaum einen, der keine heldenhaften Fehler hätte. (Selbst Holmes hatte seine Schwächen – denken wir zum Beispiel an seinen Kokainkonsum.) So sagte Judy Garland einst über eine Kollegin: »Als ich sie das erste Mal spielen sah, wäre ich am liebsten auf die Bühne gestürzt, um meine Arme um sie zu werfen – und ihr den Hals umzudrehen. Sie ist einfach viel zu talentiert.«

Wenn wir sehen, daß unsere Helden *samt ihren Fehlern* eine herausragende Position erreicht haben, gibt uns das Hoffnung. »Sie meinen, daß wir nicht perfekt zu sein brauchen, um unseren Traum zu erfüllen und unseren Beitrag zum Leben zu leisten?« werden Sie jetzt fragen. Nein, absolut nicht.

Man braucht Engagement, Mut und Leidenschaft, um seinen Traum zu verwirklichen und einen Beitrag zu leisten. Helden haben diese Eigenschaften *trotz* ihrer Fehler. Und Sie verfügen ebenfalls über diese Eigenschaften.

Noch etwas. Wenn Sie einen Helden gefunden haben, müssen Sie sich natürlich oft in Ihrer Zufluchtstätte mit ihm treffen.

> Ich möchte keinesfalls,
> daß man mich First Lady nennt.
> Das klingt so nach einem Reitpferd.
> *Jacqueline Kennedy*

Positive Konzentration contra positives Denken

> Ich wollte mir ein Exemplar von »Wie man seine Träume verwirklicht – Die Macht des positiven Denkens« kaufen, aber dann habe ich mir gedacht: Was zum Teufel würde das nützen?
>
> *Ronnie Shakes*

Es gibt einen Mythos, dem zufolge man immer »positiv denken« muß, um sein Ziel zu erreichen. Dem ist aber nicht so. Wir müssen keineswegs dauernd »positiv denken«.

Um Erfolg zu haben – das heißt, um unseren Traum zu erfüllen –, müssen wir unsere Konzentration nur beständig auf unser Ziel richten und unbeirrt darauf zugehen.

Nehmen wir einmal an, daß sich die Personen A, B und C zu ein und demselben Ziel aufmachen. Sie brechen gleichzeitig und von derselben Stelle auf. Person A denkt positiv, Person B konzentriert sich positiv, und Person C denkt *und* konzentriert sich positiv.

An der Startlinie beschließt A, sich erst einmal hinzusetzen und sich zur Vorbereitung auf die Reise ein paar positive Gedanken zu machen. Person B konzentriert sich aufs Ziel und macht sich auf den Weg. Person C bricht ebenfalls auf.

Person A stellt in sich ein nicht-positives Feld fest, bleibt an Ort und Stelle sitzen und gibt sich Mühe, das Problem vor Antritt der Reise auszumerzen. Person B mag weder die Wegstrecke, noch die Regeln, noch das Wetter, noch schmeckt ihr der Proviant für unterwegs etc., aber sie geht nichtsdestotrotz weiter in Richtung Ziel. Person C setzt ihren Weg auch fort und erfreut sich dabei an den Blumen am Straßenrand, winkt anderen Wanderern zu, singt und denkt sich, daß die Bewegung gut für den Körper ist.

Raten Sie einmal, wer zuerst das Ziel erreicht? Es kommt zu

einem Unentschieden zwischen B und C. Person A sitzt immer noch an der Startlinie, hat aber eine viel positivere Einstellung als zuvor. Trotzdem herzlichen Dank. Aber welchen Zweck hatte denn nun das ganze positive Denken von Person C, wo sie und Person B doch gleichzeitig am Ziel eingetroffen sind? Warum der Umstand?

Person C hat die Reise *genossen*, Person B nicht. Das ist der einzige Unterschied zwischen den beiden. Die Hauptsache ist aber die positive Konzentration. Solange wir auf unser Ziel konzentriert sind und darauf zugehen, können wir so viele negative Gedanken haben, wie wir wollen.

Und worin besteht der Unterschied im Hinblick auf Ziele? Nun, angenommen wir würden C fragen: »Hast du Lust, das nächste Ziel anzusteuern?« Es kann gut sein, daß C dann antwortet: »Sicher. Das hat Spaß gemacht.« Person B würde auf die Frage vielleicht sagen: »Ich habe mich abgerackert, um dieses Ziel zu erreichen. Ich möchte mich erst einmal ein Weilchen ausruhen und mich meines Sieges freuen.«

Was der springende Punkt dabei ist? Es gibt zwei. Zum ersten brauchen Sie sich keine Sorgen zu machen, wenn Ihre Gedanken nicht immer eitel Freude und Sonnenschein sind, während Sie Ihren Traum verfolgen. Sie werden ihn sicher erreichen, vorausgesetzt Sie bleiben nicht stehen, sondern gehen weiter.

Zum zweiten haben Sie vielleicht Lust zu üben, sich auf die positiven Dinge unterwegs zu konzentrieren, während Sie auf Ihr Ziel zugehen. Sie brauchen zu diesem Zweck aber nichts zu »erfinden« – Sie haben das Positive ja schon: Es ist Ihr großer Traum. Sie brauchen sich nur anzusehen, was vor Ihnen liegt, und schon finden Sie etwas, was Sie würdigen können.

Unser Leben ist eine Mischung aus Gutem und Bösem, Positivem und Negativem. Die Zeiten sind gleichzeitig immer sehr gut und sehr schlecht. Wenn wir uns auf das Gute konzentrieren, das schon vorhanden ist, fühlen wir uns einfach besser.

Die Hauptsache bei der positiven Konzentration ist, daß man seine Gedanken fest auf sein Ziel richtet und unbeirrt darauf

zugeht. Alles andere dient dem Spaß, ist aber nicht von grundlegender Bedeutung.
Es sei denn natürlich, daß Sie Spaß für etwas Grundlegendes halten.

> Man muß
> immer weitergehen
> und immer lächeln.
> *Tiny Tim*

Die Schaffenskraft

Die Kreativität vermag
beinahe jedes Problem zu lösen.
Der kreative Akt,
also der Sieg der Originalität
über die Macht der Gewohnheit,
überwindet alles.

George Lois

Im fernöstlichen Kulturraum wird der Energiefluß im menschlichen Körper genauso sorgfältig untersucht und graphisch festgehalten wie bei uns im Westen die Zirkulation von Körperflüssigkeiten.

Im Zuge der Annäherung der fernöstlichen und der westlichen Kultur erforschen beide das Wissen der jeweils anderen Kultur und übernehmen es. Im Fernen Osten hat mancher Heilkundige heute eine Karte des Körperkreislaufs an der Wand hängen und mancher westliche Mediziner graphische Darstellungen, auf denen die Körpermeridiane und Akupressurpunkte verzeichnet sind.

Wir werden uns jetzt mit dem Wirken eines bestimmten Energietyps im menschlichen Körper beschäftigen: der Schaffenskraft. Es gibt selbstverständlich noch andere Energien, so wie es außer dem Blut andere Körperflüssigkeiten gibt. Aber wir wollen die Schaffenskraft diskutieren, weil sie sich am deutlichsten äußerlich niederschlägt und so der Verwirklichung unserer Träume dient.

Die Schaffenskraft, also die individuelle schöpferische Energie des Menschen, ist stark. Sie wird auch als sexuelle Energie (zur Entspannung oder zur Fortpflanzung) und als spirituelle Energie erlebt. (Damit ist wohlgemerkt jene spirituelle Energie gemeint, die *innerhalb* des Körpers empfunden wird. Darüber, ob es eine spirituelle Energie *außerhalb* des Körpers gibt und wie diese organisiert und angezapft werden kann, kann man nur Spekulationen anstellen beziehungsweise den Glauben entscheiden lassen. Diese Fragen fallen für uns in den Bereich der Nische.) Die Menschen empfinden die Schaffenskraft auf unterschiedliche Art und Weise und geben ihr demzufolge auch verschiedene Bezeichnungen. Genauso wie eine gewisse Körperenergie »Angst« oder »Prickel« genannt werden kann, kann auch die Schaffenskraft als kreativ, sexuell oder spirituell bezeichnet werden.

Die Energie, um die es uns hier geht, entspringt im menschlichen Körper in dem Bereich, der vom Nabel aus abwärts bis etwa zur Mitte des Oberschenkels reicht und den Körper ringartig umschließt. Sein Zentrum befindet sich an der Stelle, die in der Anatomie der westlichen Medizin *Perineum* oder *Damm* genannt wird. In »The American Heritage« steht dazu: »Das Perineum ist die Weichteilbrücke zwischen Hodensack und After beim Mann und dem hinteren Ende der Schamspalte und dem After bei der Frau.«

Allein die Beschreibung der Stelle, an der sich das Energiezentrum befindet, reicht bei den meisten von uns schon aus, um unsere Behaglichkeitszone zu aktivieren. Wie wir in Kürze sehen werden, ist genau das der Grund, weshalb uns die Energie nicht in vollem Maße zur Verfügung steht. Lassen Sie Ihre Behaglichkeitszone vorerst jedoch schalten und walten und lesen Sie weiter.

Die Schaffenskraft ist so angelegt, daß sie in das Gehirn hinaufsteigt, um dort vom Verstand Anweisungen zu erhalten. Hier ein paar Beispiele dafür: »Wasch den Wagen.« »Koch das Abendessen.« »Schreib einen Erfolgsroman.« Der Verstand ist wie ein Steuerruder, das mit kleinen Bewegungen ein riesiges Schiff auf den Kurs lenkt, den der Kapitän (also Sie) festgelegt hat.

Das folgende Schema skizziert, wie der Energiefluß im Idealfall im Körper vonstatten geht. Die Energie steigt in den Bauch hinauf, in dessen Mitte sich der Nabel befindet. Dort nimmt sie den *Prickel* und noch mehr *Kraft* auf – genau gesagt die Kraft, die man braucht, um Veränderungen herbeizuführen. Dann steigt die Energie zum Solarplexus hinauf und setzt dort ihren Konzentrationsprozeß fort. Sie *stabilisiert* und *verwurzelt* sich; sie wird *verläßlich*. Von dort wandert die Energie in das Zentrum der Brust hinauf, wo sie *Liebe* und *Wärme* aufnimmt. Diese prikkelnde, kraftvolle, konzentrierte, stabile, verwurzelte, verläßliche, liebevolle und warme Energie, die wir als *Leidenschaft* bezeichnen, wird beim Verstand vorstellig und fragt: »Was machen wir jetzt?«

Der Vorgang kann auch in umgekehrter Folge ablaufen. Wenn der Verstand beispielsweise mit einer Aufgabe konfrontiert ist, signalisiert er nach unten, daß er Energie braucht. »Kommt schon!« antwortet die Schaffenskraft und stellt sich der Anforderung.

Es leuchtet ohne weiteres ein, daß die Verwirklichung von Träumen mit Hilfe dieses freien, zielorientierten Energieflusses scheinbar mühelos ist. Ja, es sieht ganz so aus, als machte dies sogar *Spaß*.

Viele Menschen erleben das allerdings anders. Für sie ist der Energiefluß keineswegs unkompliziert. Was ist da passiert? Wenn wir die Behaglichkeitszone samt den falschen Vorstellungen, die man uns über den Gebrauch unserer verschiedenen Emotionen einprogrammiert hat, dem oben beschriebenen Ablauf hinzufügen, liegt die Antwort auf der Hand:

Die Energie steigt aus dem Zentrum unserer Schaffenskraft empor. Da sie von »da unten« kommt, sind wir sofort irritiert und sagen uns: »Da stimmt etwas nicht. Was ist los?« Den meisten von uns ist anerzogen worden, alle Empfindungen, die von »da unten« kommen, entweder mit Ausscheidung oder mit Sexualität in Verbindung zu sehen – mit zwei Dingen also, die bestenfalls abstoßend und im schlimmsten Fall verboten sind. Sie rufen entweder Angst oder Schuldgefühle oder – und das ist die Regel – beides hervor.

Falls die Empfindung mit Ausscheidung zu tun hat, denken viele Menschen sofort: »Kann die Sache auf später verschoben werden?« Ausscheidung ist nämlich mit einem großen Maß an

Angst verbunden, Angst vor Bakterien, Schmerz, Kontakt mit widerwärtigen Substanzen und unangenehmen Gerüchen. (An ihren eigenen Gerüchen nehmen die Menschen im Grunde gar nicht einmal so sehr Anstoß, aber allein der Gedanke, daß sie jemand anderem in die Nase steigen könnten, ist eine Katastrophe!) Ausscheidungen sind vielen Menschen peinlich (und das Gefühl der Peinlichkeit ist gleichbedeutend mit Angst). Für die Ausscheidung gibt es beinahe genausoviele verhüllende sprachliche Formeln wie für den Tod: austreten (was gibt es da zu treten?), sich für einen Moment entschuldigen (was gibt es da zu entschuldigen?), ins Badezimmer gehen (wie, Sie wollen ein Bad nehmen?) und so weiter.

Wenn die Energie als sexuell wahrgenommen wird, reagieren die meisten Leute beinahe automatisch so: »Wie werde ich das Gefühl bloß schnell los?« Es wird wie eine Art *Reizung* oder *Ärgernis* behandelt.

Bei manchen von uns *bestehen* Angst und Schuldgefühle regelrecht darauf, daß die Energie überwältigt, verdrängt, an die Kandare gelegt, unterdrückt oder erstickt wird. Es ist keineswegs ein Zufall, daß diese rigiden Reaktionen wie die Antwort eines militaristischen Diktators auf einen Volksaufstand klingen. Viele Menschen wurden so erzogen, daß sie die als sexuell empfundene Energie weder zugeben noch ausleben können. Einige bringen an dieser Stelle Gott ins Spiel und sagen sich, daß Angst und Schuldgefühle Botschaften des Allmächtigen sind. Sie ermahnen sich, daß derartige Gefühle »unmoralisch« seien. Aus einem Aufbegehren der Empfindung wird so ein Kampf um die Unsterblichkeit der Seele.

Bei anderen – von denen sich viele für »sexuell befreit« halten – ist der Wunsch, alle sexuellen Gefühle auszumerzen, nicht weniger stark. Anstatt sie zu *verdrängen*, werden sie jedoch aktiv. Wenn bei diesen Leuten die kreative Energie erwacht und von ihnen als sexuell wahrgenommen wird, sind sie, um es umgangssprachlich auszudrücken, *geil*. Geil zu sein bedeutet aber in Wirklichkeit nicht: »Ich möchte mit dem geliebten Menschen liebevolle, zärtliche und intime Stunden verbringen.« Es bedeutet vielmehr: »Wie kann ich diese Energie loswerden und möglichst schnell Befriedigung erlangen?« Als *Befriedigung* bezeichnet man das Gefühl, das sich *nach* der Entladung der Energie einstellt. Und diese Entladung führt man durch sexuelle Aktivitäten – mit sich selbst oder anderen – herbei. Das Gefühl, das diesem Verhalten zugrunde liegt, ist jedoch *Angst* – die Angst, daß es schlimmer werden könnte. Die sexuellen Gefühle werden wie eine Art *Fluch* behandelt, und man tut so, als *explodiere* man, wenn sie zu groß würden.

Verdrängung und Promiskuität haben ein und denselben Hintergrund: eine tief in der Kultur verwurzelte Tabuisierung des Sex. Richtig, Sex ist in unserer Kultur überall anzufinden, aber das liegt ja eben daran, daß es das Tabu gibt. Für den Humor, in dem Sexwitze einen hohen Stellenwert haben, gilt das ganz besonders. Er ist ein wunderbares Barometer für das, was in einer Kultur verboten ist und was von ihr akzeptiert wird. Witze über verbotene Dinge sind selbstverständlich komischer als Witze über akzeptierte. Der Sexwitz lebt vom Tabu.

»Aber Sex ist doch ganz natürlich. Werden nicht deshalb Witze darüber gemacht?« wird mancher einwenden. Die Zirkulation des Blutes durch den menschlichen Körper ist auch ganz natürlich, aber gibt es etwa Witze über den Kreislauf? Nein, wenn es das sexuelle Tabu nicht gäbe, hätten Witze über Sex nicht so einen Kitzel für uns.

Wir sind regelrecht scharf auf Sexwitze. Wir haben sogar einen besonderen Ausdruck für Wortspiele mit sexuellem Inhalt: Zweideutigkeit. (»Und nun«, sagte Bette Midler einmal zu ihrem Publikum, während ihr Schlagzeuger einen Trommelwirbel hinlegte, »meine weltberühmte doppelte Zweideutigkeit *mortale*.«)

Die Tabuisierung der Sexualität hat *Schuldgefühle* zur Folge. Sie stellen sich bei uns ein, weil wir Lustgefühle haben, die wir nicht haben sollten, ja, die überhaupt *niemand* haben sollte, wie man uns glauben gemacht hat. Anstatt die tiefere Bedeutung der Sexualität zu erforschen und zu akzeptieren, daß sexuelle Energie zu haben nicht »schlecht« ist, verdrängen die meisten Menschen ihre Gefühle, oder sie rebellieren gegen die Schuldgefühle und reagieren auf die Lustgefühle mit Promiskuität, d. h. mit einem wahllosen Ausleben der Sexualität. Bei beiden Verhaltensweisen handelt es sich um Reaktionen auf die Schuldgefühle.

Es liegt auf der Hand, welche Verwirrung diese falsche Programmierung stiften kann, wenn die Energie kreativ oder spirituell verwendet wird. Nehmen wir an, daß eine Person mit einer kreativen Tätigkeit beschäftigt ist. Ihre Schaffenskraft strömt immer stärker. Plötzlich wird die Energie für einen Augenblick als sexuell eingestuft. »Meine Güte«, sagt die Person, die sich inmitten des kreativen Akts befindet, »dagegen muß ich etwas tun.« Sie schaltet auf das gewohnte Verhaltensmuster um, mit dem sie immer auf sexuelle Energie reagiert. Ob es sich dabei um Verdrängung oder um Ausleben derselben handelt, spielt keine Rolle. Dem Einsatz der Energie für kreative Zwecke ist jedenfalls erst einmal ein Ende gesetzt.

Dasselbe passiert, wenn Menschen mit Geistigem wie Gebet, Meditation, Kontemplation oder anderen Übungen beschäftigt sind und die spirituelle Energie zu strömen beginnt. Wenn sie auch nur einen Augenblick als sexuelles Gefühl erlebt wird, sorgt die Frage, wie denn auf Sex zu reagieren sei, für schreckliche Verwirrung, und die spirituellen Höhen, die man mit Hilfe dieser Energie erklimmen wollte, werden nicht erreicht.

Wir befürworten keineswegs verstärkte sexuelle Aktivität für die Verdränger, noch Enthaltsamkeit für die sexuell Aktiven. Wir möchten nur dazu anregen, die sexuelle Energie im Körper *willkommen* zu heißen. Sie ist nicht schlecht. Sie braucht weder verdrängt noch sonstwie ausgeschaltet zu werden. Wenn man der Energie einfach nur gestattet, *anwesend* zu sein, schafft man sich die Grundlage für die freie Entscheidung, *wie* man sie einsetzen möchte. Je nachdem kann man sich dann dazu entschließen, sie kreativ, spirituell oder sexuell zu nutzen. Wenn wir bei der sexuellen Energie allerdings auf »Automatik« schalten, nehmen wir uns die Möglichkeit, uns zu entscheiden.

Nehmen wir einmal an, daß die Energie es schafft, bis über die Bauchgegend aufzusteigen. Sie hat Aufregung oder Prickel (anstelle von Angst) und die Kraft, Veränderungen herbeizuführen (anstelle von Schuldgefühlen), aufgenommen. Die Minderwertigkeitsgefühle sind das nächste Hindernis, und zwar ein ganz enormes. »Was glaubst du eigentlich, wer du bist, daß du dir eine derartige Energie leistest? Und was willst du mit ihr überhaupt anfangen?« ertönt es.

Das sind bedeutsame Fragen. Selbst wenn man sich mit ihnen verstandesmäßig auseinandergesetzt hat und zu einem befriedigenden Ergebnis gekommen ist, ist dieses selten so sehr im Körper verwurzelt, daß es ganz selbstverständlich antwortet: »Ich bin ich, das ist meine Energie, und die setze ich ein, um meinen Traum zu verwirklichen.« (Wenn man sie als geistige Energie einsetzt, könnte die entsprechende Antwort lauten: »Es handelt sich hierbei um Gottes Energie, und ich verwende sie, um Gott zu dienen.«)

Darauf können die Minderwertigkeitsgefühle nur antworten: »Ach so, gut, du kannst passieren. Hier hast du noch ein bißchen stabile, verwurzelte und verläßliche Energie. Die kannst du mitnehmen.«

Die Minderwertigkeitsgefühle haben, wie ein Pförtner, eine wichtige Funktion. Sie dürfen nur eine bestimmte Menge Energie für eine bestimmte Aufgabe passieren lassen. Wie wir schon in einem früheren Kapitel gesehen haben, sind sie bei den meisten Menschen jedoch so programmiert, daß sie nahezu *nichts* durchlassen. Diese Menschen glauben, sie seien aller Dinge und sicherlich alles *Neuen* unwert.

Veranschaulichungen, Bekräftigungen, Arbeit in der Zufluchtsstätte und so weiter geben den Minderwertigkeitsgefühlen neue Anweisungen. »Energie für die Verwirklichung dieses Traumes darf passieren. Gebt ihr darüber hinaus noch eine Portion eurer eigenen stabilen, verwurzelten und verläßlichen Kraft mit.«

Sobald die Energie die Minderwertigkeitsgefühle hinter sich

gelassen hat, erreicht sie einen dritten Kontrollpunkt. Dort stößt sie häufig auf ein verwundetes Herz.

Angesichts emotionaler Kränkungen entwickeln die meisten Menschen im Laufe der Zeit eine entschieden abwehrende Haltung: »Ich werde nicht zulassen, daß mir so etwas noch einmal passiert.« Sie glauben fälschlich, daß sie überhaupt erst durch ihre *Liebe* verletzlich geworden sind. »Wenn ich nie wieder liebe oder mich emotional engagiere, werde ich auch nicht mehr verletzt«, sagen sie sich.

Wir haben an einer früheren Stelle schon über diese Einstellung gesprochen, die im Klartext heißt: »Ich werde vielleicht nie gewinnen, aber zumindest werde ich auch niemals verlieren.« Die Entscheidung für diese Haltung wird in der frühen Kindheit getroffen, und so liefern die eingeschränkte Logik und Wahrnehmung des Kindes die Regel, nach der viele noch als Erwachsene ihr Leben ausrichten.

Die Schaffenskraft stellt für diese Regel eine große Bedrohung dar. »Der Traum, den du verfolgst, ist höchst *riskant*. Wir könnten damit *scheitern*. Das würde weh tun, und ich ertrage einfach keine Kränkungen mehr. Du darfst nicht passieren«, sagt das Herz deshalb zu ihr. Wenn die Energie, die mittlerweile recht kräftig ist, nicht lockerläßt, meldet sich der Groll, der Kränkungen häufig kaschiert, und sagt: »Ich habe nein gesagt. Und damit *meine* ich auch nein. Also laß mich jetzt gefälligst *in Ruhe!*«

Wenn man dem Herzen schonend und einfühlsam beibringt, daß Risiko mit zum Gewinnen gehört, daß Liebe und Zuneigung manchmal mit Kränkungen belohnt werden und daß solche Verletzungen auch wieder heilen, kann es der Energie erlauben zu passieren. Und da es wahrhaft herzlich ist, fügt es der Energie automatisch Liebe und Wärme hinzu, während diese am Kontrollpunkt vorbeirauscht.

Dann ist das Herz durch und durch entzückt. Denn im Geben wird es neu geboren. Es erwacht zum Leben. Es hat jetzt wieder etwas, was es lieben kann, nämlich den Traum. Zu lieben ist nun einmal seine Natur, sein Leben. Die Wunden der Vergangenheit beginnen zu heilen. Die Verletzungen werden vergeben und, was genauso wichtig ist, vergessen.

Falls diese große Menge Energie jedoch auf einen unkonzentrierten Verstand trifft, wird sie zerstreut. Sie wird hierhin und dorthin verteilt, und die Kraft, mit der ein Traum verwirklicht werden könnte, geht schließlich verloren. Aus diesem Grunde haben wir uns in diesem Buch auch so lange mit der Bedeutsamkeit des Traumes beschäftigt. Deshalb haben wir immer wieder darauf hingewiesen, daß es eminent wichtig ist, genau zu wissen, welchen Kurs das Schiff nehmen soll.

Was wir eben beschrieben haben, läuft ab, wenn die Energie im kreativen Zentrum entspringt und zum Verstand hinaufsteigt. Es ist offensichtlich, daß umgekehrt das Ersuchen um Schaffenskraft zur Realisierung eines Projektes, das der Verstand hinunterschickt, möglicherweise nie zu der Energie durchdringt, die um Hilfe gebeten werden soll.

Das verwundete Herz ist die erste Hürde, die sich dem Verstand auf seinem Weg nach unten entgegenstellt. Es gelingt ihm selten, sie zu nehmen. »Wir sind schon viel zu oft durch deine tollen Ideen verletzt worden. Verschwinde«, heißt es. Der Verstand kehrt zu seinem Ausgangspunkt zurück, und ein weiterer brillanter Plan bleibt unverwirklicht.

Aus diesem Grunde haben die meisten Menschen so viele Wünsche, Sehnsüchte und »gute Ideen« im Kopf. Es gelingt ihnen einfach nie, an den verletzten Gefühlen und deren Freund, dem Zorn, vorbeizukommen. Deshalb sind die Entschuldigungen vieler Menschen, weshalb sie ihre Träume nicht ausleben, auch gespickt mit *Schuldzuweisungen*. »Ich hätte es gemacht, wenn Soundso mich nicht im Stich gelassen hätte«, heißt es. Oder auch: »Soundso *hätte* mich ja doch im Stich gelassen...«

Falls die Idee *dennoch* das Herz passiert, sammelt sie die liebevolle Energie ein und setzt ihren Weg fort. Bis sie auf die Minderwertigkeitsgefühle stößt. »*Im Moment* kannst du das nicht bekommen. Du bist einfach *noch nicht* gut genug. Komm *später* wieder«, mäkeln die.

Aus diesem Grunde scheitern so viele Projekte, die wir *wirklich heftig geliebt* haben. Die Minderwertigkeitsgefühle gehen bei ihrer Sabotage ausgesprochen gerissen vor. Eine ihrer wichtigsten Waffen ist das Konzept »später«. Dem Verstand leuchtet es ein. Es ist logisch. Schließlich kann nicht alles auf einmal erledigt werden. Der Verstand schluckt dieses Argument, mit dem er auf einen späteren Zeitpunkt vertröstet wird, und kehrt zum Gehirn zurück, um dort zu warten. (Wir werden uns noch mit »später« befassen – später.)

Falls es dem Verstand gelingt, die Minderwertigkeitsgefühle zu passieren (wobei der Zorn, der im Herzen sitzt, oft sagt: »Von wegen später, damit ist jetzt Schluß!«), erreicht er das Land der Angst und der Schuldgefühle. Dort wird ihm ein logisch klingender Grund nach dem anderen genannt, weshalb sich an seiner Situation nie auch nur irgend etwas ändern sollte. Angst und Schuldgefühle können Zitate, Beispiele in Hülle und Fülle als *Beweis* dafür anführen, daß die anstehende Idee nicht machbar, sondern absurd und regelrecht *gefährlich* ist.

Der Verstand ist von dieser scheinbar sachlichen Darstellung verwirrt und geht »nach Hause«, um nachzudenken. Er versucht, einen weniger gefährlichen Weg zu finden. Doch leider schießen Angst und Schuldgefühle jede neue Idee mit einer Logik ab, die mit jedem Mal schlüssiger ist als zuvor. (Die Tatsache, daß die neue Logik der vorherigen Logik teilweise *widerspricht*, wird nicht immer bemerkt.) Und so bleibt der Verstand allein und brütet vor sich hin.

All die erwähnten Energien sind Teil des *Erfolgsmechanismus*, der uns Menschen eigen ist. Die Tatsache, daß er fehlgeleitet und (zumindest bei Erwachsenen) falsch programmiert wurde, besagt nichts Nachteiliges über seine grundsätzliche *Nützlichkeit*. (Die Aufgaben, für die er programmiert wurde, erledigt er sogar ganz tadellos.)

Bitte vergessen Sie nicht, daß es nicht darum geht, irgendeinen Bestandteil dieses Mechanismus »loszuwerden«. Unser Ziel besteht vielmehr darin, ihn so auszurichten und umzuprogrammieren, daß er die Ziele erreicht, für die *wir* uns entscheiden – und nicht jene Entscheidungen zu befolgen, die unsere Eltern, unsere Lehrer und die Gesellschaft für uns getroffen haben, als wir selbst noch zu jung dazu waren.

> Man kann jede kreative Tätigkeit
> als einen Lernprozeß beschreiben,
> bei dem Lehrer und Schüler
> in einem Menschen vereint sind.
> *Arthur Koestler*
>
> Kreativität ist das wunderbare Verschmelzen
> der ungehemmten Energie eines Kindes
> mit ihrem scheinbaren Widerpart und Feind,
> dem Ordnungssinn,
> welcher der disziplinierten Intelligenz
> des Erwachsenen auferlegt wird.
> *Norman Podhoretz*

Wie man Schaffenskraft freisetzt

> Jede Tätigkeit wird kreativ,
> wenn dem Ausführenden daran gelegen ist,
> sie gut oder noch besser zu machen.
> *John Updike*
>
> Bei allem, was Sie tun,
> müssen freie Wahl, Liebe und Leidenschaft
> die Grundbedingungen sein.
> *Nadia Boulanger*

Da der freie Fluß unserer Schaffenskraft an mehreren Stellen blockiert ist, wird verhindert, daß wir die gesamte uns zur Verfügung stehende Energie für die Verwirklichung unseres Traumes einsetzen. Sie ist dazu verdammt, in uns festzusitzen.

Wir kennen die Blockierungen sehr gut. Es sind unsere alten Freunde aus der Behaglichkeitszone: die Angst, die Schuld- und Minderwertigkeitsgefühle, die verletzten Gefühle und der Zorn. Jede dieser Beschränkungen hat zwei Aspekte – einen psychologischen und einen physiologischen (oder körperlichen).

Die psychologische Seite (und wie man sie mit Hilfe von Veranschaulichungen, Bestätigungen usw. neu programmiert) haben wir in den vorhergehenden Kapiteln unseres Buches erforscht. In diesem Kapitel werden wir Sie auf einige *physiologische* Methoden hinweisen, mit denen man seine Schaffenskraft freisetzen kann.

Wie wir schon erwähnt haben, hat jede der Beschränkungen der Behaglichkeitszone eine bevorzugte Stelle im Körper, an der sie sich festsetzt. Angst und Schuldgefühle ziehen die Bauchgegend vor, die Minderwertigkeitsgefühle nisten sich am Solarplexus ein, verletzte Gefühle und Zorn in der Brust. Geschaffen wurden diese Einschränkungen natürlich vom *Verstand* und den *Gedanken*. Sie »wohnen« jedoch schon so lange in einem bestimmten Körperteil, daß sie in ihm »Fleisch und Blut« geworden sind.

Man weiß zum Beispiel, daß psychischer Streß (was nichts anderes als »Druck« bedeutet) zu Verspannungen im Bereich des Nackens und der Schultern führen kann. Im Leben mancher Menschen ist er jedoch so beherrschend, daß Schultern und Nacken ständig verkrampft sind – selbst dann, wenn sie *nicht* unter Streß stehen. In dem Fall spricht man von *chronischer Verspannung*.

Dasselbe gilt auch für die Angst, die Schuld- und die Minderwertigkeitsgefühle, die verletzten Gefühle und den Zorn. Wir alle haben die Neigung, unter *chronischen* Beschränkungen zu leiden, die fest in unsere Körperstruktur eingebaut sind. Aus diesem Grunde haben wir auch – selbst wenn bei uns alles bestens läuft – »freischwebende« Angst-, Schuld-, Minderwertigkeits-, Zorn- und verletzte Gefühle.

Die Behaglichkeitszone ist also praktisch in unserem Körper »installiert«.

Das ist natürlich eine schlechte Nachricht. Gleich, wieviel Bewußtseinsarbeit wir also leisten, unsere körperlichen Verspannungen wirken ihr immer entgegen. Es gibt aber auch eine *gute* Nachricht, und die besagt, daß wir die Verkrampfungen, da sie physisch sind, auch mit *physischen* Mitteln reduzieren können.

Und es gibt noch mehr gute Nachrichten. Die Techniken, mit denen sich Verkrampfungen des Körpers lösen lassen, sind vielfältig, und sie sind zum größten Teil sogar wohltuend. In den letzten dreißig Jahren hat die westliche Kultur eine Wiedergeburt dieser Methoden erlebt. Dazu gehören Massagen, Stretching, Atemübungen, Körpertraining, Berühren (»Handauflegen«) – und die altbewährten heißen Bäder. Ganze Schulen widmen sich dem Studium von jeweils nur einer einzigen dieser Entkrampfungstechniken – und es gibt Dutzende dieser Schulen.

Wir werden uns in diesem Kapitel nicht mit allen Methoden befassen, denn wir möchten nicht, daß unser Buch den *normalen* Rahmen sprengt und den Umfang eines *Telefonbuchs* annimmt.

Mit einigen möchten wir Sie jedoch bekannt machen. Jede Technik, die körperliche Verspannungen löst, kann benutzt werden, um chronische Verkrampfungen, Angst, Schuld- und Minderwertigkeitsgefühle, verletzte Gefühle und Zorn zu vermindern.

Bevor wir Ihnen jedoch Techniken vorschlagen, möchten wir Sie bitten, sich hinsichtlich des Abbaus von körperlichem Streß eines zu merken. Während sich die Anspannung auflöst, erlebt man sie in der Regel noch einmal. Wenn Sie sich schon einmal die Schultern haben massieren lassen, hatten Sie während der Behandlung wahrscheinlich eine Zeitlang *mehr* Schmerzen als zuvor. Mit dem Schmerz ging vermutlich ein angenehmes Gefühl einher – das der Befreiung. Das führt oft zu dem Ausruf: »Der Schmerz tut aber gut.«

Dasselbe gilt auch für Angst, Schuld- und Minderwertigkeitsgefühle, verletzte Gefühle und Zorn. Während sie sich lösen, kann es vorkommen, daß das eigentliche Gefühl intensiver als zuvor erlebt wird. Aber zusammen mit der Intensivierung stellt sich ebenfalls das angenehme Gefühl der Entspannung ein. Dabei handelt es sich häufig um die »andere« Eigenschaft der jeweiligen Beschränkung – der Prickel löst die Angst ab, die Kraft, sich zu ändern, ersetzt die Schuldgefühle, das Selbstwertgefühl die Minderwertigkeitsgefühle, Herzenswärme die verletzten Gefühle und der Wille, Veränderungen herbeizuführen, den Zorn.

Wenn sich also ein Gefühl, das Sie vermindern möchten, verstärkt, sollten Sie sich darüber im klaren sein, daß dieser Vorgang Teil des Entspannungsprozesses ist. Wenn möglich, sollten Sie Ihre ganze Konzentration auf das *angenehme* Gefühl richten, das mit der Intensivierung einhergeht.

Atemübungen und Stretching: Es ist schwer zu sagen, welche Technik zur Beseitigung körperlicher Verspannungen die älteste ist, aber wahrscheinlich sind es die Atem- und Dehnübungen. Viele Tiere, die unter uns auf der Evolutionsleiter stehen, atmen tief ein und strecken sich aus demselben Grunde, aus dem es auch die Menschen tun. Es löst die Verkrampfungen und tut wohl.

Durch bewußtes Atmen wird dem Blutkreislauf Sauerstoff zugesetzt. Beim Strecken wird der Blutfluß verstärkt, der gedehnte Körperteil wird besser durchblutet und der Sauerstoff verteilt. Glücklicherweise können wir auch bewußt Sauerstoff in die Hochburgen der Behaglichkeitszone – also in den Bauch, in den Solarplexus und in den Brustkorb – atmen und sie so dehnen. Versuchen Sie einmal einzuatmen, die Atemluft an diese Stellen zu befördern und diese dadurch bewußt zu erweitern. Sie können sich beim Einatmen auch vorstellen, wie ein weißes Licht in die betreffenden Stellen vordringt. Beim Ausatmen können Sie sich wiederum vorstellen, wie mit dem Hauch alle Dunkelheit (also Verspannung), die in dem betreffenden Körperteil war, im wahrsten Sinne des Wortes an die Luft gesetzt wird.

Atemübungen, mit denen Sauerstoff in einen verspannten Körperteil geatmet wird, können überall und zu jeder Zeit praktiziert werden. Sie können sie ganz »vorschriftsmäßig« im Liegen trainieren. Dabei ist es oft wohltuend, die Hände auf den Körperteil zu legen, in den der Sauerstoff geatmet wird. Sie können sie aber auch einsetzen, wann und wo die Behaglichkeitszone Sie daran erinnern möchte, daß »Sie nicht haben können, was Sie möchten«.

Bewegungsintensive Streckübungen sind ein großartiges Mittel, um das Verhaltensmuster der Behaglichkeitszone aufzubrechen. Wenn Sie sich zurücklehnen und Ihre Hände dabei zur Unterstützung gegen den unteren Teil Ihres Rückens drücken, werden alle kritischen Stellen auf einmal gedehnt. Das geschieht ebenfalls, wenn Sie sich mit dem Gesicht nach unten auf den Boden legen und Ihren Rücken krümmen, indem Sie Ihren Körper mit den Händen nach oben drücken.

Sie werden kaum in der Lage sein, Ihre Ellenbogen hinter Ihrem Rücken zusammenzuführen, aber wenn Sie es *versuchen*, wird Ihr Herzbereich gedehnt. Wenn Sie sich bei dieser Übung ein wenig zurücklehnen, werden Solarplexus und Bauch ebenfalls gestreckt. Körpertraining: Wenn Sie die Muskeln des Körperbereichs bewegen, in dem sich eine Beschränkung festgesetzt hat, kann das durchaus helfen, diese aufzubrechen. Bedeutet das, daß Menschen mit flachem, durchtrainiertem Bauch keine

Angst haben? Nicht unbedingt. (Obwohl sie ganz offensichtlich keine Angst vor Leibesübungen haben.) Durch verstärkte Durchblutung einer bestimmten Körperpartie kann die Behaglichkeitszone jedoch deutlich aufgebrochen werden.

Heiße Bäder: Sind Ihnen die beschriebenen Übungen zu anstrengend? Dann haben wir eine geradezu himmlische Entspannungstechnik für Sie – das heiße Bad. Leider gönnen sich die meisten von uns nur selten eins. Vielleicht mögen Sie sich eher Zeit dafür nehmen, wenn Sie heiße Bäder als *therapeutische* Maßnahme ansehen. Es gibt nur wenige Methoden, die körperliche Verspannungen besser bekämpfen.

Berührungen: Wenn man seine Hände einfach auf die blokkierte Stelle legt, kann das überaus wirkungsvoll sein. Auf bloßer Haut funktioniert diese Technik in der Regel am besten, aber sie wirkt auch durch die Kleidung hindurch. Sie können sich dabei vorstellen, wie weißes Licht durch Ihre Hände strömt und die verkrampfte Stelle entspannt. Diese Methode ist besonders wirkungsvoll, wenn man sie mit Atemübungen kombiniert. Man kann diese Berührungsübungen *beinahe* überall praktizieren, auch ganz beiläufig in aller Öffentlichkeit, so als sei es die natürlichste Sache der Welt – und genau das ist es auch. Andere kaschieren die Übung und tun so, als kratzten sie sich vorsichtig. Eine Berührung kann einer blockierten Stelle die Botschaft schicken: »Ruhig. Sei ganz ruhig.«

Massagen: Wir können Sauerstoff nicht nur durch atmen in die Bereiche schicken, die sich bei der Behaglichkeitszone solcher Beliebtheit erfreuen, sondern wir können dies auch mit unseren beiden Händen erreichen. Die Massage von Bauch, Solarplexus und Brustkorb ist ein ausgezeichnetes Mittel, um dort Blockierungen zu lösen. Die Verwendung von Massageöl macht diese Methode noch wirksamer (und, so erlauben wir uns zu sagen, genußreicher).

Massagen durch Fachkräfte sind ebenfalls zu empfehlen. Lassen Sie den Masseur oder die Masseurin wissen, auf welche Stellen des Körpers er oder sie sich besonders konzentrieren soll.

Sie können auch darauf hinweisen, welche Blockierung Sie verringern möchten. Er oder sie kennt vielleicht noch zusätzliche Techniken.

Die Wirksamkeit all dieser Techniken wird verstärkt, wenn sie mit *geistiger* Aktivität einhergehen. Wenn man sich einen Traum vorstellt, während man ein Hindernis auf dem Weg zu diesem Traum beseitigt, kann das sehr positive Folgen haben. Sie verringern dadurch nämlich die Blockierungen in ihren *beiden* Unterschlüpfen – im psychischen *und* im physischen. Wenn eine Beschränkung oft genug aus beiden Wirkungsorten hinausgeworfen wird, kehrt sie vielleicht in ein Nest im puritanischen England zurück. Cleveland Amory sagt: »Das puritanische Gewissen hindert einen nicht daran, verbotene Dinge zu tun – es verhindert lediglich, daß man Spaß daran hat.«

Da wir gerade von Spaß reden, wollen wir noch anmerken, daß alle erwähnten Techniken auch körperliches Vergnügen mit sich bringen. Und das sollten Sie nicht nur genießen, sondern auch bewußt einsetzen. Gestatten Sie sich ein körperliches Wohlgefühl, wenn Sie an Ihren Traum denken. Schließlich sind Ihre Träume (dank der Behaglichkeitszone) oft genug von physischem Unbehagen begleitet worden.

Im nächsten Kapitel erzählen wir Ihnen noch mehr darüber. Vorerst genügt es, daß Sie wissen, daß die Zeit, die Sie für Arbeit an Ihrem Körper investieren, gut angelegt ist. Sie gewinnen durch solche Übungen in zweierlei Hinsicht: die Behaglichkeitszone verliert an Halt, und die zur Verwirklichung Ihres Traumes nötige kreative Energie nimmt zu. Beide Resultate sind von großer Bedeutung.

> Jeder schöpferische Mensch
> erlebt die Kluft zwischen
> seiner inneren Vision und
> ihrem äußeren Ausdruck.
> *Isaac Bashevis Singer*

Wie man für seine Energien Kurskorrekturen vornimmt

Erfolg ist nicht das Ergebnis einer Initialzündung. Man muß sich richtig in Brand setzen.

Reggie Leach

Wenn wir sagen, daß man für einen Traum *Leidenschaft* empfinden muß, denken viele:»Wieso Leidenschaft? Leidenschaftliche Gefühle hat man doch eher für...« Dann nennen Sie etwas, wofür sie zufällig Leidenschaft empfinden (oder Schuldgefühle, weil Sie sich leidenschaftlich gern damit beschäftigen – Leidenschaft ist eben stärker als Schuldgefühle).
Die Leidenschaft der meisten Menschen ist auf bestimmte Dinge gepolt. Dabei kann es sich um eine Person, ein Lieblingsgericht, eine Fernsehsendung, Sex, Geld, Fußball, Makramee oder was auch immer handeln. Die Liste der Dinge, für die der Mensch eine Leidenschaft entwickeln kann, ist fast endlos.
Wofür wir Leidenschaft empfinden, entscheiden wir selbst. Bei den meisten ist diese Wahl allerdings schon vor langer Zeit getroffen worden, und wir haben vergessen, daß wir uns entschieden haben. Wir wissen zwar, auf *was* unsere Wahl gefallen ist, nämlich auf die Sache, die bei uns automatisch leidenschaftliche Gefühle hervorruft. Aber wir haben vergessen, *daß* wir die Entscheidung getroffen haben.
Sobald wir die Schaffenskraft in unserem Inneren freigesetzt haben, richtet sie sich ganz selbstverständlich auf das Objekt unserer Leidenschaft. Sie ist darauf geeicht. Sie nimmt in unserem Inneren den Weg des geringsten Widerstandes. Wenn es sich bei dem Objekt Ihrer Leidenschaft schon um das Ziel handelt, für das Sie sich entschieden haben, großartig. Wenn sich die eben freigesetzte Schaffenskraft aber auf etwas anderes als Ihr großes Ziel richtet, kann eine Kurskorrektur vorgenommen werden.

Sie werden bemerkt haben, daß wir von der »eben freigesetzten Schaffenskraft« sprechen. Wir verlangen keineswegs, daß Sie Dingen, für die Sie leidenschaftliche Gefühle hegen, künftig weniger starke Empfindungen entgegenbringen sollen. Es sei denn, daß diese Dinge nicht Teil Ihres Traumes sind.

Wir glauben, daß die meisten von uns ein viel größeres Leidenschaftspotential haben, als wir uns zugestehen. Und deshalb schlagen wir vor, daß Sie, sobald Sie die vermehrte Energie spüren, den *Überschuß* auf Ihren Traum richten. Dieser Überschuß kann unter Umständen zehnmal so stark sein wie Ihre momentanen Empfindungen, aber Sie sollten ihn trotzdem wie beschrieben einsetzen. Ihr großer Traum benötigt – und verdient auch – eine Menge Energie.

Die Leidenschaft ist im allgemeinen durch *Gedanken* mit einem bestimmten Objekt »verkabelt«. So empfinden wir Leidenschaft, wenn wir über eine bestimmte Sache nachdenken; wenn wir Leidenschaft empfinden, denken wir weiter über die Sache nach; wenn wir weiter darüber nachdenken, empfinden wir mehr Leidenschaft. Das ist ein sich stetig erweiternder Kreislauf. Wie bei dem Rätsel um das Huhn und das Ei läßt sich auch in diesem Fall kaum sagen, was zuerst da war.

Die Beantwortung der Frage ist, ebenso wie bei dem Verwirrspiel um Huhn und Ei, nicht von Belang. Es gibt Hühner und es gibt Eier – nur das zählt. Wir haben Leidenschaft, wir haben Dinge, für die wir Leidenschaft empfinden – nur das zählt.

Sie können also von jedem Punkt des Kreislaufs aus die Leidenschaft von einem Objekt, für das Sie entsprechende Gefühle hegen, auf Ihren Traum umlenken. Dazu ist nur nötig, daß Sie sich (a) daran erinnern, es zu tun, und daß Sie (b) ein *konkretes* Bild vor Augen haben, auf das Sie die Leidenschaft richten wollen.

Es ist sehr wichtig, daß man eine *konkrete* Vorstellung von seinem Traum hat. Allgemeingehaltene Vorstellungen (zum Beispiel: »Ich möchte Filmstar werden«) sind zu vage. Ihnen fehlt die, äh, *Faszination*, um die Leidenschaft von einem schon vorhandenen Objekt des Begehrens abzuziehen.

Wenn jemand den Traum hat, Filmstar zu werden, könnte sich diese Vorstellung darin konkretisieren, einen Oscar zu gewinnen. Was fasziniert Sie *konkret* am meisten an der Vorstellung, einen Oscar verliehen zu bekommen? Etwa der Moment, wenn Sie hören, wie Ihr Name verkündet wird? Oder der Augenblick, wenn Ihnen alle Leute, die um Sie herum sind, auf den Rücken klopfen und Sie Ihrer Begleitung den obligatorischen Kuß geben? Vielleicht ist es der Gedanke, inmitten der tosenden Ovationen auf der Bühne zu stehen, während helle Scheinwerfer auf Sie herabstrahlen, und sich an Barbra Streisands Kommentar beim Anblick ihres Oscars zu erinnern. »Hallo, Süßer!« hat sie gesagt.

Das sind *konkrete*, bildliche Vorstellungen. Wenn unter den beschränkenden Emotionen, die Sie während der Arbeit an Ihrem Körper freisetzen, auch ein wenig Leidenschaft ist, dann richten Sie diese auf die konkrete Vorstellung, die Sie von Ihrem großen Traum haben. Und wenn Sie plötzlich mit leidenschaftlichen Gefühlen an eine Sache denken, die Sie grade fasziniert, dann richten Sie diese Gefühle auch auf Ihre konkrete Vorstellung.

Zur Übung suchen Sie sich jetzt bitte eine konkrete Vorstellung von Ihrem Traum. Sagen wir, sie besteht darin, einen Oscar zu gewinnen. Schließen Sie jetzt die Augen und denken Sie an eine Sache, für die Sie leidenschaftliche Gefühle hegen, die aber keinen direkten Bezug zu Ihrem Traum hat. Sagen wir, an einen Schokoladenkuchen. Denken Sie an einen Schokoladenkuchen. Stellen Sie sich vor, wie gut er schmeckt. Sehen Sie ihn sich an, riechen Sie an ihm, probieren Sie ihn – lassen Sie sich das Wasser im Mund zusammenlaufen und lassen Sie die Leidenschaft strömen.

Nun projizieren Sie in Ihrem Verstand *ruckzuck* das Bild des Oscars. Richten Sie die leidenschaftlichen Gefühle, die durch den Schokoladenkuchen aufgebaut wurden, auf den goldigen Oscar. Falls sich der Kuchen wieder einblendet (und das wird er sicher tun), dann lassen Sie das ruhig geschehen. Lassen Sie die

Leidenschaft sich wieder aufbauen, und dann schalten Sie *ruckzuck* auf den Oscar zurück.

Zu Anfang werden Sie kaum in der Lage sein, das konkrete Bild über längere Zeit festzuhalten. Ihr Verstand wird immer wieder zu dem gewohnten Objekt seiner Leidenschaft zurückkehren. Das haben wir gemeint, als wir sagten, daß die Leidenschaft auf bestimmte Dinge gepolt ist. Mit etwas Übung wird es Ihnen jedoch immer leichter fallen, leidenschaftliche Gefühle von einem Objekt auf ein anderes zu übertragen. Letztlich wird sich die Leidenschaft, wenn Sie spüren, wie sie sich in Ihrem Körper bemerkbar macht, *ganz von selbst* Ihrem Traum zuwenden.

Als fortgeschrittene Übung schalten Sie Ihre Gedanken vom Objekt Ihrer Leidenschaft auf die konkrete Vorstellung von Ihrem Traum um, *während sie sich mit dem Objekt beschäftigen*. Nein, das ist kein Vorwand, um sich einen Schokoladenkuchen einzuverleiben. (»Ich habe gestern abend einen ganzen Schokokuchen gegessen – das gehört zu einer Übung in einem Buch, das ich zur Zeit lese.«) Obwohl wir uns keinen besseren Kniff denken können, um mehr Exemplare unseres Buches zu verkaufen, sollten Sie keinesfalls einen Schokoladenkuchen essen, nur um die Übung zu erfüllen. Der hat schließlich nur als Beispiel gedient.

Also, wenn Sie sich das nächste Mal mit dem Objekt Ihrer Leidenschaft beschäftigen, dann schalten Sie im Geiste von Zeit zu Zeit auf das konkrete Bild um, das Sie von Ihrem Traum haben. (Seien Sie dabei *bitte* diskret, falls eine andere Person zugegen sein sollte. Sonst kann es zu peinlichen Situationen kommen: »Was machst du?« »Entschuldige, Schatz, ich dachte gerade an Oscar.« »An welchen Oscar?!«)

Ja, Sie können Ihren Schokokuchen essen und gleichzeitig an Ihren nächsten Bestseller denken. Wir, die Autoren, tun das andauernd!

> Leidenschaft beseelt jedes ernsthafte Streben;
> sie ist unerläßlich
> für alle kreativen Anstrengungen.
> *W. Eugene Smith*

Viele Menschen haben
eine falsche Vorstellung von wahrem Glück.
Man erlangt es nicht, indem man
seinen Sehnsüchten kritiklos nachgibt,
sondern indem man einem würdigen Zweck
die Treue hält.

Helen Keller

Meditieren, nachdenken oder einfach nur herumsitzen

*Manchmal sitze ich herum und denke,
und manchmal sitze ich nur herum.*

Zusätzlich zur Veranschaulichung können Sie auch weitere meditative und kontemplative Techniken ausprobieren. Vielleicht wollen Sie sich auch einfach nur still hinsetzen und entspannen.

Wenn Sie meditieren, nachdenken oder einfach nur herumsitzen, sollten Sie das weiße Licht bitten, Sie zu umgeben, zu erfüllen und zu beschützen, damit nur das passiert, was zu Ihrem größten Nutzen und zu dem aller Beteiligten ist.

Bevor Sie beginnen, bereiten Sie Ihre Umgebung für die Meditation vor. Sorgen Sie dafür, daß Sie nicht gestört werden. Stöpseln Sie das Telefon aus oder nehmen Sie den Hörer von der Gabel. Hängen Sie einen Zettel an die Tür. Stecken Sie sich Watte in die Ohren, falls die Gefahr besteht, daß Sie durch Lärm abgelenkt werden könnten. Sorgen Sie für Ihre körperlichen Bedürfnisse. Stellen Sie ein Glas Wasser parat für den Fall, daß Sie Durst bekommen, und besorgen Sie sich vielleicht auch ein paar Papiertaschentücher.

Kontemplation ist das Nachdenken über eine Sache, die häufig erhebend ist oder einem Auftrieb verleiht. So könnten Sie sich zum Beispiel mit einem der vielen Zitate oder einer der Ideen in diesem Buch beschäftigen. Wenn man von einer neuen und möglicherweise nützlichen Idee hört, sagt man sich oft: »Darüber muß ich nachdenken.« Die Kontemplation ist eine gute Gelegenheit, um genau das zu tun: Sie können dabei den Wahrheitsgehalt einer Idee ergründen und sich die Veränderungen und Verbesserungen veranschaulichen, die sich dadurch für Ihr Leben ergeben könnten.

Sie können sich aber auch über etwas Konkretes Gedanken

machen, zum Beispiel über eine Blume, oder über ein Konzept, vielleicht Gott. Bei der Kontemplation geht es aber vor allem darum, sich eine Ruhephase zu gönnen, während der man über ein Thema seiner Wahl nachdenken kann.

Meditation. Eine Vielzahl von Institutionen und Organisationen lehrt eine solche Vielzahl von unterschiedlichen Meditationsarten, daß es fast unmöglich ist, eine zutreffende Definition dieses Wortes zu geben. Im folgenden werden wir Ihnen jedoch einen kleinen Überblick geben. Vielleicht möchten Sie verschiedene Meditationsmethoden ausprobieren, um zu sehen, wie sie wirken. Vergessen Sie dabei nie, *daß Sie nur durch die Praxis wirklich etwas über ihre Wirkung erfahren können.* Wir glauben oft, die Wirkungsweise einer bestimmten Methode zu kennen, wenn wir nur eine Beschreibung gelesen haben. Und genau das ist auch der Fall: wir *glauben* zu wissen, aber *in Wirklichkeit* haben wir keine Ahnung. Daher schlagen wir vor, daß Sie erst ein paar Erfahrungen sammeln, um dann auf der Grundlage einer solideren Sachkenntnis zu entscheiden, welche Meditationsart für Sie gegenwärtig am besten geeignet ist. Und vergessen Sie bitte nicht, das Licht zu sich zu rufen, bevor Sie beginnen. Wir raten Ihnen, die folgenden Meditationen in keinem Fall am Steuer, bei der Bedienung gefährlicher Maschinen oder in Situationen zu praktizieren, in denen Sie hellwach sein müssen.

Atmungsmeditation. Setzen Sie sich bequem hin, schließen Sie die Augen, und achten Sie nur auf Ihren Atem. Verfolgen Sie, wie Ihr Atem in Ihren Körper hineinströmt und ihn wieder verläßt. Atmen Sie nicht »bemüht« und verändern Sie Ihren Atemrhythmus nicht bewußt, sondern verfolgen Sie nur den natürlichen Luftstrom beim Ein- und Ausatmen. Falls Sie sich in Gedanken verlieren sollten, besinnen Sie sich wieder auf Ihre Atmung und konzentrieren Sie sich neu. Dies ist eine sehr erfrischende und belebende Meditation. Zwanzig Minuten können wie eine lange erholsame Nachtruhe wirken. Sie kann besonders wirkungsvoll sein, wenn Sie emotional aufgewühlt sind.

Töne. Manche Leute fügen beim Ein- und Ausatmen gern ein Wort oder einen Laut ein, um den Konzentrationsprozeß ihres Geistes zu unterstützen. Einige entscheiden sich dabei für das Wort »Eins«, andere wieder für »Gott«, »Om« oder »Liebe«. Diese und viele andere erfüllen den Zweck vollkommen. Sagen Sie beim Einatmen innerlich zu sich: »Liebe«. Und beim Ausatmen wiederholen Sie das Wort. Hier noch ein paar andere Laute und Töne, die Sie vielleicht ausprobieren möchten:
- JU. Ju ist ein uralter, für höhere Macht stehender Laut. Ju war einer der ersten Namen, die die Menschen einem göttlichen Wesen gaben. Einige sehr positive Worte beginnen mit Ju: Juwelen, Jugend, Jubel, Jux. Sie können den Laut leise beim Ein- und Ausatmen vor sich hinsagen. Oder Sie können das J beim Einatmen einfügen und das U beim Ausatmen. Sie können auch beim Ausatmen *laut* Ju sagen, aber praktizieren Sie das keinesfalls mehr als fünfzehn Mal pro Sitzung. Die Energien, die freigesetzt werden, sind nämlich sehr stark.
- ENI-JU. Diese Lautkombination trägt Mitgefühl, Einfühlungsvermögen und Harmonie in sich. Sie können Sie leise singen (Eni beim Ein- und Ju beim Ausatmen) oder auch laut (Eni-Ju beim Ausatmen). Die Laute eignen sich ausgezeichnet für Chorgesang mit anderen Leuten, und sie haben die Eigenschaft, die Gruppe in Harmonie zu vereinen – in mehr als nur in einer Hinsicht.
- HU. Dieser Laut kann genauso wie Ju benutzt werden.
- RA. Ra ist ein Laut, mit dessen Hilfe man den Körper mit viel physischer Energie versorgen kann. Sie können Ra im Stehen und im Sitzen üben. Im Stehen angewandt, setzt er mehr Energie frei. Atmen Sie tief ein und singen Sie beim Ausatmen ganz laut »*Rrrrrrrrraaaaaaaaaa*«, bis Ihnen die Luft ausgeht. Atmen Sie wieder tief ein und wiederholen Sie den Vorgang; und dann noch einmal. Wenn Sie dreimal Ra gesungen haben, atmen Sie ein paar Sekunden lang normal. Dann singen Sie eine weitere Dreierserie, pausieren wieder und lassen dann noch einmal eine Gruppe von drei Ras folgen. Wir empfehlen

Ihnen, pro Sitzung nicht mehr als drei Folgen zu je drei Ras zu praktizieren.
- SO-HONG. Die So-Hong-Meditation eignet sich sehr gut für den Fall, daß Ihr Verstand und Ihre Gefühle widersprechende Ziele haben sollten. Das So-Hong hat die Eigenschaft, die beiden zu vereinen und sie auf denselben Kurs zu bringen. Diese Lautkombination wird lautlos gesungen. Sie atmen mit So ein und mit Hong aus. Versuchen Sie, das fünf Minuten mit geschlossenen Augen zu machen. Es kann sein, daß Sie sich nach dieser Meditation in der Lage fühlen, eine Aufgabe zu erledigen, die Sie seit langem vor sich herschieben.
- SSO. Sso ist ein heilender Laut. Es ist sehr wichtig, ihn korrekt auszusprechen. Atmen Sie tief ein und sagen Sie beim Ausatmen »Ssssooo«. Das Ss, ein scharfer Zischlaut, wird betont. Man schiebt die Zungenspitze dabei leicht zwischen die Zähne, ganz so, als lispelte man. Dem Ss folgt das oo wie eine langgedehnte Version des Wortes »Oh«, das wir zum Ausdruck von Verwunderung verwenden. Setzen Sie sich für die Sso-Meditation bequem hin, schließen Sie die Augen, atmen Sie zweimal ein und aus, atmen Sie dann ein drittes Mal tief ein, und sagen Sie beim dritten Ausatmen »Ssooo«. Wiederholen Sie diese Serie von drei Atemzügen mit dem lauten Sso beim dritten Ausatmen dreimal. Das genügt vollkommen. Diese Übung ist sehr wirkungsvoll. Spüren Sie, wie die heilenden Energien durch Ihren Körper strömen. Sie können das Sso auch innerlich leise singen, und Sie können es jederzeit, selbst wenn Sie mit anderen Dingen beschäftigt sind, vor sich hinsagen. Aber auch in diesem Fall gilt dasselbe wie für alle anderen Meditationen: praktizieren Sie sie keinesfalls am Steuer oder wenn Sie an potentiell gefährlichen Maschinen arbeiten.

Flammenmeditation. Sie nutzt die Kraft des Feuers, um Negatives aufzulösen. Stellen Sie eine Kerze auf den Tisch und setzen Sie sich so hin, daß Sie direkt in die Flamme sehen, nicht auf sie hinab. Erlauben Sie Ihrer Energie, aufzusteigen, aus Ihnen heraus- und in die Flamme hineinzufließen. Es kann sein, daß Sie dabei schlechte Gefühle oder negative Gedanken haben. Achten Sie nicht auf deren Inhalt. Übergeben Sie sie einfach der Flamme. Wenn Sie spüren, wie Ihre Energie in Ihr Inneres zurücksickert, und Sie sich fühlen, als fielen Sie in Trance, pusten Sie die Kerze aus und beenden Sie die Meditation. Es geht bei ihr darum, Ihre Energie aufsteigen und aus Ihnen heraus- und in die Flamme fließen zu lassen. Praktizieren Sie diese Meditationsart anfangs nicht länger als fünf Minuten. Beobachten Sie anschließend etwa einen Tag lang Ihr Befinden. Es ist möglich, daß Sie lebthaftere Träume als gewöhnlich haben. Wenn es Ihnen ansonsten gutgeht, können Sie diese Meditationsübung über einen längeren Zeitraum praktizieren. Aber nicht länger als zwanzig Minuten; das wäre schon sehr lange.

Wassermeditation. Gießen Sie Wasser in ein durchsichtiges Glas, halten Sie es in den Händen (ohne daß diese sich berühren), und schauen Sie einfach hinein. Beobachten Sie alles, was Sie wahrnehmen. Es kann sein, daß Sie Farben sehen werden. Oder daß Sie beobachten, wie von Ihren Händen Energie ausgeht. Es kann aber auch sein, daß Sie nur sich selbst sehen, wie Sie ein Glas Wasser in Händen halten. Beobachten Sie das Wasser anfangs fünf Minuten lang, und steigern Sie sich dann langsam auf eine Viertelstunde. Trinken Sie das Wasser am Ende der Meditation. Ihre Energien haben es in ein »Tonikum« verwandelt, in ein stärkendes Mittel, das Ihnen genau das gibt, was Sie in dem Moment brauchen. Sie können als Experiment zwei Gläser nehmen und beide zur Hälfte mit Leitungswasser füllen. Stellen Sie eins beiseite und meditieren Sie mit dem anderen. Anschließend kosten Sie von beiden. Seien Sie nicht überrascht, wenn Sie feststellen, daß das von Ihnen »aufgeladene« Wasser anders schmeckt.

I. Man intoniert das I laut nach der Meditation, um sich wieder »auf den Boden der Tatsachen« zurückzubringen und seine Konzentration auf die materiellen Dinge zu richten. Es handelt sich dabei um ein gedehntes »Iii«, das im tieferen Bereich Ihres Vokalspektrums beginnt, sich in einem Atemzug zu den hohen Lagen hinaufschwingt und dann wieder abfällt. Sie beginnen als Baß, gehen zum Tenor über, erreichen den Sopran und kehren zum Baß zurück. Wenn Sie sich bei dieser Übung im tieferen Register befinden, stellen Sie sich vor, daß der Laut sich in Ihren Füßen bewegt, dann, während er langsam im Körper aufsteigt, immer höher wird, um schließlich auf seinem Höhepunkt Ihre Hirnschale zu erreichen und dann wieder im Körper hinabzusteigen, während Ihre Stimme tiefer wird. Wenn Sie das versuchen, werden Sie schnell merken, daß es viel leichter auszuführen ist, als es sich bei der Beschreibung anhört. Führen Sie nach jeder Meditationsübung zwei oder drei I-Töne aus.

Diese Lautübungen und Meditationen haben schon vielen Menschen geholfen. Wir verlangen von Ihnen nicht, uns zu *glauben*, daß sie bei Ihnen wirken. Wir bitten Sie lediglich, sie auszuprobieren und abzuwarten, was passiert. Wenn es klappt und sie Ihnen wirklich helfen, ist der Glaube daran überflüssig; dann kennen Sie die Wirkung aus erster Hand. Ihre Erfahrungen mit den verschiedenen Techniken werden darüber entscheiden, ob Sie sie häufig, manchmal, selten oder nie anwenden. Es mag sein, daß diese oder jene bei Ihnen besser wirkt als andere. Das ist ganz natürlich. Praktizieren Sie die, welche bei Ihnen am besten anschlagen; wenden Sie sich gelegentlich aber auch den anderen zu, um herauszufinden, ob Sie Ihnen mittlerweile vielleicht mehr zu bieten haben.

Manche Menschen meinen, daß Meditation ihnen Zeit *wegnimmt*, die für praktische Verrichtungen genutzt werden könnte. Wenn man sie im Übermaß betreibt, mag das stimmen. Die meisten Menschen machen allerdings die Feststellung, daß Meditation *mehr Zeit schafft* als sie einem *wegnimmt*.

Meditation dient der Erholung, der Heilung, der Ausgeglichenheit und der Erweiterung des Wissens. Alle diese Punkte sind für die Erreichung eines Zieles hilfreich und nützlich.

Einer der Haupteinwände, der von vielen Menschen immer wieder gegen die Meditation ins Feld geführt wird, lautet:»Meine

Gedanken geben einfach keine Ruhe.« Vielleicht versucht ja Ihr Verstand, Ihnen einen wertvollen Hinweis zu geben. Wenn es bei dem Gedanken, der sich immer wieder aufdrängt, darum geht, daß Sie etwas tun sollen, notieren Sie ihn sich oder halten Sie ihn auf einem Tonband fest. Dann wenden Sie sich wieder der Meditation zu. Indem Sie den Gedanken notieren, geben Sie dem Verstand Gelegenheit, sich mit etwas anderem zu beschäftigen – zum Beispiel mit der Meditation.

Je länger die Liste der Dinge wird, die zu tun sind, desto leerer und befreiter ist Ihr Verstand. Falls sich der Gedanke, daß Sie beispielsweise wegen eines Kredits bei der Bank anrufen sollen, wieder meldet, brauchen Sie Ihrem Verstand nur zu sagen: »Der Punkt steht schon auf der Liste. Du kannst ihn also vergessen.« Und das wird er dann auch tun. (Es ist allerdings wichtig, daß Sie die Dinge auf der Liste auch wirklich erledigen oder zumindest nach der Meditation darüber nachdenken. Tun Sie das nicht, wird sich Ihr Verstand genauso wenig um die Liste mit den zu erledigenden Dingen scheren wie Sie selbst, und er wird Ihnen den Gedanken daran immer wieder auftischen.)

So verbessern Sie nicht nur Ihre Meditation, sondern Sie haben, wenn Sie damit fertig sind, auch eine nützliche Aufgabenliste. Und durch nur eine einzige plötzliche Einsicht bei der Meditation können Sie sich *Stunden*, vielleicht sogar *Tage* unnötiger Arbeit ersparen. Das meinen wir, wenn wir sagen, daß Meditation, rein praktisch gesehen, unter Umständen mehr Zeit schafft, als sie einem nimmt.

>   Wahre Stille ist mehr als nur
>   die Abwesenheit von Lärm. Sie beginnt,
>   wenn sich ein vernunftbegabtes Wesen
>   aus dem Getöse entfernt,
>   um in seiner inneren Zufluchtsstätte
>   Frieden und Ordnung zu suchen.
>   Sie ist wie der Auszug aus der Sklaverei,
>   um das Reich Gottes zu erlangen.
>   *Peter Minard*

Bei Stille
kann sich das Gemüt ausruhen;
sie ist für den Geist,
was der Schlaf für den Körper ist,
Nahrung und Erfrischung.
William Penn

Das Säen und das Bezahlen des Zehnten

Wenn Sie sich richtig verhalten,
stellt sich das Geld bei Ihnen ein.
Michael Philips

Säen und den Zehnten bezahlen sind zwei wichtige Aspekte beim Erringen des Erfolgs. Mit dem ersteren sagt man »Bitte«, und mit letzterem sagt man »Danke«.

Indem wir säen und unseren Zehnten bezahlen, erkennen wir die *Quelle* unseres Vermögens, unseres Wohlstands an. Sie selbst entscheiden, um welche Quelle es sich dabei handelt - welche Organisation den besten Zweck vertritt, den Sie kennen. Die Anerkennung wird in Form von Geld geleistet.

Geld, jawohl, Geld. Indem wir *Geld* weggeben, zeigen wir, daß wir es wirklich *ernst* meinen mit unseren Zielen. Und *wem* zeigen wir, daß wir es ernst meinen? Nun, *uns selbst* natürlich. Und der Behaglichkeitszone zeigen wir es auch. Es gibt kaum etwas, woran sie sich fester klammert als an den Geldbeutel. Wenn Sie in regelmäßigen Abständen eine festgesetzte Menge *Geldes* weggeben können, sind Sie auf dem besten Wege, Ihre Behaglichkeitszone zu meistern.

Säen heißt, Geld spenden, *bevor* man selbst etwas bekommt. Wie das Wort impliziert, geht es dabei darum, Saatgut *einzupflanzen*. Was wäre es Ihnen - an Geld - wert, Ihren Traum verwirklicht zu sehen? Säen Sie zwischen einem und zehn Prozent dieser Summe. Wie man sät, fragen Sie? Indem Sie einen Scheck an die Organisation senden, die Ihrer Meinung nach das Gute und gute Zwecke am wirkungsvollsten vertritt.

Sagen Sie niemandem, daß Sie gesät haben, um etwas zu bekommen, *bis* Sie die Ernte eingefahren haben. Sie mögen zwar Freunden von Ihrem Traum erzählen, aber die Tatsache, daß

Sie säen, sowie den Grund dafür sollten Sie - wie Ihren Lebenszweck - unbedingt für sich behalten.

Den Zehnten bezahlen bedeutet, zehn Prozent seines finanziellen oder materiellen Gewinns abzugeben. Wenn Sie 1 000 Dollar verdienen, sollten Sie 100 Dollar spenden. Wenn Sie ein Geschenk im Wert von 1 000 Dollar erhalten, sollten Sie 100 Dollar (in Form von Geld oder anderen Werten) stiften.

Warum? Indem Sie den Zehnten bezahlen, machen Sie sich selbst klar, daß Sie im Überfluß leben. Sie sagen quasi: »Danke, ich habe mehr, als ich brauche.« Wenn Sie regelmäßig zehn Prozent Ihres Gewinnes weggeben, stellen Sie damit nachweisbar klar, daß Sie ein gewissenhafter Energieverbraucher sind. Wer Energie vergeudet, dem wird nach und nach immer weniger zuteil. Wer sie hingegen sinnvoll einsetzt, der bekommt immer mehr. Indem Sie den Zehnten bezahlen, demonstrieren Sie, daß Sie mit Ihren finanziellen und sonstigen Ressourcen gut hauszuhalten wissen.

Es ist unerheblich, *wem* Sie das Geld geben. Wenn Sie keiner religiösen oder kirchlichen Gemeinschaft (den traditionellen Empfängern des Saatgeldes und des Zehnten) angehören, dann können Sie es einer Wohltätigkeitsorganisation oder einem sonstigen guten Zweck stiften. Solange mit dem Geld Ihrer Meinung nach für *den besten Zweck* und *das höchste Wohl* auf diesem Planeten gearbeitet wird, ist jede Institution oder Person recht.

Strenggenommen können Sie das Geld auch aus dem Fenster werfen. Wer der Empfänger ist, ist nicht so wichtig wie die Tatsache, *daß* es gestiftet wird. Der Geist, mit dem Sie sich davon trennen, zählt.

Ein Gedanke noch: Wenn Sie ungern geben, wird Ihnen auch nur ungern zurückgegeben. Wenn Sie jedoch mit Freuden geben, wird Ihnen auch mit Freude zurückgegeben.

Warten Sie aber nicht, bis Sie mit Freude geben können. Es ist ein mechanischer Prozeß. Wenn Ihnen ungern zurückgegeben wird, ist das immer noch besser, als wenn Sie gar nichts bekommen.

Der Wille, ranzugehen und zu handeln, schafft die Fähigkeit, ranzugehen und zu handeln

Seien Sie kühn
und wagen Sie etwas –
dann werden Ihnen mächtige Kräfte
zu Hilfe kommen.

Basil King

Wenn man sich ansieht, was man alles tun muß, um seinen Traum zu erfüllen, fragt man sich leicht: »Wie soll ich das nur schaffen?« Machen Sie sich bitte keine Sorgen darum, *wie* Sie es bewerkstelligen werden. Seien Sie einfach nur *gewillt*, sich ins Zeug zu legen und die anfallende Arbeit zu erledigen.

Seien Sie gewillt, sich von Ihren vier Buchstaben zu erheben und ranzugehen.

Sie können einen Anfang machen, indem Sie das Wörtchen »aber«, mit dem normalerweise Einwände beginnen, zu Ihrem Nutzen einsetzen. Wenn die Behaglichkeitszone mit einem Sie einengenden Gedanken aufwartet, können Sie daran anhängen: »... aber ich habe den Willen, dieses oder jenes zu tun.« Ein anderes Beispiel wäre: »... ich weiß nicht, wie man das macht, aber ich habe den Willen, es zu lernen.« Oder: »Ich bin zu müde, um dieses oder jenes zu tun, aber ich habe den Willen, Energie dafür aufzubringen.« Und: »Ich bin dieser Sache nicht wert, aber ich habe den festen Willen, mich als ihrer wert zu erweisen.«

Ihre Bereitschaft öffnet Wissen, zielgerichteter Handlung und Leistung Tor und Tür. Haben Sie den Willen zu lernen, zu handeln und ein positives Ergebnis zu erzielen.

Haben Sie aber vor allen Dingen den Willen, Ihrem Traum zu folgen.

FÜNFTER TEIL

Rangehen und handeln

Tu es einfach!

Werbung für Joggingschuhe

Wir werden jetzt noch schneller als bisher voranschreiten. (Wir *spüren* geradezu, daß es der göttlichen Geduld *kaum* noch gelingt, die göttliche Ungeduld in Schach zu halten.) Ihr Verstand und Ihre Gefühle (also Ihre Leidenschaft) sind jetzt voll und ganz auf Ihren Traum ausgerichtet (oder sie bewegen sich mit jeder Sekunde mehr und mehr in seine Richtung). Jetzt ist es an der Zeit, ranzugehen und zu handeln – JETZT IST ES AN DER ZEIT, IHRE TRÄUME ZU LEBEN!

Die größte Lüge beim Handeln

> Faulheit ist nichts weiter
> als die Angewohnheit, sich auszuruhen,
> bevor man müde wird.
> *Jules Renard*

Die größte Lüge, die wir uns immer wieder erzählen, wenn es darum geht, eine Sache aktiv anzugehen, lautet: »Das erledige ich später.« C. Northcote Parkinson hat dazu gesagt: »Das Aufschieben von Aufgaben ist die tödlichste Form der Weigerung.«

Ein Fremdwort für Aufschub lautet »Procrastination«. Wir wissen, daß die Silbe »pro« *»für«* bedeutet, aber wir haben keine Ahnung, was »crastination« bedeutet. Vielleicht *Faulheit.* Vielleicht auch: *Du brauchst deinen Traum nicht zu verfolgen, aber du kannst dich selbst zum Narren halten, indem du dir sagst, daß du es einen schönen Tages schon noch tun wirst.* Was auch immer es bedeuten mag, wir sind auf jeden Fall dagegen.

Man könnte sagen, daß wir pro Anticrastination sind.

(Wir wissen natürlich sehr wohl, was »crastination« bedeutet – *crastinus* ist lateinisch und bezeichnet die Dinge, die *den morgigen Tag* betreffen. *Procrastinus* bedeutet, »Dinge auf morgen verschieben«. »Verschiebe nie auf morgen«, hat Mark Twain gesagt, »was du übermorgen kannst besorgen.« Ist das ein Fall von *Procrastinus-crastinus?*)

Das Praktische an jenem »später« ist, daß niemand je den Beweis für seine Unrichtigkeit erbringen kann. Man kann uns deswegen unmöglich Vorwürfe machen. Falls uns doch jemand damit konfrontiert, können wir immer einwenden: »Ich habe doch gesagt, daß ich es später erledige. Es ist noch nicht soweit.«

Auf diese Art und Weise können wir Dinge *unbegrenzt* hinausschieben und uns vor ihnen drücken. Das Wort »später« geht uns erst aus, wenn wir aufhören zu atmen. Der Tod ist eine Mitteilung der Natur, mit der sie uns sagt: »Du hast kein ›später‹ mehr.« Aber wen interessiert es dann noch?

Es geht aber nicht darum, ob Ihr Tod noch jemanden interessiert. Wichtig ist vielmehr, wen es interessiert, daß Sie am Leben sind. Die Antwort darauf lautet: *Sie selbst.* Irgendwie wissen wir doch genau, wie viele Vertröstungen auf »später« wir in der Vergangenheit schon angesammelt haben. Und wir wissen, daß ein weiteres »später« dieselbe Bedeutung hat, als lüden wir ein Sandkorn am Strand ab. Irgendwie ist uns klar, daß wir jenes Korn mit größter Wahrscheinlichkeit nie wieder in die Hand nehmen werden.

Wir wissen, daß wir lügen, wenn wir uns auf »später« vertrösten.

Wenn Sie also eine Aufgabe sofort erledigen können, dann tun Sie es. Sollte das nicht möglich sein, beschließen Sie, (a) sie gar nicht mehr zu erledigen, oder (b) *wann* Sie sie erledigen.

Falls Sie etwas nicht erledigen, Sie aber beschließen, es noch zu tun, setzen Sie dafür *ein präzises Datum und eine präzise Uhrzeit* fest. Richten Sie dafür einen Termin in Ihrem *Zeitplan* ein. Notieren Sie sich den vorgesehenen Zeitpunkt in Ihrem Terminkalender. Wenn Ihnen die Angelegenheit nicht soviel Zeit wert ist, um *sofort* einen Termin zu machen, dann werden Sie sie wahrscheinlich auch »später« nicht erledigen.

Ein Guru sagte einmal zu seinen zaudernden Schülern: »Später ist jetzt.« Alle Dinge, die wir auf später verschieben, kehren zurück – um wieder und immer wieder auf »später« verschoben zu werden.

Erledigen Sie sie oder erklären Sie sie für erledigt.

Wenn man Aufgaben auf ein künftiges vages »später« hinausschiebt, schleppt man seine Vergangenheit mit in die Zukunft. Die unerledigten Dinge von gestern sind aber eine schwere Last. *Schleppen Sie sich nicht mit ihr ab.*

Ihr Traum ist empfindlich. Er kann sich leicht in nichts auflösen. Wenn Sie eine Reise zu ihm unternehmen wollen, müssen Sie mit leichtem Gepäck reisen. »Ich reise mit leichtem Gepäck«,

hat Christopher Fry geschrieben, »genau gesagt mit so leichtem Gepäck, wie ein Mensch reisen kann, der aus rein sentimentalen Gründen seinen Körper noch mit sich herumträgt.«
Wenn Sie sich angewöhnen, das, was getan werden muß, sofort zu tun - ob es nun in dem Moment erledigt werden *muß* oder nicht -, schaffen Sie sich innere Freiheit für den nächsten Augenblick, für die nächste Aufgabe.
Zum Beispiel um, äh, Ihren Traum zu verfolgen.

Fängst du den Moment, bevor er reift,
wischst du die Tränen der Reu' gewiß fort;
läßt du den reifen Moment aber ziehen,
wischst du die Tränen des Leids niemals ab.

William Blake

Wir sind nicht perfekt – wir sind nur Menschen

Haben Sie keine Angst vor Perfektion;
dazu werden Sie es nie bringen.
Salvador Dali

Wie lernt man? Indem man rangeht und handelt und Dinge ausführt – die Dinge *eingeschlossen*, die man erst lernen muß, bevor man sie erledigen kann. So hat Aristoteles gesagt: »Die Dinge, die wir lernen müssen, bevor wir sie tun können, erlernen wir, indem wir sie tun.« Ja, man lernt *alles* am besten, indem man es tut.

Ein Hauptgrund, weshalb Menschen vermeiden, etwas Neues auszuprobieren, besteht darin, daß sie alles gleich beim ersten Mal perfekt machen möchten. Dieser Anspruch entbehrt jedoch jeder vernünftigen Grundlage. Er ist unpraktisch und nicht durchführbar. Und dennoch richten die meisten Menschen ihr Leben danach aus. Man bezeichnet diese falsche Einstellung als Perfektions-Syndrom.

Wer hat denn jemals behauptet, daß wir alles perfekt machen müssen?

Unsere Eltern. Und wenn die es nicht verlangt haben, dann aber sicher unsere Lehrer, jene Bastionen der Perfektion. Anstatt uns beizubringen, wie man sich selbständig Ziele setzt und sie verwirklicht, hat man von uns nur verlangt, Ziele zu erreichen. Dazu kommt, daß wir sie »auf die richtige Art und Weise« verwirklichen sollten. Perfektion bedeutete nicht einfach nur, alles »richtig zu machen«, sondern alles so zu machen, wie unsere Eltern und Lehrer es wollten. Das bloße Erreichen der Ziele genügte nicht. Wir mußten die Methode benutzen, die andere Personen (wer immer uns gerade unterrichtete) für ideal hielten – also deren Methoden.

Wir dagegen sagen: Machen Sie sich keine Sorgen, sondern gehen Sie einfach ran und handeln Sie. Tun Sie es! Zerbrechen Sie sich nicht den Kopf darüber, ob Sie es richtig machen oder nicht, ob Sie so vorgehen, wie irgendeine Autorität es verlangt oder nicht. Tun Sie es einfach! Wenn Sie es hinter sich haben und Ihr Ziel erreicht ist, dann können Sie zurückblicken und sehen, wie *Sie* es tatsächlich angestellt haben. Oder wie die Ethnologin Margaret Mead gesagt hat: »Feldstudien betreibt man am besten, indem man sich in sie vergräbt, bis man fertig ist.« Amen.

Die meisten Menschen haben ein »perfektes« Bild von sich. Wenn sie ihren imaginären Perfektionsnormen nicht gerecht werden, verlassen sie entmutigt das Spielfeld, packen ihre Siebensachen und gehen nach Hause. Kardinal Newman hat dazu folgendes bemerkt: »Wenn alle Menschen warteten, bis sie so kompetent wären, daß an ihren Taten niemand etwas bemängeln könnte, würde überhaupt nichts getan.«

»Die Menschen würden zwar gern lernen, sich selbst zu lieben, aber sie stellen immer wieder fest, daß ihnen das nicht gelingt«, hat Gerald Brenan erklärt. »Das liegt daran, daß sie ein Idealbild von sich aufgebaut haben, das ihr wahres Selbst in den Schatten stellt.«

Wir müssen dieses »perfekte« Bild, das wir von uns haben und das niemandem gestattet, uns anders als »perfekt« zu sehen, auf eine lange Forschungsreise schicken. Vielleicht nach Alpha Centauri. (Dieser Stern ist 4,32 Lichtjahre von der Erde entfernt.)

Um irgend etwas auch nur *annähernd* perfekt zu machen, muß man Erfahrungen sammeln, und als »Erfahrung«, so hat Oscar Wilde bemerkt, »bezeichnen die Menschen die Fehler, die sie gemacht haben.«

Fehler sind ausgezeichnete Lehrmeister. So hat Sir Humphrey Davis geschrieben: »Ich habe mehr aus meinen Fehlern gelernt als aus meinen Erfolgen.« Machen Sie so schnell wie möglich so viele Fehler wie möglich. »Zeigen Sie mir einen Burschen, der Angst hat, schlecht auszusehen«, hat René Auberjonis gesagt,

»und ich zeige Ihnen einen Burschen, den man jederzeit schlagen kann.« Beginnen Sie jeden Tag mit dem Vorsatz, lächerlich, dumm, stümperhaft oder linkisch auszusehen – oder wie auch immer, solange es für Sie die perfekte Darstellung von Unvollkommenheit ist.

Auf diese Art und Weise werden Sie das falsche Bild Ihres perfekten Selbst zertrümmern, das Sie von sich haben, und sich daran gewöhnen, daß Sie ein Mensch sind, der über die Runden kommt, Freistil praktiziert, improvisiert, sich mit wenig behilft, sich auf den Hosenboden setzen muß und mit Fehlern behaftet ist – genauso wie jeder andere erfolgreiche Träumer.

Schließlich ist es nicht perfekt, perfekt zu sein.

Machen Sie sich einfach zum Narren,
wenn Sie nicht recht wissen, was Sie tun sollen.
Die Grenze zwischen brillanter Kreativität
und dem denkbar idiotischsten Verhalten der Welt
ist sowieso mikroskopisch fein.
Zum Teufel, was soll's denn? Springen Sie.
Cynthia Heimel

Gehen Sie davon aus, daß Sie Angst haben werden

Der überlegene Mensch
denkt immer an die Tugend;
der gewöhnliche aber
an seine Bequemlichkeit.
Konfuzius

Wenn wir uns einem Ziel verpflichten, das außerhalb unserer Behaglichkeitszone liegt, und wir so zu expandieren beginnen, ist eines gewiß – wir werden viele Gelegenheiten bekommen, unseren Radius zu erweitern. Noch etwas ist gewiß – wir werden *nicht* in der Lage sein, alle Expansionsmöglichkeiten wahrnehmen zu können.

Wir haben die Möglichkeit, uns entweder »auszudehnen« oder uns »zusammenzuziehen«. Wenn wir uns für ersteres entscheiden, werden wir auch expandieren – und wir werden uns *immer* wünschen, es gäbe bequemere Wege dafür.

Nehmen wir an, eine Frau hätte das Ziel, ihre Figur zu verbessern. Sie stellt sich vor, daß sie in einem hochmodernen Fitneßstudio mit verchromten Übungsgeräten Sit-ups macht, wobei Tom Cruise ihr die Füße festhält. Sie fragt sich allerdings, wo das Geld herkommen soll, um die sündhaft teure Mitgliedsgebühr zu bezahlen.

Eine Woche, nachdem sie sich einem Ziel verpflichtet hat, geht ihrem Wagen auf offener Strecke das Benzin aus und sie muß fünf Kilometer bis zum nächsten Telefon laufen; auf der Arbeit wird plötzlich jemand krank, so daß man sie bittet, für den betreffenden Kollegen einzuspringen und statt seiner im Lagerhaus Ware in Kartons zu packen; sie zieht versehentlich den Stecker ihres Tiefkühlschranks, und prompt schmilzt ihr ganzer Eiscremevorrat; und am Wochenende besucht sie ein spirituelles Seminar in der Hoffnung, etwas Erholung zu finden. Das ganze

Wochenende ist jedoch dem »Dharma Yoga« gewidmet. Das klang *zunächst* ganz vielversprechend, läuft aber praktisch darauf hinaus, daß alle Beteiligten Gräben ausheben, Bäume fällen und einem ziemlich trägen Biberpaar helfen müssen, einen Damm zu bauen.

Am Ende dieser ersten Woche hat die Frau fünf Pfund abgenommen, ist in der Taille drei Zentimeter schlanker geworden und sieht rundherum besser aus als in den ganzen letzten Jahren – sie hat allerdings einen gewaltigen Muskelkater.

So läuft das ab. Unser Traum wird uns erfüllt, aber wir können nicht jeden Schritt auf dem Weg zu seiner Verwirklichung vorplanen.

Wir können uns natürlich weigern, die unbequemen Aufgaben zu erledigen, mit denen wir konfrontiert werden. Wenn wir wissen, daß uns irgendeine Tätigkeit unserem Ziel einen Schritt näher bringen *könnte*, wir sie aber nicht erledigen mögen, weil sie zu unbequem ist, entscheiden wir uns damit auch, unser Ziel nicht zu verfolgen. So einfach ist das.

Unsere Weigerung hat zwei Folgen. Erstens kommen wir unserem Ziel diesen einen Schritt nicht näher. Zweitens werden die Gelegenheiten, zu expandieren und unser Ziel zu erreichen, in Zukunft weniger bedeutsam sein und sich auch weniger häufig bieten.

Wenn wir uns durch passives Verhalten *ent*pflichten (und damit vor der Behaglichkeitszone eine Verbeugung machen), zieht sich unsere Zielerfüllungsautomatik auch zurück. Sie hat nicht die Funktion, uns zu *schaden*, sondern uns zu *helfen*. Wenn wir ihr durch mangelnde Aktivität signalisieren, daß wir nicht bereit sind, die zum Erreichen unseres Ziels notwendigen Schritte zu tun, sagt sie: »Auch gut. Sag mir Bescheid, wenn du soweit bist.«

Das ist genauso, als wären wir abends bei einem Freund eingeladen. Wenn uns unser Gastgeber innerhalb der ersten Stunde drei- oder viermal fragt, ob wir etwas zu trinken möchten und wir immer dankend verneinen, richtet er die Frage immer seltener an uns und läßt es schließlich ganz sein.

Seien Sie willens, genau das zu tun, was Ihnen *am unbequemsten* ist. Es kann sein, daß Sie es gar nicht tun müssen, aber seien Sie dazu gewillt. Ihre Bereitschaft wird auf die Probe gestellt werden. Wenn Sie erklären, daß Sie gewillt sind zu handeln, aber nicht reagieren, wenn sich eine Gelegenheit ergibt, dann ist es offensichtlich doch nicht so weit her mit Ihrer Bereitschaft.

Wenn ein Teil der Behaglichkeitszone ausgeweitet wird, hat es immer den *Anschein*, als wäre die Ausdehnung *aller anderen Bereiche* erträglicher und angenehmer. Wir haben den Wunsch, die anstehende Aufgabe auf später zu verschieben und stattdessen einen anderen Teil der Behaglichkeitszone herauszufordern.

Aber wenn wir jenen anderen Teil herausfordern, kommt es uns vor, als sei dies nun der absolut schrecklichste Teil der Behaglichkeitszone, und *jeder andere Bereich* sei ihm unbedingt vorzuziehen. Die Unannehmlichkeiten an einem anderen Ort scheinen immer erträglicher zu sein als die, welche man grade durchmacht.

Die Lösung? *Planen* Sie die Unbequemlichkeit *ein*. Sehen Sie ein, daß sie ein notwendiger Bestandteil von allen Erfolgsbemühungen ist. Lernen Sie, sich auch angesichts von Unannehmlichkeiten behaglich zu fühlen. Haben Sie Mitleid mit dem Teil von Ihnen, der im Begriff ist zu wachsen. Der erste Schritt besteht darin, die *Bereitwilligkeit* zur Unbehaglichkeit aufzubringen.

Beim nächsten Schritt müssen Sie herausfinden, *welches* Gefühl der Behaglichkeitszone Sie stets als »unbehaglich« empfinden? Angst? Schuldgefühle? Minderwertigkeitsgefühle? Verletzte Gefühle? Zorn? Beobachten Sie sich. Versuchen Sie, es im Körper zu lokalisieren.

Wie wir bereits angemerkt haben, ist die Angst wahrscheinlich die Emotion der Behaglichkeitszone, die sich am häufigsten bemerkbar macht. Wir empfinden nicht nur Angst, sondern wir ängstigen uns auch vor jedem anderen Gefühl der Zone. Die Minderwertigkeitsgefühle brauchen zum Beispiel nur selten aufzutreten. Die *Angst vor ihnen* reicht vollkommen, um die meisten Menschen in Schach zu halten. Wenn Sie Angst haben, müssen

Sie sich deshalb fragen, ob Sie sich vor *irgendeiner konkreten Sache* fürchten oder aber davor, *eine andere Emotion* zu empfinden.

Der letzte Schritt besteht darin, Ihre Art der *Wahrnehmung* aller »negativen« Emotionen in ihr positives Gegenteil zu verkehren. Lernen Sie, Angst als Prickel oder Aufregung zu sehen, Schuldgefühle als die Energie, mit der man sich selbst ändert, Minderwertigkeitsgefühle als Disziplin, um Ihren Traum zu verwirklichen, verletzte Gefühle als Fürsorglichkeit und Zorn als Energie, um äußere Veränderungen herbeizuführen.

Es kann einige Zeit dauern, bis Sie diese Umprogrammierung durchgeführt haben. Warten Sie mit der konsequenten Verwirklichung Ihres Traumes aber keinesfalls, bis Sie die »Umwandlungstechnik« beherrschen. Mancher hat seinen ersten Traum längst verwirklicht und ist schon dabei, seinen zweiten zu realisieren, bevor er in seinem Körper die Gefühle der Behaglichkeitszone auch nur lokalisieren kann.

Es genügt vorerst, daß Sie gewillt sind, Unbequemlichkeit und Unannehmlichkeit zu ertragen. Fühlen Sie sich bei Unbehaglichkeit behaglich. Das mag Ihnen schwerfallen, aber für die Verwirklichung Ihres Traumes ist das ein kleiner Preis.

> Wie der Körper verfällt auch der Geist
> bei einem Übermaß an Bequemlichkeit
> oft in eine pickelige, schwächliche Verfassung.
> *Charles Dickens*

Schuldgefühle (noch einmal)

> Schuldgefühle sind nie rational;
> sie verzerren alle natürlichen Fähigkeiten
> des menschlichen Geistes
> und entstellen sie; sie bewirken,
> daß der Mensch nicht mehr Herr
> über seinen Verstand ist,
> sondern der Verwirrung anheimfällt.
> *Edmund Burke*

Wir werden *noch einmal* kurz auf die Schuldgefühle zu sprechen kommen. Sie sind vermutlich die raffiniertesten Bewohner der Behaglichkeitszone.

Je näher der Moment rückt, in dem wir tatsächlich das *tun* werden, wovor wir uns fürchten, um so größer wird unsere Angst. Nehmen wir an, wir fürchten uns davor, im Supermarkt auf eine interessant wirkende, uns aber unbekannte Person zuzugehen und »Hallo« zu sagen. Uns ist aber klar geworden, daß ein notwendiger Schritt zur Verwirklichung unseres Traumes (aus dem Bereich Ehe und Familie vielleicht) darin besteht, mit fremden Menschen Bekanntschaft zu schließen. Wenn wir also das nächste Mal an einem öffentlichen Ort den »Richtigen« oder die »Richtige« sehen, sind wir *verpflichtet*, hinzugehen und zu sagen: »Hallo, ich möchte Sie gern kennenlernen.«

Da wäre also die unbekannte Person, und da wären wir, und zwischen uns befindet sich nur noch ein Berg Erbsenkonserven. Prompt haben wir Angst. Nein, es handelt sich keineswegs um *Aufregung* oder *Prickel* – ganz gleich, wie oft wir das Kapitel »Angst ist die Energie, die uns in einer neuen Situation unser Bestes geben läßt« auch gelesen haben. Wir sind mit einer neuen Situation konfrontiert, und wir haben *Angst*, ja, wir sind geradezu *panisch*.

Wir sind uns allerdings darüber im klaren, daß wir den Schritt tun und den Unbekannten oder die Unbekannte ansprechen müssen. Wir haben diese Situation immer wieder allein in Gedanken und auch mit verständnisvollen Freunden durchgespielt. Es kann sein, daß die Person der oder die »Richtige« für uns ist. Vielleicht ist sie es auch nicht, aber *mit Sicherheit* ist dies die richtige Gelegenheit, um durch die Angst hindurchzugehen, um die Furcht zu erleben, auszuhalten und mit ihr fertigzuwerden.

Es spielt keine Rolle, *was* bei der Aktion herauskommt. Wir werden zumindest gelernt haben, neue Bekanntschaften zu schließen, so daß wir, wenn wir eines zauberhaften Abends auf einer Party eine interessante, unbekannte Person sehen, uns auf sie stürzen und sie erobern können. Und künftig unser Leben nicht mehr damit zubringen müssen, allein vor uns hinzuträumen.

Wir gehen einen Schritt auf die uns unbekannte Person zu. Sie macht eine Kopfbewegung – vielleicht will sie uns *anschauen!* Wir schnappen uns eine Dose Erbsen und beginnen, intensiv das Etikett zu studieren.

Das ist ja *albern*, sagen wir uns. Schließlich ist man doch erwachsen. Und man ist eine *Verpflichtung* eingegangen. Das Blut rauscht in unseren Ohren. Unser Herz pocht. Wir ergreifen die Gelegenheit beim Schopf und *handeln.*

»Glauben Sie, diese Erbsen sind genauso gut wie die aus dem Angebot?« fragen wir die Unbekannte, bzw. den Unbekannten.

»Ich weiß es nicht«, antwortet er oder sie. »Ich kaufe immer nur frische Erbsen.« Wir sehen, daß die Person einen Ehering trägt. Hmmm. Das ist also doch nicht der oder die »Richtige«.

»Aha, verstehe«, sagen wir und lächeln. »Vielen Dank.«

Das ist die Beschreibung einer ziemlich typischen Situation, in der man durch seine Angst hindurchgeht. Vorher können wir uns mit Zuspruch aufbauen und anfeuern. Wir spüren *körperlich*, wie sich die Behaglichkeitszone verdichtet, während wir das tun, wovor wir uns fürchten. Was da wegfällt, ist die Angst.

Anschließend müssen wir uns jedoch mit unseren Schuldgefühlen herumschlagen.

Die Schuldgefühle suchen sich selbst die passenden Momente, um zuzuschlagen – nicht *einen* Moment, sondern mehrere, ja, sogar viele. Zwei Minuten, nachdem wir gegen unsere Angst vorgegangen sind. Eine Stunde später. Eine Woche später, wenn wir um drei Uhr morgens schweißgebadet aufwachen. Zwei Wochen später, wenn wir einfach nicht einschlafen können. Wir werden von den Schuldgefühlen ausgeschimpft, weil wir einfach durch die Angst hindurchgegangen sind. Wir werden an eine Zeitungsnotiz erinnert, in der stand, wie jemand im Supermarkt eine Bekanntschaft machte, die ein schreckliches Ende genommen hat, und wir stellen uns vor, daß es uns genauso hätte ergehen können. Die Schuldgefühle projizieren in unserem inneren Kino eine endlose Frage von Alptraumszenarien, die beschreiben, was vielleicht alles hätte passieren können.

Wenn wir nicht auf das Geschwätz hören, daß wir den Schritt gar nicht erst hätten machen dürfen, sondern an dem Gedanken festhalten, daß es zu unserem Traum gehört, mit Unbekannten Bekanntschaft zu schließen, und daß wir das auch weiterhin tun werden, ganz gleich, was die Schuldgefühle dazu sagen, dann versuchen sie es auf eine andere Art.

»Warum hast du bloß nicht gleich gesehen, daß der (oder die) Unbekannte einen Ehering trug?« fragen die Schuldgefühle. »Du mußt aufmerksamer sein. Was du gemacht hast, war völlig *umsonst*. Außerdem sah deine Verpflichtung vor, daß du sagen solltest: ›Hallo, ich möchte Sie gern kennenlernen.‹ Aber du hast dich statt dessen über Gemüsekonserven unterhalten. Nicht einmal *das* kriegst du hin.«

Und so weiter.

Wenn die Schuldgefühle mit einem ihrer Einwände bei uns landen können und wir das Zugeständnis machen, beim nächsten Mal, na ja, es irgendwie wenigstens etwas besser zu machen, dann überfluten sie uns mit angenehmen Emotionen. Wir erleben ein Gefühl der Freiheit und der Freude, das einer Erleuchtung gleichkommt. Wir fühlen uns euphorisch. »Natürlich«, sagen wir uns, »diese Beschränkung gehört einfach zu mir. Ich akzeptiere sie. Sie ist ein Teil meiner Persönlichkeit.« Mit jeder Beschränkung, die wir uns einräumen, nimmt unser Hochgefühl zu.

Schuldgefühle schaffen es eben nicht nur, daß wir uns elend fühlen, sie können uns auch angenehme Gefühle geben. Die Schuldgefühle trainieren uns mit Zuckerbrot und Peitsche. Wenn wir die Grenzen der Behaglichkeitszone respektieren, werden wir nett behandelt. Wenn wir »ungezogen« sind und sie überschreiten, werden wir bestraft.

Wenn wir es beim nächsten Mal *unterlassen*, mit einem oder einer Unbekannten Bekanntschaft zu schließen, werden wir mit Wohlgefühl und Aufmunterung belohnt. Das ist der Trostpreis des Lebens.

Wie fangen wir es also an, die Schuldgefühle *für* unsere Interessen einzusetzen? Dazu möchten wir ein altes Hindu-Sprichwort zitieren: »Man braucht einen Dorn, um einen Dorn zu entfernen.« Oder wie es bei uns heißt: »Man muß Feuer mit Feuer bekämpfen.« Fühlen Sie sich schuldig, wenn Sie *keine* Schritte zur Verwirklichung Ihres Traumes unternehmen. Fühlen Sie sich schuldig, wenn Sie die Behaglichkeitszone *respektieren*.

Allerdings, wenn Sie das tun, werden Sie sich eine Zeitlang immer schuldig fühlen, gleich *wie* Sie sich verhalten. Letzten Endes werden Ihnen aber die Schuldgefühle bei der Verwirklichung Ihres Traumes genauso zuverlässig zur Seite stehen, wie sie jetzt Ihre Behaglichkeitszone unterstützen.

In dieser Phase kann es für Sie auch von großem Nutzen sein, wenn Sie *Unterstützung von außen* – also einen Freund, Berater, Therapeuten oder eine Gesprächsgruppe – hinzuziehen. Deren Aufgabe ist es dann, Sie zu ermutigen, weitere Risiken einzugehen und unbeirrt auf Ihren Traum zuzugehen.

Schuldgefühle sind die Quelle,
aus der die Sorgen entspringen;
sie sind rachsüchtige Teufel, die uns
mit Peitschen und Stacheln verfolgen.
Nicholas Rowe

Falls Sie etwas Böses tun wollen,
sollten Sie zumindest Spaß daran haben.
Leo Rosten

Verantwortlichkeit

Nach meiner Philosophie ist der einzelne
nicht nur für sein Leben verantwortlich,
sondern auch dafür, in jedem Moment sein
Bestes zu geben, um für den nächsten Moment
die beste Ausgangsposition zu haben.

Oprah Winfrey

Das Wort »Verantwortlichkeit« wird oft falsch verstanden. Die meisten Menschen setzen es mit »Schuld« gleich. »Wer ist dafür verantwortlich?« fragen Sie und meinen: »Wem kann ich dafür die Schuld geben? Wen kann ich bestrafen?«
Wir sind Experten in Schuldzuweisung. Wir machen andere dafür verantwortlich, daß sie uns nicht glücklich machen, daß sie uns enttäuschen, daß sie uns unsere Träume nicht erfüllen. Viele von denen, die sich mit Selbsterfahrung beschäftigen oder einer Therapie unterziehen, entwickeln nicht mehr Verantwortlichkeit – sondern sie finden weitere Dinge, Umstände oder Menschen, denen sie die Schuld für ihr Leben in die Schuhe schieben können. Die Kindheit! Die Eltern! Die ererbten Anlagen! Die Umwelt!
Geben wir doch unseren Eltern die Schuld dafür, daß sie uns so programmiert haben, daß wir immer anderen die Schuld für unsere Misere zuschreiben, was meinen Sie?
Jetzt reicht es aber! Es wird höchste Zeit, daß wir erwachsen werden. Wenn wir uns wie Erwachsene verhalten wollen – also unseren Traum ausleben wollen –, müssen wir uns auch an die Regeln halten, die für Erwachsene gelten. Eine der wesentlichen lautet: Jedes Individuum ist für sein Leben selbst verantwortlich.
»Verantwortlich sein« bedeutet, auf die Situationen, mit denen man konfrontiert wird, »antworten« zu können. Wir haben angesichts jeder Herausforderung, jeder günstigen Gelegenheit und

jeder Katastrophe im Leben die Möglichkeit zu entscheiden, wie wir antworten oder reagieren werden. Es hängt ganz von unserer Reaktion ab, was uns das Leben als nächstes auftischt. Unsere Reaktionen können entweder praktikabel sein (und uns unserem Ziel einen Schritt näher bringen) oder auch nicht (uns also unserem Ziel jenen Schritt *nicht* näher bringen).

Es geht nicht darum, ob irgendeine Situation richtig oder falsch, gut oder schlecht ist. Es geht einzig um ihre *praktische Analyse*. Daraus ergibt sich für uns die Möglichkeit zu reagieren. Wenn wir das Ergebnis dieser Reaktion kennen, werden wir unserem Ziel entweder näher gekommen oder uns von ihm entfernt haben. Dann haben wir die Möglichkeit, wiederum *darauf* zu reagieren.

So läuft das. Der eine gemeinsame Nenner, den es in Ihrem Leben als Erwachsener gibt, sind *Sie* selbst. Bei jeder Erfahrung, die Sie machen, ist *ein Mensch immer* zugegen. Das ist aber weder die Mutti, noch ist es der Vati – das sind *Sie* selbst.

Zusätzlich zu unseren praktischen Reaktionsmöglichkeiten sind wir in jeder Situation auch noch in der Lage zu entscheiden, wie wir *innerlich* reagieren wollen.

Dieser Gedanke klingt radikal und neu, ist es aber nicht. Es gibt ihn schon seit Jahrhunderten. Er besagt folgendes: Unsere Reaktion auf das, was um uns herum geschieht, ist von diesem Geschehen unabhängig.

Dr. Albert Ellis ist ein bedeutender moderner Verfechter dieser Theorie. Allein der Titel eines seiner Bücher versetzt unsere Behaglichkeitszone in Alarmzustand: *Wie man sich hartnäckig weigert, sich wegen irgend etwas elend zu fühlen – Ja, wegen irgend etwas!*

Den meisten Menschen fällt bei diesem Titel gleich eine ganze Reihe von Ereignissen ein, wegen derer sie geradezu ein *Anrecht* zu haben glauben, sich elend zu fühlen. Oft handelt es sich dabei um katastrophale Verluste, die wir erlitten haben und die uns tatsächlich Kummer bereiten. Wenn wir einen bedeutenden Verlust erleiden, müssen wir einen Prozeß der Trauer durchmachen.

Doch hier geht es keineswegs um diese schwerwiegenden Verluste.
Wir meinen vielmehr die täglichen Unannehmlichkeiten und Querelen, für die wir das Recht zu haben glauben, anderen Menschen oder den Umständen die Schuld zu geben. Denn natürlich liegt es am Milchmann, daß wir zum Frühstück keine Milch hatten, aber wenn wir auf diesen Vorfall innerlich negativ reagieren, haben wir das mit uns ganz allein abzumachen.
Wollen wir wirklich wegen nicht gelieferter Milch Tränen vergießen? Wenn wir die Milch unbedingt haben wollen, müssen wir eben andere Schritte unternehmen, und die müssen gemacht werden, unabhängig davon, wie sehr wir uns aufregen oder ärgern.
Dies ist ein bedeutendes Konzept. Es fordert uns auf ganzer Front heraus. Es ist nicht einfach, sich umzuerziehen. Unsere Kultur *fördert* und *ermutigt* die tief in uns verwurzelte Programmierung, derzufolge sich alles, was außerhalb von uns geschieht, direkt auf unser Innenleben auswirkt. (Haben Sie gemerkt? Eben haben wir der *Kultur* vorgeworfen, daß sie uns Schwierigkeiten macht.)
Bitte vergessen Sie nicht: Auch wenn Dinge schiefgehen, dürfen Sie sich wohl fühlen. Daß man unabhängig von allem, was passieren mag, zufrieden und froh sein kann, ist eine radikale Vorstellung – aber es ist auch eine Grundregel des Erwachsenenlebens.
Ohne diese Regel – nach der man zumindest streben sollte – leben wir in einer Welt der Sieger und der Opfer, in einer Welt endloser Schuldzuweisungen und Bezichtigungen. Und selbst wenn wir tatsächlich einen Schuldigen benennen können, was heißt das schon? Wenn die Milch nicht geliefert wurde und wir sie uns selbst besorgen müssen, *müssen wir das eben tun*. Wenn Sie Ihren Traum verwirklichen wollen, müssen Sie sich fragen, was als nächstes zu tun ist, anstatt einen Schuldigen zu suchen.
Unser Innenleben spiegelt das Leben um uns herum wider, und das Leben um uns herum spiegelt unser Innenleben wider.

Wir schlagen vor, daß sie *beide* verändern. Fragen Sie sich in einer neuen Situation immer: »Wie kann ich – innerlich, äußerlich, oder an beiden Stellen – reagieren, so daß ich meinem Ziel näher komme?« Diese Frage ist nützlicher als: »Wen kann ich bestrafen?« (Letztere ist die Lieblingsfrage der Schuldgefühle. Die Antwort auf sie lautet meistens »mich selbst«.)

Wenn wir uns umprogrammieren wollen, müssen wir zunächst einmal unseren Eltern verzeihen. Die hatten schließlich kein Handbuch über Kindererziehung zu ihrer Verfügung – jedenfalls kein brauchbares. Außerdem haben *sie* uns nicht großgezogen, sondern wir selbst haben es getan. Bei allem, was uns geschah, haben wir uns entschieden, unterzugehen oder zu schwimmen, auf- oder abzusteigen. Viele hervorragende Menschen hatten eine unglücklichere Kindheit als wir, und trotzdem haben sie es geschafft, bedeutend zu werden.

Auch wir haben die gleichen Möglichkeiten, Größe und Bedeutung zu erlangen. Sie bieten sich uns Tag für Tag, ja, mit jeder Minute. Wir können uns entscheiden: Lernen wir eine Lektion, oder machen wir dem Lehrer Vorwürfe? Der »Lehrer« kann dabei ein platter Reifen, eine gebrochene Vereinbarung oder nicht gelieferte Milch sein. Sehen wir in den Spiegel und ändern uns, oder schlagen wir ihn kaputt? Verfolgen wir unseren Traum, oder sammeln wir einleuchtende Gründe, um es nicht zu tun?

> Wenn dich eine Äußerlichkeit quält,
> dann ist der Schmerz nicht
> auf die Sache an sich zurückzuführen,
> sondern auf deine Einschätzung derselben;
> und die zu widerrufen hast du jederzeit die Macht.
> *Marc Aurel*

> Die größte Entdeckung meiner Generation ist,
> daß ein Mensch sein Leben verändern kann,
> indem er seine geistige Einstellung ändert.
> *William James*

Wir planen nicht zu scheitern; wir scheitern, weil wir keine Pläne machen

In der nächsten Woche
kann keine Krise stattfinden.
Mein Terminkalender ist schon voll.
Henry A. Kissinger

Die meisten modernen Terminkalender verschandeln
die idyllische Einfachheit unseres Lebens,
indem sie uns daran erinnern, daß jeder Tag,
der vergeht, das Jubiläum irgendeines
absolut uninteressanten Ereignisses ist.
Oscar Wilde

Es ist eine bekannte Tatsache, daß langfristige Planungen niemals funktionieren. Wir erreichen unsere Ziele fast immer durch *andere* Mittel und Wege als die, welche wir vorgesehen hatten. Warum also groß planen? Weil Menschen, die *keine* langfristigen Pläne machen, selten dort hinkommen, wo sie hinwollen.

Kurz gesagt, ein Plan bringt Sie zum Ziel, aber nicht so, wie es geplant war.

Machen Sie also Pläne. Und seien Sie darauf vorbereitet, daß Sie auf halber Strecke werden *umsatteln* müssen. Halten Sie jedoch an Ihrem Ziel, an Ihrem Traum fest. Konzentrieren Sie sich voll darauf. Gehen Sie davon aus, daß Sie unterwegs auf alle möglichen Mittel und Wege stoßen werden, die Sie zum Ziel bringen. *Besonders* Mittel und Wege, die in Ihrem Plan nicht vorgesehen waren. Planen Sie das ein.

Wie man plant, fragen Sie? Ganz einfach. Wählen Sie einen Zeitraum und ein Ziel, und verteilen Sie die mit der Erreichung des Ziels verbundene Arbeit auf den angenommenen Zeitraum. Damit kommen Sie zum *ersten Handlungsschritt* – das heißt zu einer Tätigkeit, die Sie sofort erledigen können und die Sie Ihrem Ziel näher bringt.

Nehmen wir an, daß Sie innerhalb des nächsten Jahres ein Theaterstück produzieren möchten. Besorgen Sie sich einen Kalender mit der üblichen Einteilung in Tage, Wochen und Monate. Unter dem zwölften Monat von jetzt an gerechnet tragen Sie ein: »Premiere.« Sie haben nun das Ziel (das Stück), und Sie kennen den Zeitraum, in dem es realisiert werden muß (zwölf Monate). Als nächstes müssen Sie das Ziel in Portionen zerlegen.

Was muß vor der Premiere alles getan werden? Legen Sie eine Liste an, oder tragen Sie jeden Punkt auf einer Karteikarte ein. Diese Liste baucht keinem Ordnungsprinzip zu unterliegen. Veranstalten Sie ein »Brainstorming« mit sich selbst. Assoziieren Sie frei vor sich hin.

Wenn die Liste vollständig ist, bringen Sie alle Punkte in eine zeitliche Reihenfolge. Entscheiden Sie, was als erstes erledigt werden muß, was als zweites und so weiter. Die Auswahl des Stückes beispielsweise hat Vorrang vor dem Entwurf des Theaterplakates.

Wenn zwei Dinge von gleichrangiger Bedeutung sind (»Suche ich zuerst das Stück oder den Regisseur aus?«), entscheiden Sie sich für die Reihenfolge, der Sie persönlich den Vorzug geben, und tragen sie auf dem Kalender ein. Vergessen Sie nicht: Nur wenig von alldem läuft auch nach Plan ab, aber planen Sie gar nicht, dann macht das Stück schlapp. (Wenn Shakespeare eine Szene mit einem Vers beenden kann, können wir uns am Ende eines Absatzes auch einen Reim leisten.)

Als nächstes nehmen Sie sich die einzelnen Punkte vor, beginnen aber mit dem letzten in der zeitlichen Reihenfolge. Wie lange dauern die Proben? Sechs Wochen? Tragen Sie sie in Ihrem Terminplan ein. Das bedeutet, daß in einem Jahr minus sechs Wochen die Besetzung feststehen und für das Theater bzw. die Proberäume gesorgt sein muß. Wie lange wollen Sie mit dem Regisseur am Stück arbeiten, bevor Sie die Besetzung auswählen? Tragen Sie diesen Zeitraum auch ein. Verfahren Sie mit allen Punkten so.

Wenn Sie einen groben Plan haben, sollten Sie sich folgendes fragen:»Reicht ein Jahr aus? Oder ist das zu lange?« Nehmen wir einmal an, daß eine Vorbereitungszeit von einem Jahr weder zu knapp, noch zu großzügig, sondern angemessen ist.

Gliedern Sie den Plan immer weiter auf, bis Sie wissen, was Sie *als nächstes* tun müssen. Dabei sollte es sich um eine genau definierte Tätigkeit handeln, die Sie praktisch ausführen können. »Ein Stück suchen« ist zu vage. Wenn Sie dagegen sagen:»Zwölf Agenten anrufen und sie informieren, daß ich ein geeignetes Stück suche«, ist das ein durchführbarer nächster Handlungsschritt. Aus dem könnte sich wiederum folgende Aufgabe ergeben: »Die eingesandten Stücke lesen!«

Sobald die Stücke eingegangen sind, werden die Handlungsschritte noch präziser definiert. »Die Musical-Version von ›LEBE DEINE TRÄUME‹ lesen«, wäre ein nächster, durchführbarer Schritt. (Und darüber hinaus ein ausgezeichneter, wie wir finden. Die Eröffnungsnummer »Kommen wir in die Gänge!« ist eine Wucht, und dann gibt es darin eine hinreißende Szene mit einer tanzenden Behaglichkeitszone, die an die mit der fleischfressenden Pflanze in »Little Shop of Horrors« erinnert. Na ja, einem erfahrenen Produzenten reicht das schon.)

Als nächstes setzen Sie *Termine* für die folgenden Handlungsschritte fest. *Wann* werden Sie die zwölf Agenten auf Ihrer Liste anrufen? »In der nächsten Woche« ist zu ungenau. *Wann* in der nächsten Wochen? An welchem Tag? Um wieviel Uhr? Notieren Sie sich die Termine.

Wenn Sie einen Arbeitsplan für die Realisierung Ihres großen Traumes anlegen, sollten Sie sich vornehmen, täglich ein bißchen zu arbeiten. Erinnern Sie sich noch an unsere Warnung, daß Ihr Traum möglicherweise nicht groß genug ist oder daß Sie ihn vielleicht gar nicht wirklich begehren, wenn Sie sich ihm nicht mindestens vierzehn Stunden pro Woche oder zwei Stunden täglich widmen wollen? Hier beginnt Ihr Traum sich deutlich zu zeigen und Form anzunehmen – in den wöchentlich vierzehn (oder mehr) Stunden, die Sie in Ihrem Kalender für ihn bereitstellen. In den vierzehn Stunden, die Sie für die *nächste Woche* in Ihren Kalender eintragen. In den zwei (oder mehr) Stunden, die Sie für *morgen*, übermorgen und den folgenden Tag eintragen. Die anfallenden Aufgaben können allgemeiner Art sein – beispielsweise können Sie dieses Buch zu Ende lesen, einige informative Telefongespräche führen oder, falls Sie tatsächlich Theaterproduzent sind, in Erfahrung bringen, ob es wirklich eine Musical-Fassung von »LEBE DEINE TRÄUME« gibt. Ihr Traum kann aber auch sehr präzise Handlungsschritte beinhalten, die Sie für heute oder spätestens morgen anberaumen können, zum Beispiel: »Ich werde zwischen sechs und acht Uhr morgen früh schreiben.«

Wie schreibt man? Indem man sich diszipliniert an den Schreibtisch setzt und loslegt. Das Ergebnis dieser Beschäftigung kann aus einem oder aus tausend Worten bestehen. Wenn wir in die Gänge kommen wollen, bedeutet das, aufs Schreiben bezogen (wie auch auf die Meditation, das Erledigen von Telefonaten und auf viele andere Dinge), daß wir uns auf unsere vier Buchstaben setzen müssen. Wir müssen uns auf einem Stuhl an unseren Schreibtisch setzen, und wir dürfen uns für eine gewisse Zeit nicht von der Stelle rühren.

Vermeiden Sie es – besonders im Frühstadium eines Projektes –, detaillierte, klar umrissene Angelegenheiten zu weit im voraus zu planen. Ein informatives Telefongespräch kann den gesamten Ablauf nämlich rasch verändern: So können Sie plötzlich auf eine viel bessere Methode stoßen als die, welche Sie ins Auge gefaßt hatten. Seien Sie darauf vorbereitet. Planen Sie jedoch für jeden Tag einen bestimmten Zeitraum ein, in dem Sie an der Verwirklichung Ihres Traumes arbeiten können. Während Ihr Projekt anläuft und bald auf Hochtouren kommt, wird die Zeit, die Sie bereitgestellt haben, mit Tätigkeiten gefüllt werden.

Irgend jemand hat einmal gesagt: »Mit einem unbeschriebenen Blatt Papier zeigt Gott uns, was es heißt, ein Schöpfer zu sein.« Dasselbe gilt für einen leeren Terminkalender. Ein Kalender für das kommende Jahr repräsentiert Ihre *Zeit*, und die ist eines der wertvollsten Besitztümer, das Sie haben. Setzen Sie sie klug ein. Sich zu entscheiden, was man tun möchte und wann, ist ein schöpferischer Akt.

Sie schöpfen, und zwar Ihren Traum.

> Eine Reise von zehntausend Kilometern beginnt mit einem einzigen Anruf.
> *Konfuzius Telekom*

Machen Sie sich Notizen

Die Vielzahl der Bücher ist ein großes Übel
Die Sucht zu schreiben kennt keine Grenzen.
Martin Luther

Ich brauchte fünfzehn Jahre, um zu merken,
daß ich kein Talent zum Schreiben habe,
aber dann konnte ich es nicht mehr aufgeben,
weil ich mittlerweile viel zu berühmt war.
Robert Benchley

Jeder Mensch schreibt von Berufs wegen. Sie bekommen für das Schreiben *per se* vielleicht kein Geld, aber Sie werden für das, was Sie sich notieren, hoch belohnt werden (die erste Regel beim Schreiben besagt übrigens, daß man niemals den Ausdruck *per se* verwenden soll, und im »New Yorker«, dem literarischen Monatsmagazin, gab es einmal eine Karikatur, die ein Straßenschild mit der Aufschrift »Parken *per se* verboten« zeigte).

Legen Sie Listen an, auf denen Sie sich notieren, welche Aufgaben Sie erledigen, wen Sie anrufen, wem Sie schreiben müssen. Wenn Sie Ihren Traum verwirklichen, betreiben Sie Ihr eigenes Geschäft. Verfolgen Sie Ihren Traum deshalb mit all den Mitteln, die auch im Geschäftsleben gebräuchlich sind. Ein wichtiges Hilfsmittel besteht darin, Aufgabenlisten anzulegen.

Wer besonders schlau erscheinen möchte, verläßt sich auf sein Gedächtnis. Wer hingegen etwas erreichen möchte, legt Listen an. Machen Sie sich Notizen selbst dann, wenn Sie ein ausgezeichnetes Gedächtnis haben. Dann brauchen Sie sich die Dinge nicht zu merken. Ihr Kopf ist frei, so daß Sie sich kreativeren Betätigungen widmen können.

Die Feinde des Gedächtnisses sind die *Zeit* und die *Menge*. Wir neigen einfach dazu, mit der Zeit Dinge zu vergessen. Wissen Sie zum Beispiel noch, wer in der dritten Klasse zwei Reihen hinter

Ihnen gesessen hat? Und wenn die Menge dessen, woran wir uns erinnern müssen, zu groß wird, tun sich ebenfalls Erinnerungslücken auf. Notieren Sie sich deshalb alles, was für Ihren Traum wichtig ist.

Machen Sie sich Protokolle von Telefongesprächen. Auf den größten Teil solcher Notizen werden Sie zwar nie wieder einen Blick werfen, aber es ist genausogut denkbar, daß Sie sie doch irgendwann brauchen. Und dann haben Sie sie zur Hand!

Schreiben Sie allen, mit denen Sie zu tun haben, Briefe, in denen Sie den Erhalt Ihnen zugesandter Dinge oder Vereinbarungen bestätigen, und Karten, auf denen Sie sich dafür bedanken, daß man Ihnen Zeit am Telefon gewidmet hat. Man wird Ihnen nämlich im Verlauf der Verwirklichung Ihres Traumes viele Gefallen tun. Sie können diese Briefe und Karten ruhig mit der Hand schreiben – manchmal noch während Sie den Adressaten an der Strippe haben. Sich mit Karten und Briefen zu bedanken, ist eine nette Geste, und wenn Sie später wieder einmal darauf angewiesen sind, daß man Ihnen eine Gefälligkeit erweist, wird die betreffende Person Sie wahrscheinlich in vorteilhafter Erinnerung haben.

Also schreiben Sie.

> Der Schriftsteller ist nur gegenüber
> seiner Kunst verantwortlich.
> Wenn er gut ist,
> wird er absolut skrupellos sein.
> Er hat einen Traum.
> Ehre, Stolz, Anstand, Sicherheit, Glück,
> all das wirft er über Bord,
> um sein Buch zu schreiben.
> Wenn ein Schriftsteller dazu
> seine Mutter bestehlen müßte,
> wird er keine Sekunde zögern;
> die »Ode an eine griechische Urne«
> wiegt eine ganze Menge alter Damen auf.
> *William Faulkner*

Riskieren Sie etwas

Jeder Mensch hat das Recht,
sein Leben aufs Spiel zu setzen,
um es zu retten
Jean-Jacques Rousseau

Etwa genausooft wie uns die erfolgreichen Menschen dieser Welt raten, doch ja Risiken einzugehen, wird dieser Ratschlag ignoriert. Für die meisten unserer Mitmenschen ist es einfach viel zu, na ja, *riskant*, Risiken einzugehen.

Wenn wir jedoch nichts wagen, ist es zweifelhaft, ob unser Traum je Wirklichkeit wird.»Ein Großteil der Menschen, die im Leben Erfolg haben, sind wagemutig«, hat Phillip Adams geschrieben.»Wenn Sie nicht gewillt sind, etwas aufs Spiel zu setzen, einen Versuch zu machen, womöglich jämmerlich zu scheitern, und es nochmals zu versuchen, wird sich auch der Erfolg nicht einstellen.«

Ihr Traum muß auch ein Risiko für Sie beinhalten, denn sonst würden Sie ihn doch längst ausleben, oder? Wenn man Träume verwirklichen will, braucht man ein neues Verhalten, und neue Verhaltensweisen bringen Risiken mit sich.

»Seien Sie mutig, seien Sie anders, seien Sie extravagant«, hat Sir Cecil Beaton geraten,»zeigen Sie all jene Eigenschaften, die gegenüber Sicherheitsfanatikern, Normalsterblichen und Durchschnittsmenschen auf die Integrität Ihres Zieles und den Einfallsreichtum Ihrer Vision pochen.«

»Jedes handlungsorientierte Projekt bringt Risiken mit sich und verlangt Opfer«, hat John F. Kennedy gesagt,»aber sie sind weit geringer als die langfristigen Kosten und Opfer, die mit passiver Bequemlichkeit verbunden sind.«

Es gibt natürlich Grenzen. Andy Warhol hatte für Kennedy und seine Kollegen eine Anregung parat:»Unser Präsident ist sehr öffentlichkeitswirksam, aber sein Potential ist längst noch

nicht ausgeschöpft. Er sollte sich einmal hinsetzen und eine Liste von Dingen erstellen, die zu tun den Menschen zu Unrecht peinlich ist, und sie dann alle live im Fernsehen vormachen.«
Mr. Warhol hatte da eine tolle Idee. Leider hat noch keiner unserer Präsidenten seine Herausforderung angenommen – zumindest nicht *vorsätzlich*.

Der Witz ist, daß ein Mensch, der keine Risiken eingeht, genausoviel Angst hat wie derjenige, der regelmäßig etwas riskiert. Demjenigen, der Risiken vermeidet, machen einfach nur banalere Dinge Angst.

Sie müssen sich darüber im klaren sein, daß Fehlschläge einfach zu all unseren Bestrebungen gehören. Wir haben Ihnen ja schon von unseren verlegerischen *Erfolgen* erzählt, aber haben wir auch schon unsere *Mißerfolge* erwähnt? Na, sie hatten es aber in sich!

Viele Menschen gehen zwar keine kalkulierten und der Verwirklichung ihres Traumes dienenden, dafür aber absolut törichte Risiken ein. Sie fahren zu schnell, trinken zuviel, mißbrauchen Drogen oder verhalten sich sonst irgendwie leichtsinnig. »Gehen Sie kalkulierte Risiken ein«, lautete der Rat von General George Patton, »mit unbesonnenem Verhalten hat das nicht das geringste zu tun.«

Vielleicht müssen diese unbesonnenen Menschen erst noch ihren Risikomechanismus trainieren – oder vielleicht wollen sie (sowohl sich als auch anderen) nur beweisen, daß sie doch nicht solche Angsthasen sind. Aber wenn Sie *wirklich* ihren Mut unter Beweis stellen wollten, brauchten sie nur ihre Träume zu verwirklichen.

Viel häufiger ist jedoch genau das Gegenteil der Fall. Indem sie ihre Träume aufgeben, geben viele auch ihr Leben auf und sterben in der Folge jeden Tag ein bißchen. Dazu hat Benjamin Franklin geschrieben: »Viele Menschen sterben mit fünfundzwanzig, werden aber erst mit fünfundsiebzig begraben.« Oder um den berühmten Ausspruch zu zitieren, den Mame in ihrer Fernsehserie tat: »Das Leben ist ein Festessen, aber ein paar arme Kerle sterben Hungers.«

Wenn man vor einer Sache Angst hat, muß man sich ihr stellen und die Konfrontation suchen. Das zu tun ist mit das Schwierigste, was es im Leben gibt, aber es gibt keine andere Möglichkeit. Wenn Sie vor einem Problem aus Angst kneifen und kehrtmachen, beißt es Sie in den Hintern. Je weiter Sie davor weglaufen, desto mehr entfernen Sie sich von Ihrem Traum. »Tun Sie, wovor Sie sich fürchten«, schrieb Emerson, »und der Tod der Furcht ist gewiß.«

»Der Unterschied zwischen einem erfolgreichen Menschen und einem Versager besteht oft nicht darin, daß der Erfolgreiche bessere Fähigkeiten oder Ideen hat«, hat Maxwell Maltz beobachtet, »sondern darin, daß er den Mut hat, auf seine Ideen zu setzen, kalkulierte Risiken einzugehen – und zu handeln.«

> Gehen Sie nie auf Nummer Sicher;
> es gibt nichts Gefährlicheres
> auf der Welt.
> *Hugh Walpole*

Sagen Sie nicht nein, solange Sie nicht wissen, wozu Sie nein sagen

Mehr als durch die Unwissenheit
werden Entdeckungen durch die Illusion
mancher Menschen verhindert,
sie verfügten über Wissen.
Daniel J. Boorstin

Wie wir schon erwähnten, stellen sich, wenn wir uns zu einem Ziel verpflichten, die Hilfsmittel ein, die man braucht, um es zu erreichen. Allerdings kommen sie dann sehr oft in ungewohnter, neuer Aufmachung daher.

Manche Menschen verschließen sich gegenüber allen neuen Erfahrungen. Zum Teil ist dafür die Behaglichkeitszone verantwortlich, die sagt: »Das ist etwas Neues, also laß die Hände davon.«

Zu einer Sache nein zu sagen, bevor man genau weiß, um was es sich dabei handelt, ist nicht sehr schön. Es gibt für ein solches Verhalten sogar ein Wort, das so häßlich ist, daß es sich kein Mensch gern zum Vorwurf machen läßt. Es lautet *Vorurteil*, und es bedeutet, daß man über etwas ein Urteil fällt, bevor man weiß, um was es in Wirklichkeit geht. Trotzdem ist diese Praxis bei uns allen gang und gäbe. Haben Sie nicht auch über viele Menschen, die Ihnen nie begegnet sind, eine festgefügte Meinung? Sie haben diese Menschen zwar nie *persönlich* kennengelernt, aber weil Sie in der Zeitung das eine oder andere über sie gelesen haben, sind Ihre Ansichten korrekt, meinen Sie? Das ist natürlich etwas anderes.

Wir, die Autoren, haben inzwischen viele Prominente kennengelernt, die wir bisher nur aus den Medien »kannten«. Einige wurden ihrem guten (oder auch schlechten) Ruf gerecht. Andere nicht. Manche, die der Presse zufolge eine katastrophale Reputation hatten, waren in Wirklichkeit ausgesprochen reizend. (Aber wie hat die Hollywood-Klatschkolumnistin Hedda Hopper noch gesagt: »Kein Mensch interessiert sich für Nettigkeiten und Liebenswürdigkeiten.«) Andere wiederum, die als prachtvolle Zeitgenossen galten, waren in Wahrheit richtige Ungeheuer.

Viele Menschen verschließen sich und sagen nein, weil sie nichts lernen wollen. »Der Geist fanatischer Kleingeister ist wie eine Pupille«, hat Oliver Wendell Holmes jr. geschrieben, »je mehr Licht auf ihn fällt, desto mehr zieht er sich zusammen.« Wir hingegen empfehlen Ihnen natürlich, sich zu öffnen und das Licht und damit das Leben in sich einfallen zu lassen.

»Ich habe eine feste Meinung«, karikiert eine alte Redensart den Hang zum Vorurteil, »versuch ja nicht, mich mit Fakten aus der Fassung zu bringen.« Aldous Huxley weiß die richtige Antwort auf solche Engstirnigkeit: »Fakten hören nicht auf zu existieren, weil man sie ingoriert.« William S. Burroughs hat die menschliche Neigung, zu Überzeugungen zu kommen, ehe man sich ausreichend informiert hat, noch kritischer bewertet: »Ein Paranoiker ist ein Mensch, der von allem *ein wenig* weiß.«

Wenn sich Ihnen irgendeine Möglichkeit bietet, Sie jedoch nicht genug darüber wissen, um *wirklich* entscheiden zu können, ob sie Ihnen bei der Verwirklichung Ihres Zieles nützlich sein kann, dann sagen Sie nicht nein – finden Sie erst noch mehr darüber heraus. Wie macht man das? Indem man Fragen stellt, ausprobiert, zuhört, kurz gesagt, indem man sich engagiert und *Erfahrungen* sammelt.

Sie werden sich denken können, wie wir zu neuen Möglichkeiten stehen. Wenn Sie dabei keinen *körperlichen* Schaden nehmen und sie Ihnen auf dem Weg zu Ihrem Traum behilflich sein *könnten*, sollten Sie sie auch ausprobieren. Was haben Sie denn schon zu verlieren außer dem Einfluß der Behaglichkeitszone auf Ihr Leben?

Ein anderer Grund, weshalb die Menschen von neuen Möglichkeiten nicht einmal auch nur etwas *hören* wollen, ist ihre Angst, nein zu sagen - besonders nachdem sie jemanden »näher kennengelernt« haben. Hier haben wir es mit der alten Sag-nie-nein-zu-Leuten-die-du-kennst-aber-sag-ruhig-nein-zu-Leuten-die-du-nicht-kennst-Regel zu tun. Diese Regel wird - aus offensichtlichen Gründen - von Menschen unserer Umgebung aufgestellt.

(Hier ein Beispiel: »Warum spendest du dieser Hilfsorganisation zum Schutz von *Adlern* Geld, wo *dein eigener Bruder* einen neuen Teppichboden braucht?«)

Den meisten Menschen fällt es leichter, nein zu sagen, wenn die Person, die ihnen die neue Erfahrung bietet, noch fremd ist.

Nein, wir raten Ihnen keineswegs, sich von jedem fliegenden Händler, der Ihnen in der Fußgängerzone eine Blume verkaufen will, die Lebensgeschichte anzuhören. Sie werden Ihnen alle mehr oder weniger dasselbe erzählen. Wir meinen jedoch, daß Sie sich die Geschichte *einmal* anhören sollen.

Alles, was für Sie von Nutzen sein könnte, können Sie auch mehr als einmal ausprobieren. So hat der Komponist Vergil Thomson, der sich bis zu seinem Tod mit fünfundneunzig Jahren seine geistige Frische bewahrt hatte, gesagt: »Dinge, die Sie nicht kennen, sollten Sie dreimal ausprobieren. Das erste Mal, um die Angst davor zu überwinden. Das zweite Mal, um zu lernen, wie es geht. Und das dritte Mal, um sich darüber klar zu werden, ob Sie es mögen oder nicht.« Vergil, der berühmte römische Dichter, vertrat offensichtlich dieselbe Meinung wie sein Namensvetter: »Das Glück schlägt sich auf die Seite des Wagemutigen.«

Mr. Thomson hat völlig recht. Wenn wir etwas *einmal* tun, überwinden wir die Angst vor der Sache. Das ist sehr gut, aber obwohl unsere Behaglichkeitszone durch diesen Schritt stark herausgefordert worden ist, reicht er noch nicht aus, um uns ihrer zu *entledigen* und uns *frei* zu fühlen - wir müssen immer noch mit den *Schuldgefühlen* rechnen. Wenn wir eine Sache *dreimal* machen, arbeiten wir die Angst, sie zu tun, die Angst, uns schuldig zu fühlen, weil wir sie getan haben, und einen beträchtlichen Teil der Schuldgefühle ab, daß wir uns überhaupt dazu erdreistet haben.

Erst wenn etwas voll und ganz *innerhalb* unserer Behaglichkeitszone liegt, können wir uns frei *entscheiden*, es zu tun oder auch nicht. »*Von* etwas frei zu sein, ist nicht genug«, hat Zechariah Chafee jr. beobachtet. »Man sollte auch *für* etwas frei sein.« Wer noch nie in New York war, aber viele schlimme Geschichten darüber gehört hat, ist dieser Stadt gegenüber nicht frei. Wer *einmal* dort war und festgestellt hat, daß einige der Horrorstories der Wahrheit entsprechen, an der Stadt aber auch eine Menge gute Seiten entdeckt hat, ist freier in seiner Entscheidung, New York wieder zu besuchen. Wer aber so oft in New York war, daß er sich dort wohl und sicher fühlt, hat die absolute Entscheidungsfreiheit darüber, ob er hinfahren will oder nicht.

Nachdem Sie sich einen Vorschlag angehört haben, können Sie nein dazu sagen. Sie sind schließlich nicht verpflichtet, ja zu sagen, nur weil Sie ihn sich *angehört* haben. Das brauchen Sie nur zu tun, wenn Sie sich auf einen bestimmten Kurs festgelegt haben. Wenn man sich Informationen anhört, erklärt man sich nicht automatisch bereit, damit auch etwas anzufangen. Sie können ja zu dem Schluß kommen, daß die Informationen durchaus interessant, für die Realisierung *Ihres* Traumes aber nicht von Nutzen sind. Sagen Sie nein und setzen Sie Ihren Weg fort. Sie werden manchmal vielleicht auch feststellen, daß Dinge, denen Sie Aufmerksamkeit widmen, komplette Zeitvergeudung sind. Was soll's?! Fruchtlose Unterfangen lassen sich hin und wieder eben nicht vermeiden. Oder um Flip Wilson zu zitieren: »Sie können nicht erwarten, den Jackpot zu gewinnen, wenn Sie den Geldautomaten nicht füttern.«

Es kann sich allerdings auch herausstellen, daß die Informationen, auf die Sie stoßen, wertvoll sind. Denken Sie daran, daß Ihre Zielerfüllungsautomatik rund um die Uhr im Dienst ist – sie führt Ihnen Erfahrungen, Lektionen, Informationen und Menschen zu und hilft Ihnen so, Ihren Traum zu erfüllen. »Werfen Sie Ihren Angelhaken immer aus«, hat Ovid vor zweitausend Jahren gesagt. »Selbst in einem Teich, in dem Sie nichts vermuten, gibt es Fische.«

Der Wert der Tat

Es ist von größtem praktischem Wert,
früh im Leben einige Fehler zu machen.
T. H. Huxley

Aktives Handeln hat zwei wesentliche Vorteile. Der erste liegt auf der Hand, wird allerdings oft übersehen: Wenn wir nichts tun, bekommen wir auch nichts. Und bekommen wir doch etwas, dann das, was am Wegesrand liegt; das kann, muß aber nicht das sein, was wir haben wollen. Selbst wenn am Wegesrand hin und wieder tatsächlich das liegt, was wir begehren, müssen wir fast immer *irgend etwas* tun, um in dessen Genuß zu kommen. Ohne aktive Teilnahme gibt es keine Befriedigung.

Bei dem zweiten Vorteil handelt es sich um einen jener verborgenen Werte wie den Prickel, der sich hinter der Angst verbirgt, oder wie die Liebesgefühle, die hinter dem Gekränktsein stehen. Der Wert der Tat besteht darin, daß wir *Fehler* machen. Durch die Fehler erfahren wir, was wir noch lernen müssen.

»Die werden doch nicht schon wieder über *Fehler* reden wollen, oder?« stöhnen jetzt vielleicht einige unserer Leser. Doch, das werden wir. Das mag ein Fehler sein, aber wir tun es trotzdem.

Wenn sie lesen, daß unsere Fehler einen praktischen Werk haben, sagen sich viele: »Da ist etwas dran.« Aber dann nehmen sie ihr gewohntes Leben wieder auf, wobei sie sich bemühen, Patzer um jeden Preis zu vermeiden. Sie gehen weiterhin auf Nummer Sicher, lernen nichts dazu und wundern sich dann, daß sie ihrem Traum nicht näher kommen.

»Von Zeit zu Zeit stolpern die Menschen zwar über die Wahrheit«, hat Winston Churchill geschrieben, »aber die meisten rappeln sich sofort wieder auf und eilen weiter, als sei nichts geschehen.« Das ist ein Fehler.

Fehler zeigen uns, was wir lernen müssen. Sie weisen uns auf das Wissen hin, das wir uns aneignen müssen, um Erfolg zu haben. Dieses »Studium« kann darin bestehen, mehr Informationen zur Verwirklichung unseres Traumes zu sammeln oder das Wissen, das wir schon haben, zu vertiefen. Wie auch immer, jeder Fehler, den wir machen, ist ein goldenes Hinweisschild mit der Aufschrift: »Lerne dieses oder jenes, wenn du Erfolg haben willst.«

»Indem man einen Irrtum nach dem anderen begeht«, hat Freud gesagt, »entdeckt man die Wahrheit.«

Wenn Menschen nicht bereit sind, Fehler als die großartigen Erziehungshilfen willkommen zu heißen, die sie nun einmal sind, leugnen sie sie. Anstatt Fehler zu *suchen*, um aus ihnen zu lernen und unsere Fähigkeiten zu verbessern, neigen wir oft dazu, sie zu ignorieren, sie auszusieben und ihre Existenz schlichtweg abzustreiten.

Das ist natürlich ein weiterer Fehler.

Alle bedeutenden Menschen überprüfen ihre Handlungen – selbst die, welche zum Erfolg geführt haben – und fragen sich: »Wie hätte ich es besser machen können?« Das bezeichnet man als kritisches Denken. Wir *kritisieren* unser Verhalten, um es beim nächsten Mal zu *verbessern*.

Die meisten Menschen setzen ihr kritisches Potential jedoch falsch ein. Sie benutzen es nur, um Gründe zu finden, weshalb sie aufgeben sollten. »Ich habe so viel falsch gemacht. Warum soll ich mich weiter bemühen? Ich lasse es sein«, sagen sie sich.

Natürlich unterlaufen uns Patzer. Wir sollten dankbar dafür sein, daß wir die Fähigkeit haben, sie zu erkennen.

Mittelmäßige Menschen merken nie so recht, woran es hapert. Sie geben sich mit jedem x-beliebigen Ergebnis zufrieden, und genauso wird ihr Leben schließlich aussehen.

Sie als unsere Leser werden jedoch die Chance haben, es beim nächsten Mal besser zu machen. Solange Sie Ihr Ziel engagiert und aktiv verfolgen, wird es immer ein nächstes Mal geben. Wenn Sie Ihren Traum bewußt ansteuern, wird die Chance für

Erfolg nicht nur an Ihrer Tür anklopfen – nein, sie wird Ihnen die Tür eintreten.
Der Lernprozeß läßt sich in vier Schritte aufgliedern:
1. Handeln Sie.
2. Untersuchen Sie Ihre Handlung auf Fehler (und üben Sie Kritik).
3. Lernen Sie, wie Sie es beim nächsten Mal besser machen können.
4. Kehren Sie zu Punkt 1 zurück.

Je höher Sie aufsteigen,
desto mehr Fehler dürfen Sie machen.
Wenn Sie ganz oben sind
und sich dann Schnitzer leisten,
hält man das für Ihren Stil.

Fred Astaire

Gehen Sie Ablenkungen aus dem Weg

Die Angewohnheiten, die wir uns zulegen, schlagen sich nieder und prägen uns. Besiegen Sie ihre schlechten Angewohnheiten, sonst werden Sie ihnen schließlich unterliegen.

Rob Gilbert

Ablenkungen befriedigen nicht. Was sind Ablenkungen? Alle Dinge, die nicht auf unserem Weg zum Ziel liegen und uns Zeit, Gedanken und emotionale Kraft kosten, sind Ablenkungen. Es gibt ganz naheliegende Ablenkungen – schlechte Angewohnheiten und Neigungen, von denen die Menschen genau wissen, daß sie schlecht für sie sind. Es gibt aber auch raffiniertere Ablenkungen – zum Beispiel die Angewohnheit, das Augenmerk immer auf negative Aspekte zu richten. (Wenn Sie mehr darüber wissen und erfahren wollen, wie sie diese Neigung überwinden können, lesen Sie bitte unser letztes Buch *Lebe ohne Sorge*.) Dann gibt es noch die Ablenkungen, die geradezu Tugenden zu sein scheinen, uns aber trotzdem von unserem Ziel abbringen.

Die letztere Kategorie ist am kniffligsten. Bei diesen Ablenkungen handelt es sich um Handlungen, die für Sie selbst und/oder für andere Menschen gut sind, aber mit der Verwirklichung Ihres Zieles nichts zu tun haben. Sie könnten den Friedensnobelpreis verliehen bekommen, aber wenn es Ihr Traum wäre, professioneller Golfer zu werden, wären all Ihre Friedensdienste praktisch Ablenkungen.

Stellen Sie sich einmal vor, daß Sie einen Weg verfolgen. An seinem Ende wartet Ihr Traum. Die Strecke ist frei, und Ihr Ziel ist in Sicht. Sie brauchen einfach nur weiterzugehen, bis Sie Ihren Traum erreicht haben.

Der Weg wird jedoch auf beiden Seiten von Ablenkungen

gesäumt. Deren Funktion ist es, Sie auf die Probe zu stellen und herauszufinden, ob Sie wirklich das richtige Ziel verfolgen und ob Sie Ihres Traumes würdig sind. Um Sie von Ihrem Weg abzubringen, können die Ablenkungen zu jedem Mittel greifen: Sie können Ihnen mit Sex, verlockenden Speisen, Ruhm, Macht, Erfolg in einem Bereich außerhalb Ihres Traumes, Anerkennung, schnellem Geld, kurz: einfach mit *allem möglichen* winken. Folgendes geht aber nicht: Die Ablenkungen können nicht Ihren Weg *betreten* und Sie *anhalten*. Und wenn Sie sich verleiten lassen und von ihm abgehen, ist das immer *Ihre eigene Entscheidung*. Entscheiden Sie sich für Ihren Traum. Gehen Sie Ihren Weg.

Bewahren Sie die Ruhe
und folgen Sie Ihrem Traum

Die Sonne geht auch
ohne deine Hilfe unter.
Aus dem Talmud

Ihre Aufgabe besteht darin, Ihren Traum zu verwirklichen.

Ihre Aufgabe besteht *nicht* darin, alles Unrecht dieser Welt wiedergutzumachen; allen Menschen Ihr gesamtes Wissen beizubringen, damit diese ihrerseits alles Unrecht dieser Welt wiedergutmachen; sich auf irgendeine Art in all die Konflikte einzumischen, die auf diesem Planeten stattfinden und wahrscheinlich immer stattfinden werden, noch in irgendwelche anderen Verstrickungen.

Ihre Aufgabe besteht darin, Ihren Traum zu verwirklichen.

Falls Ihr Traum soziale und persönliche Veränderungen beinhaltet, prima. Dann ist die Rettung eines *Teils* dieser Welt Ihre Aufgabe – aber wirklich auch nur eines Teils. Wenn Sie sich zum Beispiel leidenschaftlich für sauberere Luft einsetzen, dann überlassen Sie den Schutz der Wale anderen.

Vertrauen Sie darauf, daß Anliegen, die Ihnen wichtig sind, aber nicht zu Ihrem Traum gehören, *mit Sicherheit* der Traum anderer Menschen sind. Überlassen Sie es also denen, ihn zu verwirklichen. Und Sie erfüllen Ihren eigenen. »Die Natur stattet jeden Menschen mit irgendeiner Gabe aus, die ihn befähigt, mit leichter Hand eine bestimmte Leistung zu vollbringen, die anderen unmöglich ist«, hat Emerson geschrieben. Wenn jeder von uns sein eigenes Gericht (also seinen Traum) zum Tisch des Lebens mitbringt – auch wenn es »nur« das Dessert ist –, haben wir alle etwas von dem Festessen.

Eine großartige Methode, um unseren Traum, und *nur* ihn, zu verfolgen, besteht darin, die Ruhe zu bewahren. Das beginnt mit der inneren Ruhe. Wir brauchen auf Nachrichten und Informationen, die für unseren Traum keine Bedeutung haben, nicht zu reagieren. Wenn wir aber auf alles und jedes reagieren – die vielen Dinge eingeschlossen, auf die wir nach Meinung mancher unserer Zeitgenossen reagieren sollten –, bleibt uns schließlich keine geistige und emotionale Kraft mehr übrig, um uns auf unseren Traum zu konzentrieren.

Was nicht auf unserem Weg liegt, ist für uns nicht von Belang. Nehmen wir einmal an, daß irgendwo im tiefsten Rußland jemand gestorben ist. Betrübt Sie das bis ins Innerste? Und warum nicht? Weil dieser Todesfall für Ihr Leben keine besondere Bedeutung hat. Für bestimmte andere Menschen stellt er eine Tragödie dar, aber für Sie nicht. Dasselbe gilt für all die anderen Ereignisse und Vorfälle, die uns von den Medien und anderen Tratschspezialisten vorgesetzt werden. Deren »Nachrichten« bewirken, daß sich Menschen, die ihren Weg nicht konzentriert verfolgen, ständig in einem Zustand der Ablenkung befinden.

Bewahren Sie Ihre innere Ruhe. Folgen Sie Ihrem Traum.

Eine Möglichkeit, um tiefere innere Ruhe zu finden, besteht darin, nach außen hin still zu sein. Sie brauchen nicht zu jedem Thema eine Meinung zu haben oder abzugeben. »Eine der Lektionen, die sich aus der Geschichte ergeben«, hat der Historiker Will Durant geschrieben, »ist, daß es oft gut ist, nichts zu unternehmen, und immer klug, nichts zu sagen.«

Für die, die der historischen Perspektive eine wissenschaftliche Formel vorziehen, möchten wir Albert Einstein zitieren: »Wenn A für Erfolg im Leben steht, ist A gleich X plus Y plus Z. X steht für Arbeit, Y für Freizeit und Z für Stillschweigen.«

Auch wenn Sie sich mit irgendeinem Thema auskennen, zu etwas eine entschiedene Meinung haben oder für eine Sache leidenschaftliche Gefühle hegen (das heißt natürlich für Ihren Traum), ist es trotzdem gut, vor anderen kein Wort darüber zu verlieren.

»Es ist grundfalsch, wenn ein Bildhauer oder ein Maler sehr oft über sein Werk redet oder schreibt«, hat Henry Moore gesagt.

»Dabei geht ihm Spannung verloren, die er für seine Arbeit benötigt.« Behalten Sie diese Spannung – also Ihre Leidenschaft – in sich und für sich. Lassen Sie sie in Taten zum Ausdruck kommen, nicht in Worten. Benjamin Franklin vertrat ebenfalls diesen Standpunkt: »Verkünde nicht alles, was du weißt, schuldest, besitzt oder kannst.«

Auch über Ihre Kenntnisse und Fertigkeiten sollten Sie kein Wort verlieren. »Seien Sie smart, aber zeigen Sie es nie«, lautete in dem Sinne ein Rat von Louis B. Mayer. Genauso sollten Sie Ihre Probleme für sich behalten. Dazu hat Montaigne ein Beispiel angeführt: »Sie dürfen Freunden keinesfalls sagen, daß Ihre Frau Sie zum Hahnrei gemacht hat. Selbst wenn sie Sie nicht auslachen, kann es sein, daß sie diese Informationen für persönliche Zwecke verwenden.«

Bewahren Sie die Ruhe und seien Sie still. Verfolgen Sie Ihren Traum und gehen Sie Ihres Weges.

> Ich bediente mich
> meiner ausgezeichneten Kenntnisse
> der englischen Sprache
> und sagte kein Wort.
> *Robert Benchley*

Erledigen Sie Ihre Arbeit

> Die meisten Menschen
> vergeben gute Chancen,
> weil diese einen Blaumann tragen
> und nach Arbeit aussehen.
> *Thomas A. Edison*

> Mit dem Vorsatz allein,
> etwas tun zu wollen,
> kann man sich
> keinen Namen machen.
> *Henry Ford*

Wenn Sie die notwendige Arbeit erledigen, werden Sie auch Ihren Traum erreichen. Die gute Nachricht, die dieser Satz enthält, ist, daß Ihr Traum Wirklichkeit wird. Die schlechte, daß das mit Arbeit verbunden ist.

Das Verfolgen eines Traumes erfordert geistige und körperliche Arbeit. Arbeit ist das, womit wir am liebsten gar nichts zu schaffen haben möchten, die wir aber doch tun, um in den Genuß anderer Güter zu kommen. Wenn Sie Ihren Traum erreichen wollen, wird es nötig sein, daß Sie viele Dinge tun, die Sie eigentlich vermeiden möchten.

Manche Menschen leben in bezug auf die Verwirklichung ihrer Träume in einer wahren Märchenwelt. Sie meinen, jeder Schritt auf dem Weg zu ihrem Ziel sollte mühelos sein: Sie stellen sich vor, daß sie von einem Privatjet vor ihrem Haus abgeholt und geradewegs ins Schlaraffenland befördert werden. Und nicht nur das. Sie meinen auch, daß man sie zum Flieger *tragen* und unterwegs noch mit geschälten Weintrauben füttern wird.

Solche Phantasien sollten Sie am besten aufgeben. Und da Sie gerade dabei sind, sollten Sie auch gleich ein für allemal mit dem Wunschtraum aufräumen, daß die Arbeit *jemals* aufhört. Der Traum mancher Menschen beinhaltet unter anderem ein absolut arbeitsfreies Leben. Diese Leute sind mit Charlie McCarthy einer Meinung, der gesagt hat: »Harte Arbeit hat zwar bisher noch niemanden umgebracht, aber wer weiß? Ich will lieber kein Risiko eingehen.« Doch leider werden wir, auch wenn unser Traum verwirklicht ist, weiterarbeiten müssen.

Solange wir leben, wird es für uns immer Arbeit geben. Sie mag eine andere Form oder Qualität annehmen, aber sie wird so lästig wie eh und je bleiben. Schauspieler arbeiten zuerst daran, einen Agenten zu finden. Danach arbeiten Sie daran, eine Rolle in einem Film zu bekommen. Und wenn sie genug Rollenangebote bekommen und Stars sind, müssen sie arbeiten, um das richtige Script zu finden. Die Arbeit hört nie auf.

Weiter vorn im Buch haben wir schon die geistige Arbeit thematisiert, die die Verwirklichung eines Traumes mit sich bringt. Es wäre jedoch unverantwortlich, wenn wir nicht auch ausdrücklich auf die *praktische, körperliche* Arbeit hinweisen würden, die dabei anfällt.

»Der Weg zu den Höhen menschlicher Größe ist holprig«, hat Seneca gesagt. Zu den Schwierigkeiten der Wegstrecke gehört auch, daß Sie all die banalen Verrichtungen erledigen, mit denen Sie jemand anderen beauftragen können, sobald Sie Ihren Traum verwirklicht haben. »Unsere Hauptaufgabe besteht nicht darin, unser Augenmerk auf das zu richten, was sich nur schwach am Horizont abzeichnet«, hat Thomas Carlyle dazu geschrieben, »sondern auf das, was klar und deutlich vor uns liegt.« Ist das, was gerade vor Ihnen liegt, das Schreiben von Bewerbungen? Na, dann los! Es gibt ein paar Dinge, mit deren Erledigung wir *niemals* jemand anderen werden beauftragen können. Wenn es für unseren Traum zum Beispiel erforderlich ist, daß wir über eine körperliche Fähigkeit oder handwerkliche Kunstfertigkeit verfügen, müssen wir daran arbeiten, bis wir sie beherrschen. »Alles, was ich tue, kann auch jeder Zehnjährige – vorausgesetzt er hat fünfzehn Jahre Erfahrung«, hat der Zauberer Harry Blackstone jr. einmal gesagt. Sie können niemanden beauftragen, für Sie zu trainieren.

Hin und wieder bietet sich uns eine günstige Gelegenheit, die aber zusätzliche Arbeit erfordert. Nehmen Sie sie auf sich.
»Wenn wir durch eine außergewöhnliche Notwendigkeit gezwungen werden, einen Vorstoß zu machen, erleben wir eine Überraschung«, hat William James beobachtet. »Bis zu einem gewissen Zeitpunkt nimmt unsere Ermüdung zu, aber dann fällt sie von uns ab, und wir fühlen uns frischer als zuvor.«
»Wir haben offensichtlich einen neuen Energievorrat angezapft«, fährt James fort. »Es kann sein, daß wir diese Erfahrung noch auf weiteren Ebenen machen und den toten Punkt drei- oder viermal überwinden. Wir finden eine Leichtigkeit und eine Kraft, von denen wir nie gedacht hätten, daß wir sie besitzen. Wir eröffnen uns Energiequellen, die wir normalerweise nicht in Anspruch nehmen, weil wir normalerweise das Hindernis der Erschöpfung auch nicht durchbrechen.«

Ein französisches Sprichwort faßt James' Worte zusammen: »Wenn man müde ist, kann man noch einen weiten Weg gehen.«

Manche Menschen hätten gern »mehr Glück«, wie sie sagen. *In der Regel* müßten sie aber einfach nur mehr arbeiten. »Je härter man arbeitet«, besagt eine Redensart, »desto mehr Glück hat man.« Das Glück selbst ist ziemlich gleichmäßig verteilt. »Gute Chancen halten sich bei allen Menschen die Waage«, hat Darrell Royal gesagt. »Die Sonne scheint nicht jeden Tag demselben alten Hund auf das Fell.«

Viele Menschen verpassen vielversprechende Gelegenheiten oder lehnen es rundweg ab, diese wahrzunehmen, weil sie nicht willens sind zu arbeiten.

Tun Sie die Arbeit, die *notwendig* ist. Um wieviel Arbeit es sich dabei handelt, entscheiden viele Leute jedoch leider, bevor sie wirklich wissen, wie groß der Arbeitsaufwand sein wird. Sie sagen einfach: »Ich habe genug gearbeitet.« Dann geben sie auf. Sie haben sich aber geirrt. Sie haben keineswegs genug getan.

Wann haben wir denn genug getan? Ganz einfach. Wenn wir das haben, was wir haben wollen. Und bis dahin haben wir eben noch nicht genug gearbeitet. Arbeiten Sie also solange, bis Sie genug getan haben – das heißt, bis Sie sich Ihren Traum erfüllt haben.

Es erfordert viel praktische körperliche Arbeit, einen Traum zu verfolgen. Seien Sie darauf vorbereitet.

Die Hand ist die Schneide des Geistes.

Jacob Bronowski

Training für den Erfolg

Wenn Sie etwas gewinnen wollen
– ein Rennen, Ihr Selbst, Ihr Leben –
müssen Sie schon ein wenig in Raserei verfallen.

George Sheehan

Betrachten Sie die Verwirklichung Ihres Traumes als ein bedeutendes sportliches Ereignis. Trainieren Sie dafür. Durch Ausführung einer Tätigkeit wird man stärker in ihr. Das gilt für Geist, Herz und Körper gleichermaßen.
Der Körper: Halten Sie ihn fit. Wie? Mit Leibesübungen. Und durch vernünftige Ernährung. Darüber, was eine vernünftige Ernährung ausmacht, gibt es so viele widersprüchliche Ansichten, daß wir in der Nische eine gesonderte Abteilung einrichten könnten, um darin all die verschiedenen Trends unterzubringen. Dennoch möchten wir Ihnen frech folgende »Spezialdiät« von Joel Weldon präsentieren:

> Frühstück:
> eine halbe Grapefruit
> eine Scheibe Weizentoast
> einen Viertelliter entrahmte Milch
>
> Mittagessen:
> hundertzwanzig Gramm magere Hühnerbrust
> eine Tasse gedünstete Zucchini
> einen Schokokeks
> Kräutertee
>
> Als Nachmittagssnack:
> die restlichen Schokokekse
> einen Liter Eiscreme mit ganzen Nüssen
> dazu heiße Schokoladensoße

Zum Abendessen:
zwei ganze Bananenbrote
eine große Pizza »Quattro Stagioni«
drei Dosen Bier
fünf Milky-Way-Riegel
einen ganzen Käsekuchen
– direkt aus dem Gefrierschrank

»Ich habe eine Diät gemacht«, hat Joe E. Lewis zu dem Thema gesagt, »habe keinen Alkohol getrunken und nichts Schweres gegessen, und innerhalb von vierzehn Tagen habe ich zwei Wochen verloren.«
»Irish Coffee ist das einzige Getränk, das alle vier Grundnahrungsstoffe enthält«, meint Alex Levine, »Alkohol, Koffein, Zukker und Fett.«
Das Herz: Bleiben Sie möglichst flexibel und anpassungsfähig. Das schafft man, indem man versucht, auf die Herausforderungen des Lebens gefühlsmäßig so zu reagieren, daß es der Erwartung widerspricht. Seien Sie zum Beispiel selbst dann liebevoll, wenn Sie Ihren Willen nicht bekommen. Sie werden zwar deshalb nicht seltener von Ihren Mitmenschen angegriffen werden, aber Sie werden es zur Meisterschaft darin bringen, mit Angriffen fertigzuwerden.
Der Verstand: Halten Sie ihn stets offen und aufnahmebereit. Beschäftigen Sie sich eifrig mit neuen Ideen, Gedanken, Vorschlägen, Informationen, Einsichten, Erkenntnissen und plötzlichen Eingebungen.
Die Behaglichkeitszone: Dehnen Sie sie weiter aus. Tun Sie jeden Tag *eine* Sache, die Sie nicht tun möchten und die auch nicht den geringsten praktischen Nutzen hat. Das läßt Ihre Behaglichkeitszone wachsen. Sie können zu diesem Zweck zum Beispiel Leute ansprechen, die Sie eigentlich gar nicht kennenlernen möchten. Irgendwann wird Ihnen nicht mehr unbehaglich dabei sein, mit Fremden Bekanntschaft zu schließen. Das machen Sie dann mit links. Und wenn Sie schließlich eine Person

kennenlernen *möchten*, wird es für Sie ein Kinderspiel sein, zu ihr hinzugehen und »Hallo« zu sagen.

»Tun Sie jeden Tag irgend etwas, das Sie am liebsten vermeiden möchten«, hat Mark Twain geraten. »Mit Hilfe dieser goldenen Regel gewöhnt man sich daran, seine Pflicht zu tun, ohne zu leiden.«
Ihre Pflicht besteht darin, Ihren Traum zu verwirklichen.

> Als meine Großmutter sechzig war, begann sie, jeden Tag acht Kilometer zu Fuß zu gehen. Sie ist jetzt fünfundneunzig und wir wissen nicht, wo sie jetzt wohl sein mag.
> *Ellen Degeneria*

Wenn es in Stein geschrieben ist, bringen Sie Hammer und Meißel mit

Ich meine es ernst;
Ich werde mich nicht drehen und wenden;
Ich werde keine Ausflüchte machen;
Ich werde keinen Zentimeter zurückweichen;
Und ich werde mir Gehör verschaffen.
William Lloyd Garrison

Nichts ist unmöglich. »Es gibt nur eine unverrückbare Gewißheit«, hat John F. Kennedy gesagt, »nämlich die, daß nichts unveränderlich oder gewiß ist.« Je *unwahrscheinlicher* jedoch der Erfolg von etwas ist, desto mehr Arbeit ist erforderlich, um das Ziel zu erreichen.

Falls an Ihrem Traum etwas ist, das »unmöglich« zu sein scheint, dann machen Sie sich trotzdem ans Werk. »Es gibt im Leben doch kein größeres Vergnügen, als das zu tun, von dem die Leute sagen, daß man es sowieso nicht schafft«, meint Walter Bagehot. Benjamin Jowett fügt hinzu: »Räumen Sie nie das Feld. Rechtfertigen Sie sich nie. Bringen Sie Ihre Aufgabe hinter sich und lassen Sie die Meute heulen.«

Wenn Sie warten, erreichen Sie gar nichts. *Sie* müssen handeln. »Wer abwartet, dem mögen Dinge zufallen«, schrieb Abraham Lincoln, »aber nur die Dinge, die jene Menschen übrig gelassen haben, die sich ins Zeug legen.«

Seien Sie kühn. »Dem wahrhaft Kühnen hilft Gott«, schrieb der griechische Dichter Menander. »Wenn Sie einen wichtigen Standpunkt durchsetzen wollen, sollten Sie nicht versuchen, feinsinnig oder geistreich zu sein«, hat Winston Churchill gesagt. »Nehmen Sie einen Vorschlaghammer. Rammen Sie Ihren Standpunkt ein. Dann schlagen Sie noch einmal zu. Dann ein drittes Mal – und zwar mit voller Wucht.«

Wer fürchtet, daß seine Wucht zu groß sein könnte, dem rät Sir Winston: »Sie werden alle erdenklichen Fehler machen, aber solange Sie dabei großmütig, aufrichtig und auch heftig sind, können Sie der Welt nicht weh tun oder sie gar ernstlich in Gefahr bringen.«

Abgesehen davon, daß die Kühnheit uns dem Ziel näherbringt, hat sie auch noch einen wichtigen Nebeneffekt. Wir lernen etwas über uns. »Um sich selbst kennenzulernen«, hat Camus geschrieben, »muß man sich behaupten.«

Was können wir dazutun, um den Erfolg zu garantieren? Dorothea Brande rät: »Handeln Sie so, als sei jedes Scheitern ausgeschlossen.«

Wenn es in den Wind geschrieben ist, bringen Sie Ihre Kamera mit

Es heißt immer,
die Zeit ändere alles,
aber in Wirklichkeit
muß man es selbst machen.
Andy Warhol

Halten Sie Ihre Erfolge fest – also alle Ziele, die Sie auf dem Weg zur Verwirklichung des großen Traumes erreicht haben. Führen Sie darüber Buch.

Tragen Sie abends alles ein, was sie im Verlauf des Tages geleistet haben. Sie haken dabei nicht nur die Punkte ab, die auf Ihren verschiedenen Aufgabenlisten stehen. Denn wir erreichen in der Regel viel mehr, als wir uns vorgenommen hatten. Wenn Sie am Ende des Tages also *alle* Leistungen aufschreiben – sowohl die geplanten als auch die spontanen –, bekommen Sie ein vollständigeres Bild von Ihren Fortschritten.

Mit jedem Eintrag erstellen Sie ein eindrucksvolles Zeugnis Ihrer Kraft, Ihrer Kreativität und Ihrer Taten. Und schon bald haben Sie den überwältigenden Beweis dafür, daß Sie Ihren Traum mit Sicherheit erreichen werden. Das ist ein logisches Ergebnis am Ende des Weges, den Sie offensichtlich eingeschlagen haben.

Es lohnt sich auch, Ihre Triumphe mit Hilfe von Photoapparat, Videokamera, Souvenirs, Zeitungsausschnitten oder Schriftstücken zu dokumentieren. So können Sie andere, die noch zweifeln, von dem eingeschlagenen Weg und Ihrer relativen Unbesiegbarkeit überzeugen.

Außerdem werden Ihnen Ihre vielen Biographen in späteren Jahren für jede Hilfe dankbar sein.

Abkürzungen zum Erfolg

Man tut klug daran,
in seiner Jugend alle Regeln zu beachten,
damit man im Alter noch genug Kraft hat,
um sie zu brechen.

Mark Twain

Mitmenschen, Bücher, Kassetten, Videos, Illustrierte etc. sind Abkürzungen zum Erfolg. Lernen Sie aus dem gesammelten Wissen der Menschheit. Dazu ist es angesammelt worden.

Ein Arzt ist zum Beispiel eine Abkürzung, um Gesundheit zu erlangen. Ein Lehrer, um zu lernen. Jeder Fachmann ist eine Abkürzung zum Erfolg.

Ein Bild mag 10 000 Worte aufwiegen, aber der Ratschlag einer Person, die ein ähnliches Ziel wie das von Ihnen angestrebte erreicht hat, wiegt 10 000 Bilder auf.

Wir möchten Ihnen empfehlen, alle Ratschläge, Hinweise und Belehrungen zunächst auszuprobieren. Was bei anderen funktioniert hat, muß nämlich nicht unbedingt auch bei Ihnen funktionieren.

Manchmal lernt man, wie etwas zu tun ist, indem man einen Rat befolgt. In anderen Fällen wieder lernt man, genau das Gegenteil der Empfehlung zu tun. Eine Quelle, aus der ausschließlich *schlechte* Ratschläge kommen, ist ein Geschenk des Himmels. Greifen Sie regelmäßig darauf zurück, und tun Sie dann das Gegenteil von dem, was man Ihnen rät. Oder wie ein Kirchgänger einmal gesagt hat: »Herr Pfarrer, Ihre Predigten sind wie Wasser für einen Ertrinkenden.«

Wenn Ihnen andere Menschen Ratschläge geben, tun sie Ihnen einen Gefallen. Indem Sie den Rat beherzigen, erwidern Sie den Gefallen.

In der Disziplin findet man Freiheit, nicht in der Rebellion

> Es gibt letzten Endes nur eine Freiheit, nämlich die, sich zu disziplinieren.
>
> *Bernard Baruch*

In unserer Jugend verlangt man von uns, daß wir Regeln befolgen. Die führen oft zu Ergebnissen, an denen uns nicht sonderlich viel liegt. Da ist es kein Wunder, daß so viele Menschen gegen Regeln rebellieren.

Während Sie Ihren Traum verfolgen, werden Sie wahrscheinlich feststellen, daß Sie sich an mehr Regeln denn je halten müssen. Was ist da los? Sollte Ihr Traum Ihnen nicht eigentlich zu mehr Freiheit verhelfen?

Doch, und diese Freiheit findet man in der Disziplin. »Disziplin« kommt von dem lateinische Wort *discipulus*, und das bedeutet »Schüler«. Betrachten Sie die Disziplin als einen Container. Sobald Sie ihn gebaut haben und ihn auch instand halten, kann er Ihren Traum aufnehmen.

Eine Regel ist ein Werkzeug, so wie auch ein Wasserglas ein Werkzeug ist. Mit Hilfe des Glases kann man Wasser aufnehmen, es transportieren und trinken. Ja, Regeln sind Beschränkungen, aber auch ein Glas ist – räumlich – beschränkt. Wir können sagen: »Ich will keine Regeln, weil ich keine Beschränkungen will.« Das ist genauso, als sagten wir: »Ich möchte kein räumlich beschränktes Glas.« Ein solches Glas gibt es aber nicht.

Gehen, reden, lesen, schreiben und viele andere Dinge, die wir täglich tun, um unseren Traum zu erfüllen, unterliegen Regeln. Wenn wir die Regeln eines bestimmten Gebietes akzeptieren und uns zu eigen machen, sind wir keine Schüler mehr, sondern auf dem besten Wege, Meister zu werden.

Was haben Sie gelernt?

> Wenn Ihre Eltern
> keine Kinder bekommen haben,
> stehen die Chancen gut,
> daß Sie auch keine bekommen werden.
>
> *Clarence Day*

Nein, dies ist keine Prüfungsausgabe à la »Schreiben Sie einen Aufsatz von 10 000 Worten über das Thema ›Was habe ich aus diesem Buch gelernt?‹« Sie sollen vielmehr wieder einmal Ihr ganzes Leben einer Revision unterziehen.

Sie erfüllen schon seit geraumer Zeit Träume, vielleicht Ihre eigenen, vielleicht aber auch die anderer Leute. Wie auch immer, der *Prozeß* der Traumerfüllung bleibt derselbe.

Sehen Sie sich noch einmal die Liste mit Ihren Leistungen und Errungenschaften an – ja, die Liste, die Sie vor ungefähr zwanzig Jahren bei der Lektüre des Kapitels »Was haben Sie bisher erreicht?« erstellt haben. Fragen Sie sich bei jeder Leistung oder Errungenschaft: »Wie habe ich das gemacht? Was mußte ich tun, um mir diesen Traum zu erfüllen? Welche Strategie hat funktioniert? Welche nicht?«

Formulieren Sie nun Ihre eigenen »Regeln«, mit denen *Sie* Ihre Träume am besten verwirklichen. Dazu brauchen Sie nur Ihr Leben Revue passieren zu lassen und folgende Konsequenzen zu ziehen:

1. Tun Sie, was praktikabel ist und klappt.
2. Unterlassen Sie, was nicht klappt.

Tun Sie sich etwas Gutes

> Freizeit sind jene
> fünf oder sechs Stunden nachts,
> in denen man schläft.
> *George Allen*

Es ist sehr wichtig, daß Sie sich selbst auch Pflege angedeihen lassen, während Sie Ihren Traum hegen und pflegen. Im weiteren Sinne gehört dazu natürlich bereits die Verfolgung Ihres Traumes. Während Sie Ihr Ziel ansteuern, sollten Sie sich dennoch Zeit nehmen, um sich selbst etwas Gutes zu tun.

Sich zu verwöhnen ist jedoch nicht dasselbe wie sich gehenzulassen. Ein häufig mißbrauchter Satz lautet: »Ich tue dies, um etwas für mich zu tun.« Menschen, die das sagen, versehen in der Regel nur ihre alte Beschränkungen mit einem neuen Etikett und leben weiter wie bisher.

Wenn man der Behaglichkeitszone unterliegt, tut man keineswegs etwas für sich.

Sich Gutes zu tun, heißt sich zu verwöhnen, *während man notwendige Schritte zur Erfüllung seines Traumes macht.* Das kann bedeuten, daß man sich für eine Aufgabe, die in fünfzehn Stunden zu erledigen wäre, zwanzig Stunden Zeit nimmt. Es bedeutet nicht, die Arbeit unter den Tisch fallen zu lassen.

Lernen Sie, sich bei der Arbeit für Ihr Ziel nicht unter Druck zu setzen. Sehen Sie die Erholung als eine Phase, in der Sie Ihre Einstellung zu der anliegenden Aufgabe »überholen«.

Überdenken Sie Ihren Standpunkt zu Begriffen wie »Arbeit«, »Urlaub« und »Freizeit«. Der Gedanke, daß wir Freizeit brauchen, rührt daher, daß wir für andere arbeiten und helfen, deren Träume zu realisieren. Sie haben Ihr Leben aber jetzt der Erfüllung Ihres eigenen Traumes gewidmet. Warum sollten Sie sich davon »freinehmen« wollen?

Auf Ihrem Weg zum Ziel wird es Tätigkeiten geben, die Ihnen

mehr Spaß machen als andere. Wechseln Sie regelmäßig zwischen den angenehmen und den eher lästigen.

Lernen Sie, aus einer Arbeit, die Sie gut gemacht haben, *Befriedigung* zu ziehen, anstatt in Aktivitäten Zerstreuung zu suchen, die Sie vom »harten Arbeitsleben« ablenken sollen, wie es so schön heißt. Menschen, die für andere arbeiten, mögen solche Zerstreuungen benötigen. Aber Sie, vergessen Sie das nicht, Sie arbeiten jetzt für sich selbst.

Bei richtiger Pflege des Selbst lernt man, sich an seinem Weg, am Entwicklungsprozeß, an der Reise hin zu seinem Traum zu erfreuen.

Beharrlichkeit

> Bei vielen Versagern
> handelt es sich um Menschen,
> denen, als sie aufgaben, nicht klar war,
> wie nahe sie dem Erfolg waren.
> *Thomas A. Edison*

Nichts garantiert den Erfolg so sehr wie Beharrlichkeit. Das ist es, was *alle* erfolgreichen Menschen gemein haben: Ausdauer. »Beharrlichkeit ist durch nichts auf der Welt zu ersetzen«, hat der amerikanische Präsident Calvin Coolidge gesagt. »Nicht durch Talent; nichts ist alltäglicher als erfolglose Menschen mit Talent. Nicht durch Genie; unbelohntes Genie ist fast schon sprichwörtlich. Nicht durch Bildung allein; die Welt ist voll von gebildeten Wracks. Einzig Beharrlichkeit und Entschlossenheit sind allmächtig.«

Coolidge könnte jenen Menschen als Vorbild dienen, die meinen, man müsse eine sprühende Persönlichkeit haben, um sich einen Traum zu erfüllen. »Der stille Cal«, wie man ihn nannte, war dermaßen zurückhaltend, daß die Schriftstellerin Dorothy Parker bei der Nachricht von seinem Tod fragte: »Woran hat man es denn gemerkt?«

»Ich will Ihnen sagen, was mich zum Ziel geführt hat«, schrieb Louis Pasteur. »Meine Stärke liegt einzig und allein in meiner Zähigkeit.«

Diese Botschaft zieht sich durch die ganze Menschheitsgeschichte: Zu siegen heißt, Ausdauer zu beweisen. Die alten Griechen und Römer wußten das. »Wer beharrlich arbeitet, braucht niemals zu verzweifeln«, schrieb Menander, »denn alle Leistungen sind das Ergebnis von Beharrlichkeit und schwerer Arbeit.«

Dieselbe Botschaft verkünden auch Dichter wie Fontane und Longfellow. Fontane meinte: »Courage ist gut, Ausdauer besser.« Und Longfellow schrieb: »Beharrlichkeit ist ein bedeu-

tendes Element des Erfolges. Wenn man nur lange und laut genug ans Tor klopft, wird man gewiß jemanden aufwecken.«
 Wissen Sie, woran es an diesem Buch etwas mangelt? An Poesie. Deshalb wollen wir jetzt einen Vers von Edmund Cooke zitieren, der die Beharrlichkeit zum Thema hat:

> Zu Boden hat man dich also geschlagen?
> Na komm, da ist noch etwas zu machen!
> Steh schnell wieder auf und zeig uns ein Lachen!
> Daß du parterre gehst, schlägt keinem auf den Magen,
> Doch 'ne Schande ist's, dazuliegen und zu klagen!

Wir werden Ihnen ersparen, was Napoleon, Churchill, Lincoln, Socrates, Orson Welles und Richard Nixon über die Beharrlichkeit gesagt haben. Es läuft immer auf dasselbe hinaus: »Wenn Sie am Ball bleiben, werden Sie auch gewinnen.«
 Beharrlichkeit ist ein unkomplizierter Prozeß:
 1. Fragen Sie sich, welcher Schritt als nächster zu tun ist.
 2. Überprüfen Sie, welche Hindernisse im Weg stehen.
 3. Beseitigen (oder ignorieren) Sie die Hindernisse.
 4. Machen Sie den Schritt.
 5. Kehren Sie zu Punkt 1 zurück.
 Wenn wir nicht beharrlich sind, kann es sein, daß wir irgendwann Marlon Brando in »Die Faust im Nacken« imitieren: »Ich hätt' erstklassig werden können. Ich hätt' ein Kämpfer werden können. Ich hätt' jemand sein können. Aber ich bin ein Versager, das bin ich.«

> Fall siebenmal hin,
> und steh achtmal wieder auf.
> *Japanisches Sprichwort*

Enthusiasmus und Freude

Enthusiasmus ist
das wahre Geheimnis des Erfolgs. *Walter Chrysler*

Versuchen Sie es einmal mit Enthusiasmus und Freude, anstatt mit Bequemlichkeit und Freude. Diese beiden Gefühle sind wie siamesische Zwillinge: Sie dürften Schwierigkeiten haben, eins ohne das andere zu finden.

»Enthusiasmus« kommt vom griechischen *en theos,* was »eins sein mit der göttlichen Energie« bedeutet. Hier sind einige enthusiastische Gedanken berühmter Menschen über Enthusiasmus.

»Keine große Tat wurde je ohne Enthusiasmus vollbracht«, schrieb Ralph Waldo Emerson.

»Ich räume dem Enthusiasmus eine noch größere Bedeutung als dem beruflichen Können ein«, meinte Sir Edward Appleton.

»Jede geniale Leistung«, schrieb Benjamin Disraeli, »muß von Enthusiasmus getragen sein.«

Freude ist ein Gefühl, das wir unabhängig davon erleben können, was um uns herum geschieht. Man schafft es sich, indem man seine Aufgaben freudig erledigt. Es gibt kaum ein Gefühl, das man leichter hervorbringen kann als die Freude. Wir dürfen nur nicht vergessen, es zu tun.

Satteln Sie Ihr Pferd

Wir wollen das Buch bis zu diesem Punkt kurz bildhaft zusammenfassen:
 1. Suchen Sie sich ein Pferd.
 2. Entscheiden Sie sich, in welche Richtung Sie mit dem Pferd reiten wollen.
 3. Reiten Sie in die Richtung.
Hals- und Beinbruch!

> Wenn Sie dort ankommen,
> ist kein dort dort.
> Doch es gibt dort einen Swimmingpool.
> *David Zucker*

SECHSTER TEIL

Mit den Träumen leben

> Wenn Sie Schriftsteller werden wollen,
> dürfen Sie nicht immer nur darüber reden;
> setzen Sie sich gefälligst hin und schreiben Sie!
> *Jackie Collins*

Diesen Teil werden Sie besser verstehen, wenn Sie die ersten fünf eine Zeitlang gelebt haben. Wenn Sie die Anregungen darin befolgt haben, konnten Sie Ihren Traum entweder schon erreichen, oder Sie sind auf dem besten Wege dazu.

Prompt stellt sich die Frage: »Was nun?«

Genau darum geht es in diesem Teil. »Man muß im Leben zwei Ziele verfolgen: Erstens muß man das erreichen, was man begehrt; und zweitens muß man dann das Erreichte zu genießen verstehen«, schrieb Logan Pearsall Smith dazu.

»Doch nur den klügsten Menschen gelingt auch letzteres.«

Suchen Sie sich neue Ziele aus

> Als Miss Amerika ist es mein Ziel,
> der ganzen Welt Frieden zu bringen
> und mir dann eine eigene Wohnung zu suchen.
> *Jay Leno*

Wenn Sie Ihren Traum fast, aber noch nicht ganz verwirklicht haben, wird es Zeit, daß Sie über Ihr nächstes Ziel nachdenken.

Sie mögen an Ihrem bisherigen Leben festhalten, vielleicht aber sein quantitatives Niveau anheben wollen. Vielleicht möchten Sie weiterhin Dirigent sein, aber künftig 200 000 Dollar anstatt 100 000 Dollar verdienen. Genausogut kann es sein, daß Sie sich für ein ganz anderes Ziel entscheiden.

»Es gibt im Leben kein größeres Vergnügen, als Schwierigkeiten zu überwinden«, hat Samuel Johnson geschrieben, »von einer Sprosse auf der Erfolgsleiter zur nächsten hinaufzusteigen, neue Wünsche zu formulieren und sie befriedigt zu sehen.«

Wenn wir einen Traum verwirklicht haben, stoßen wir darunter oft auf einen weiteren, tieferen. In anderen Fällen verläuft der neue Traum parallel zum ersten. Wie auch immer, der Traum, der Ihnen eine Heidenangst macht, ist wahrscheinlich der richtige.

So wie die Behaglichkeitszone über unbegrenzte Möglichkeiten verfügt, um Sie von der Verwirklichung Ihres Traumes abzuhalten, so sind auch ihrer Ausdehnung keine Grenzen gesetzt. Sie kann verschwindend klein oder unendlich groß werden. Sie haben die Wahl.

Es ist möglich, daß unsere neuen Ziele aus einem anderen Lebensbereich kommen werden als die bisherigen, daß wir unseren Schwerpunkt also zum Beispiel von Karriere/Beruf auf Politik/Soziales oder irgendeinen anderen Bereich verlagern werden.

Es kann auch sein, daß die neuen Ziele wiederum aus demselben Lebensbereich kommen werden.

Der Pop-Musiker Sting hat 1980 gesagt: »Wenn ich die Wahl zwischen Freundschaft und Erfolg hätte, würde ich mich wahrscheinlich für den Erfolg entscheiden.« Er hat ihn bekommen. 1990 wählte er noch einmal: »Freundschaft bedeutet mir heute viel mehr als das, was ich damals für Erfolg hielt.«

Feiern Sie Ihren Erfolg. Da Sie jetzt wissen, daß alle unsere Hinweise funktionieren, können Sie wirklich kühn sein. Lesen Sie sich das Buch noch einmal von Anfang an durch. Bei der neuerlichen Lektüre wird es noch bedeutend plausibler sein. Machen Sie die Übungen. Wählen Sie einen neuen Traum.

Träumen Sie weiter.

Reichtum ist das, worauf Sie verzichten können

Der Reichtum eines Menschen
mißt sich an der Anzahl der Dinge,
die sich zu versagen er sich leisten kann.
Henry David Thoreau

Es mag Ihnen vorkommen, als sei dies ein eigenartiges Kapitel für ein Buch, in dem es darum geht, wie man Dinge bekommt, aber wenn Sie unsere unterschwellige Botschaft mitbekommen haben, wissen Sie, daß es durchaus hineinpaßt.

Wenn man Menschen erklärt, daß äußere Dinge sie nicht glücklich machen werden, sondern daß sie ihr Glück in sich selbst finden müssen, nicken sie zustimmend mit dem Kopf, denken sich jedoch zumeist: »Ich werde schon glücklich sein, wenn ich erst das neue Haus, die neue Liebesbeziehung, den neuen Job, die neue Meditationsdecke etc. habe.«

Der Schock festzustellen, daß man sich seinen Traum erfüllt hat und trotzdem nicht glücklich ist, kann entweder bedrückend oder erleuchtend sein. Bedrückend, wenn der Mensch denkt: »Ich habe den *falschen Traum* geträumt. Jetzt muß ich mir den *richtigen Traum* suchen. Und dann werde ich auch glücklich werden.« Erleuchtend dagegen, wenn der Mensch erkennt, daß sein Glück wohl von der eigenen Einstellung abhängt, und er dann eine Reise in sein inneres Selbst antritt.

»Nicht die Frucht der Erfahrung ist das Ziel, sondern die Erfahrung selbst«, schrieb Walter Pater vor mehr als hundert Jahren. Und Robert Townsend formuliert es für unsere Generation so: »Der Weg zum Ziel ist nicht der halbe Spaß, sondern der ganze.«

Elizabeth Taylor hat in ihrem Wohnzimmer ein Kissen, auf das folgendes gestickt ist: »Wichtig ist nicht das Haben, sondern das Kriegen.«

Welchen Wert hat das Setzen eines Zieles und seine Verwirklichung? Er besteht nicht darin, das Ziel zu erreichen, sondern vielmehr in dem Wissen, das wir unterwegs über uns selbst bekommen. Um unseren Traum zu erreichen, müssen wir konzentriert, diszipliniert, ausdauernd, engagiert, würdig, enthusiastisch und leidenschaftlich sein.

Und was lernen wir unterwegs über uns? Wie wir noch konzentrierter, disziplinierter, ausdauernder, engagierter, würdiger, enthusiastischer und leidenschaftlicher sein können. Ziele kommen und gehen, Träume verblassen, aber die genannten Eigenschaften begleiten uns, wohin uns unser Weg auch führt.

»Es gibt kein Ende. Es gibt keinen Anfang«, hat Federico Fellini gesagt. »Es gibt nur die grenzenlose Leidenschaft des Lebens.«

Unser wahrer Reichtum besteht aus den Schätzen, die wir in uns tragen, aus unserer inneren Freude, aus dem Rückhalt, den wir gelernt haben, uns selbst zu geben, und aus der Eigenliebe, die uns als natürliches Nebenprodukt dieses Rückhalts durchströmt.

Unser Reichtum ist so groß wie unser Vermögen, auch ohne weltliche Güter leben zu können. Das Schlüsselwort in dem Satz eben ist »leben«. Wir verlangen keineswegs strenge Enthaltsamkeit oder Opfer. Uns geht es nur darum, wahrhaft zu *leben*. Und wir *leben* deshalb ohne diese Dinge, weil wir die Freiheit haben, sie uns zu nehmen, es aber genausogut auch sein lassen können.

Wenn wir erst wissen, wie leicht es ist, einen Traum zu verwirklichen (leicht im Vergleich dazu, daß die meisten Menschen es für *unmöglich* halten), wissen wir, daß wir die weltlichen Güter haben *können*. Sobald wir aber die Freiheit haben, sie uns zu nehmen, haben wir auch die Freiheit, es sein zu lassen. »Man weiß erst dann, was genug ist, wenn man weiß, was mehr als genug ist«, hat Blake dazu geschrieben.

Machen Sie daraus aber kein intellektuelles Konzept. Als solches verwendet ist es nur eine weitere wohlklingende Ausrede, um Ihren Traum nicht zu verfolgen.

Verwirklichen Sie doch ruhig ein paar Träume. Seien Sie sich *bewußt,* daß Sie in der Lage sind, das zu tun. Amüsieren Sie sich dabei. Und *dann* entscheiden Sie selbst.

Ist das Wahnsinn? Gewiß. »Du hast alles, was man braucht, nur eins nicht«, hat Zorbas, der Grieche, seinem jungen Freund erklärt, »Wahnsinn. Ein Mann muß aber etwas wahnsinnig sein, denn sonst wagt er es nie, den Strick, der ihn fesselt, zu durchtrennen und frei zu sein.«

>   Sein Leben nach
>   den eigenen Vorstellungen
>   führen zu können –
>   das ist der einzig wahre Erfolg.
>   *Christopher Morley*

Lassen Sie andere Menschen an Ihrem Wissen teilhaben

> Bei allen technischen Entwicklungen
> muß immer die Rücksicht auf den Menschen
> und sein Schicksal im Mittelpunkt stehen.
> Das dürfen Sie inmitten Ihrer
> Diagramme und Gleichungen nie vergessen.
> *Albert Einstein*

Bei der Verwirklichung Ihres Traumes wird Ihnen von vielen Menschen geholfen. Darunter sind sicher einige, bei denen Sie sich für die Unterstützung nicht werden revanchieren können. Da fällt einem diese alte Redensart ein: »Mach Gefälligkeiten nicht wieder gut; gib sie weiter.« Und noch eine Redensart meldet sich zu Wort: »Wer dir Gutes tut, tut in Wirklichkeit sich selber Gutes.«

Wenn wir einen, zwei oder auch zwanzig unserer Träume verwirklicht haben, werden wir selbst aufgefordert werden, unser Wissen und unsere Erfahrungen an andere weiterzugeben. Diese Aufforderung kann in mancherlei Form ergehen. Es heißt, daß der Lehrer erscheint, sobald der Schüler bereit ist. Genauso gilt folgendes: »Wenn der Lehrer bereit ist, wird der Schüler erscheinen.«

Wenn Sie andere unterrichten wollen, greifen Sie dabei auf Ihre *Erfahrungen* zurück. Handeln Sie zunächst; lernen Sie, indem Sie handeln; und lehren Sie dann, was Sie gelernt haben und wissen. Lehren bedeutet nicht, viele Bücher über ein Thema zu lesen, sich eine Vielzahl von Platitüden einzuprägen und dann als Guru aufzutreten.

Wenn Sie das Wissen haben, können Sie es auch anderen vermitteln, und diese wiederum werden Ihnen die richtigen Fragen stellen. Und auch wenn Sie noch so beschäftigt sind, werden Sie einhalten und den Menschen die richtigen Antworten geben.

Übrigens werden Sie dann auch ein noch viel netterer Mensch sein als zuvor.

»Das weitverbreitete Vorurteil, wonach Erfolg die Menschen verdirbt, indem er sie eitel, egoistisch und selbstgefällig macht, ist falsch«, hat Somerset Maugham geschrieben. »Er macht sie im Gegenteil bescheiden, tolerant und liebenswürdig. Das Scheitern macht die Menschen bitter und hart.«

Man soll keine Perlen vor die Säue werfen, aber es ist durchaus angebracht, eifrigen Perlentauchern das eine oder andere Juwel zukommen zu lassen.

Die Hilfsmittel zum Erreichen materieller Ziele können auch zum Erreichen nicht-materieller Ziele benutzt werden

Das Leben taugt zu mehr,
als nur dazu, es zu beschleunigen.
Mahatma Gandhi

Das Innere reflektiert das »Äußere«; und das Äußere reflektiert das Innere. Das Wissen, das wir uns bei der Verwirklichung von Träumen in der äußeren Welt aneignen, können wir dazu benutzen, um Träume in unserem Inneren zu verfolgen.

Es kann sein, daß Sie sich, wenn Sie erst einige materielle Träume erreicht haben, fragen werden: »Woher kommen diese Träume eigentlich?«

Das ist eine wichtige Frage. Indem Sie die Antwort darauf suchen, beginnen Sie vielleicht mit einer wichtigen Erforschung Ihres Innenlebens.

»Man sollte nicht versuchen, ein erfolgreicher Mensch zu sein«, hat Albert Einstein gesagt, »sondern ein wertvoller.«

Das Jahrzehnt der Tat

Wir sind alle
auf uns allein gestellt.
Lily Tomlin

Wie wir zu Anfang des Buches schon erwähnten, bezeichnen wir die letzten zehn Jahre des 20. Jahrhunderts als das Jahrzehnt der Tat.

Dieser Zeitabschnitt ist von großer Bedeutung. Er beschließt nicht nur ein Jahrhundert, sondern er steht am Ende eines ganzen Jahrtausends. Alle Sehnsüchte, Bestrebungen, Wünsche, kurz gesagt alle Träume, die die Menschen in den letzten tausend Jahren gehabt haben, können in den neunziger Jahren wahr werden.

Dazu bedarf es aber vieler Tatmenschen. Und damit sind wir beim Zweck dieses Buches. Wir, die Autoren, möchten, daß die Menschen wissen, wie man Träume verwirklicht und wie man zu einem Meister der Tatkraft wird.

Wenn Menschen sich selbst Gutes tun, das heißt, wenn sie ihre eigenen Träume verwirklichen, sind sie so von Tatendrang erfüllt, daß sie schier überfließen. An diesem Energieüberschuß sind zwei Dinge interessant: (1) er ist immens, und (2) er läßt sich nicht lagern oder sonstwie aufbewahren. Was soll man also mit dem Überschuß anfangen?

Man kann nur eins damit machen – ihn abgeben.

Wenn wir sagen, daß man seinen Überschuß abgeben soll, heißt das nicht, daß man sich an der nächsten Straßenecke postieren und alle Passanten umarmen soll. Man sollte vielmehr von dem geben, was man hat. Die Fähigkeit, die man – gleich in welchem Lebensbereich – entwickelt hat, verschenkt man einfach weiter.

Robert Ingersoll hat folgendes geschrieben:

Dies ist mein Glaubensbekenntnis:
Einzig die Glückseligkeit zählt.
Man sollte hier glücklich sein,
Man sollte jetzt glücklich sein,
Man ist glücklich,
wenn man andere glücklich macht.

Und da haben wir es, eines der großen offenen Geheimnisse des Lebens: Anderen geben gibt uns mehr, als wir fortgeben. Wenn den Menschen das klar wird, sind sie nicht mehr zu bremsen. Die Vorstellung, etwas für andere zu tun sei eine lästige Aufgabe – wie Steuern bezahlen oder Kerne aus einer Wassermelone herauspicken –, löst sich in nichts auf.

Die Freigebigkeit hat – ebenso wie die Angst, die Schuldgefühle, die Minderwertigkeitsgefühle usw. – die Funktion, uns inneren Auftrieb zu verleihen.

Wenn wir etwas für andere tun, fühlen wir uns gut.

Glauben Sie uns aber keinesfalls blind. Versuchen Sie es einmal. Bilden Sie sich selbst eine Meinung. Machen Sie schon. GEHEN SIE RAN ANS LEBEN UND HANDELN SIE!

> Wir sind auf der Erde,
> um anderen Gutes zu tun.
> Wozu die anderen da sind,
> weiß ich nicht.
> *W. H. Auden*

Humor und Spaß

> Das Leben ist kurz.
> Genießen Sie es.
> *Nikita Chruschtschow*

Das Leben ist ein Spiel. Wie alle Spiele macht es aber nur Spaß, wenn wir es ernst nehmen – wenn wir uns einbilden, es sei ernst; wenn es uns wirklich *real* vorkommt.

Stellen Sie sich vor, daß sich jemand neben Sie stellt, während Sie »Monopoly« spielen, und Sie ständig erinnert: »Das ist nur Papier; das ist kein richtiges Geld. Das ist nur Plastik; das sind keine wirklichen Hotels. Du kommst doch nicht in ein richtiges Gefängnis; das ist nur ein Quadrat auf einem Spielbrett.« So einen Zeitgenossen würde man achtkantig aus dem Zimmer werfen.

Wir wollen einfach glauben, daß die Illusion Wirklichkeit ist. Sonst würde uns das Spiel keinen Spaß machen.

Es wäre auch nicht sehr amüsant, wenn unsere Konkurrenten nichts auf dem Kasten hätten und es beim Kampf um die Punkte nicht zu einem Kopf-an-Kopf-Rennen käme. Ohne all das wäre es, als spielte man mit einem Dreijährigen Tennis. Man heimst dabei zwar jede Menge »Triumphe« ein, aber sehr viel Spaß macht das nicht.

»Im Sinne der Spieltheorie könnte man sagen, daß das Universum so eingerichtet ist, daß sich die spielerischen Elemente maximal entfalten«, hat George Leonard erklärt. »Die besten Spiele sind nicht die, in denen alles glatt und stetig auf ein bestimmtes Ende hinausläuft, sondern jene, deren Ergebnis immer ungewiß ist.

Analog dazu ist auch die Geometrie des Lebens so angelegt, daß wir im Zustand der maximalen Spannung zwischen Gewißheit und Ungewißheit, zwischen Ordnung und Chaos gehalten werden. Immer kommen wir nur mit knapper Not davon. Und in Wirklichkeit würden wir es auch gar nicht anders haben wollen.«

Beim Spiel des Lebens erinnert uns gelegentlich etwas daran, es ja nicht allzu ernst zu nehmen. »Amüsier dich«, heißt es, »lebend kommst du hier sowieso nicht heraus.«
Das nennt man Humor.
»Der Humor gedeiht in dem Bereich zwischen den Ambitionen des Menschen und seinen Beschränkungen«, hat Victor Borge erklärt. »Im Humor steckt mehr Logik als in allem anderen. Weil Humor, na ja, Wahrheit ist.«
Humor ist Wahrheit, und Wahrheit ist Humor.
Humor ist vermutlich am erfrischendsten, wenn wir ihn benutzen, um uns selbst zu betrachten.
»Man ist erwachsen«, meinte Ethel Barrymore, »wenn es einem zum ersten Mal gelingt, richtig herzhaft zu lachen – über sich selbst.« Und Friedrich Nietzsche schrieb: »In Genua hörte ich zur Zeit der Abenddämmerung von einem Turme her ein langes Glockenspiel: das wollte nicht enden und klang, wie unersättlich an sich selber, über das Geräusch der Gassen in den Abendhimmel und die Meerluft hinaus, so schauerlich, so kindisch zugleich, so wehmutsvoll. Da gedachte ich der Worte Platos und fühlte sie auf einmal im Herzen: *alles Menschliche insgesamt ist des großen Ernstes nicht wert.*« (Wäre noch ein anderes Buch denkbar, in dem Ethel Barrymore, Friedrich Nietzsche und Plato innerhalb eines Absatzes einer Meinung sind?)
Wenn in Ihrem Leben mal alles entsetzlich schiefgeht, hilft es Ihnen sicher weiter, wenn Sie daran denken, daß Sie diese »Tragödie« in einem halben Jahr als Anekdote erzählen werden. Sie werden Ihre Freunde damit schrecklich zum Lachen bringen. Da Ihre Lage dann komisch ist, ist sie es auch jetzt schon. Wenn Sie sich also inmitten des schlimmsten Chaos an diesen Gedanken erinnern, können Sie durchatmen und sich sagen: »Ganz ruhig. Diese ganze Sache ist absolut komisch.«
»Humor ist emotionales Chaos, von der Warte der emotionalen Ausgeglichenheit aus erinnert«, hat James Thurber erklärt.
»Humor ist eine Bestätigung menschlicher Größe«, meinte

Romain Gary, »die Überlegenheitserklärung des Menschen über alles, was ihm widerfährt.«

Und so kommen wir zum Ende von »Wie man seine Träume verwirklicht«. Aber doch nicht ganz: Denn wir raten Ihnen, das Buch recht oft zur Hand zu nehmen und sich die Hilfsmittel zur Verwirklichung von Träumen vor Augen zu führen.

»Wenn ich mehr Zeit hätte«, schrieb Blaise Pascal, »würde ich einen kürzeren Brief schreiben.«
Und wenn wir mehr Zeit gehabt hätten, hätten wir ein kürzeres Buch geschrieben. Doch das war einfach nicht drin. Dafür haben wir es aber zumindest *geschrieben*. Wir haben unseren Traum ausgelebt. WIR SIND RANGEGANGEN UND HABEN GEHANDELT.

Schließen möchten wir mit diesen Zeilen von Guillaume Apollinaire:

»Kommt nach vorn«, sagte er.
Sie sagten: »Wir fürchten uns.«
»Kommt nach vorn«, sagte er.
Sie kamen.
Er gab ihnen einen Stoß . . .
Und sie flogen.

John-Roger und Peter McWilliams

Lebe ohne Sorge!
Die Macht des Optimismus

363 Seiten, gebunden

Positives Denken ist der Schlüssel zu Erfolg und Gesundheit. Aber der Schritt vom positiven Denken zum positiven Handeln ist nicht leicht. Dieses Buch ist wie eine »Straßenkarte zu einer positiven, glücklichen Lebensweise« (TIME MAGAZINE). Wie Sie den Schritt vom positiven Denken zum positiven Handeln tun – das erfahren Sie in diesem Erfolgsbuch, das in den USA die Bestsellerlisten eroberte. Nutzen Sie die Macht des Optimismus für Ihr Leben!

»Randvoll mit Ratschlägen und Zitaten. Auf unglaublich humorvolle Weise wird hier vorgeführt, wie man negatives Denken überwindet.«
(THE DETROIT NEWS)

»Dieses Buch ist etwas fürs Herz. Es kann Leben retten, und selten waren gute Ratschläge mit soviel Spaß zu lesen.«

(NEWSWEEK)

Ullstein